Georg Kühlewind
Vom Normalen zum Gesunden

Praxis Anthroposophie: Taschenbücher, die die Welt nicht nur als bestehende erfassen, sondern sie auch vorausdenkend weiterentwickeln möchten.

Zum Buch: Als normal empfinden wir, was wir aus eigener Erfahrung mit uns kennen oder gewohnt sind, an anderen zu erleben. Meistens, wenn es nicht gerade Probleme gibt, finden wir uns damit ab oder genießen es sogar, dass vieles immer wieder nach demselben Muster abläuft, obwohl wir es gar nicht bewusst entschieden haben: zum Beispiel, dass sich unser Denken in Assoziationen ergeht und verliert, dass wenige, immer gleiche Gefühlsformen sich auf immer die gleiche Weise abspulen und uns beherrschen. Aber entspricht das dem, was wir als Menschen an Möglichkeiten haben? Georg Kühlewind zeigt in seiner gut lesbaren, manchmal pointierten und dabei gründlichen Darstellung, wie es uns und der Welt schadet, wenn wir alles so laufen lassen, wie es am bequemsten ist. Er beschreibt das Bewusstsein phänomenologisch, schildert wie sich starre Formen im Unterbewusstsein festsetzen und was uns andererseits aus überbewussten Quellen zufließt. Mit einer Fülle von Übungen macht er dem Leser Mut, den Weg aus dem Gewohnten heraus zu wagen.

Über den Autor: Georg Kühlewind, geboren 1924, lebt in Budapest, wo er Professor für physikalische Chemie war. Seit vielen Jahren hält er Vorträge und Kurse zu den Themen Bewusstseinsschulung und Meditation. Buchveröffentlichungen (Auswahl): *Bewusstseinsstufen; Das Leben der Seele zwischen Überbewusstsein und Unterbewusstsein; Aufmerksamkeit und Hingabe; Der sanfte Wille; Wege zur fühlenden Wahrnehmung; Sternkinder; Licht und Freiheit. Ein Leitfaden für die Meditation; Meditationen über Zen-Buddhismus, Thomas von Aquin und Anthroposophie; Vom Umgang mit der Anthroposophie; Die Logosstruktur der Welt; Das Reich Gottes und Gesunden im Licht. Die Heilungen in den Evangelien.*

GEORG KÜHLEWIND

Vom Normalen zum Gesunden

Wege zur Befreiung
des erkrankten Bewusstseins

VERLAG FREIES GEISTESLEBEN

1. Auflage der Neuausgabe 2005
(6. Gesamtauflage)

Verlag Freies Geistesleben
Landhausstraße 82, 70190 Stuttgart
Internet: www.geistesleben.com

ISBN 3-7725-1278-x

© 2005 Verlag Freies Geistesleben
& Urachhaus GmbH, Stuttgart
Zeichnungen: Hans Müller
Einband: Thomas Neuerer unter Verwendung eines Fotos
von Medio Images (© Fotosearch)
Druck: Nørhaven Paperback A/S, Viborg

Inhalt

Vorwort: Ausnahmsweise zu lesen!

«Habe ich denn nicht schon mehr als genug zu tun? Im Leben, im Geschäft, in der Familie ... Und habe ich denn nicht schon mehr als genug Sorgen? Rezession, Inflation, Ölkrise und Umweltverschmutzung? Jetzt soll ich mich noch um das Bewusstsein kümmern? Ist das nicht die Sache der Philosophen, Psychologen, Erkenntnistheoretiker und ähnlicher Nichtstuer? Bin ich denn in meinem Bewusstsein krank? Manchmal kommt es mir fast so vor, aber das ist wohl nicht ernst gemeint.»

Geneigter Leser, Sie haben ganz recht. Ich möchte Sie nur zu zwei kleinen Proben bewegen. Denn ich bin der Meinung, dass alle Ihre Sorgen «im Leben» und eventuell

zu Hause doch durch das heutige allgemeine menschliche und durch *Ihr* spezielles Bewusstsein verursacht werden. Um Ihnen dies verständlicher zu machen, führe ich Ihnen meinen Dschinn, meinen Zaubergeist, vor.

So sieht er aus, und da ich ihn aus seiner Gefangenschaft in einer Flasche befreit habe – durch die Lektüre der «Tausend und eine Nacht» belehrt –, hat er versprochen, mir einen Wunsch zu erfüllen, und ist mir nun eine Arbeit schuldig. Und ich gebe ihm den Auftrag:

Erstens: die ganze Umweltverschmutzung wegzuputzen; Luft, Wasser, Wald, Acker in ihrem Zustand, sagen wir, des Jahres 1750 – als Johann Sebastian Bach gestorben ist – wiederherzustellen.

Zweitens: die Öl-Reservoirs aufzufüllen, den Erzschatz der Erde, Zinn, Blei, Mangan usw. wiederherzustellen, wie sie in dem erwähnten Jahr vorhanden waren.

Drittens: die Inflation soll er auch wegschaffen. Preise und Löhne zurück auf den Stand 1960. Und das alles bis morgen früh. – Er würde das schon alles machen.

Allenfalls würde er grinsen, wenn er das hörte.

Nun aber meine Frage an Sie: Was wird *dann*? Eine Woche später? Ein Jahr später? Wie wird es aussehen? Sie wissen es, mein Verehrter, genau: Es wird sein – früher oder später –, wie es heute ist. Und das sagt etwas: Wenn sich die Mentalität, das Bewusstsein der Menschheit nicht ändert, dann ist die Arbeit meines Zaubergeistes vergeblich. «Na gut» – sagen Sie jetzt – «im Allgemeinen stimmt ja etwas mit dem Bewusstsein wirklich nicht; *aber meines* ist doch ganz gesund, wenn es an mir läge, würde ich schon

dafür sorgen, dass die ganze Misere nicht wiederkehren könnte.»

Seien Sie mir nicht böse, aber ich glaube Ihnen nicht. Auch Sie sind keine Ausnahme. Wir kränkeln alle. Es ist doch selbstverständlich, dass, wenn ein Bewusstsein gesund ist, dann der Herr eben Herr im Haus ist, ich meine: im Bewusstseins-Häuschen. Sind Sie das wirklich? Tun Sie nie etwas, das Sie später bereuen? Ich meine: nicht im Geschäftlichen, sondern im Privaten. Also hier eine Probe, ein Kinderspiel. Wenn es gesund zugeht, dann können Sie ja drei Minuten lang an ein beliebiges Thema denken ohne Abschweifung. Sagen wir, an den Schlips, den Sie tragen. Und wenn Sie keinen tragen, dann suchen Sie sich einen womöglich langweiligen Gegenstand. Versuchen Sie es. Also: drei Minuten lang nur an den Schlips denken. Abgemacht?

Ja, mein Lieber, wie sind Sie denn plötzlich bei den Azoren gelandet? Es scheint, dass Sie doch nicht völlig Herr Ihres Bewusstseins sind. Und damit stehen Sie nicht allein. Sie teilen diese Schwäche mit sämtlichen Professoren, Politikern und *allen ganz praktischen Leuten*, die – so scheint es – die heutige Situation der Welt, unserer Zivilisation herbeigeführt haben. Wenn sie alle nicht ganz Herr im Bewusstsein sind, dann, ja dann ist es ja möglich, dass manches, was sie tun und vorschlagen, gar nicht aus einer Besonnenheit kommt, sondern …

Und nun wird es ernst. Ich glaube, unser zentrales Problem ist, dass wir nicht wissen, wer oder was der Mensch ist. Und dieses Wissen haben wir nicht, weil wir kein gültiges Bild vom menschlichen Wort, vom menschlichen Sprechen haben, und vom Wort überhaupt. Daher ist unser Umgang mit dem Wort so stark belastet: wir haben spontan nicht oder nur selten die Fähigkeit zum richtigen Wort. Alles, was wir aneinander, füreinander und gegeneinander tun, ist Sprechen – oder sollte es sein. Wir sind interessiert an allem anderen, nur nicht am Wort, womit wir und wodurch wir immer alles tun. Da wir nicht wissen, was das Wort ist, wissen wir nicht, wer der Mensch ist. Und da wir nicht wissen, wer der Mensch ist, wissen wir auch nicht, was für ihn heilsam und gut ist – auf unsere «Instinkte» können wir uns diesbezüglich offensichtlich nicht verlassen. Was Wunder, wenn es schief geht? Und dann: wir sind zu bequem. Wir denken: um meine und aller Welt Lebensprobleme zu lösen, bin ich klug und gut genug, so, wie ich bin. Ich brauche nicht besondere Maßnahmen zu ergreifen. Nun, die großen Künstler müssen täglich viele Stunden üben. Und wir, die wir vielleicht gar nicht so große Virtuosen sind auf dem Gebiet des Erkennens und der moralischen Fragen, wie viel üben wir auf diesem allgemein-menschlichen Gebiet?

Ich höre schon: «Zwei Drittel der Weltbevölkerung hungern, da sind die Gefahren eines Atomkrieges, einer Wirtschaftskrise usw. usw., und du willst die *teure Zeit* und die noch teureren Kräfte für solche völlig unpraktischen Sachen vergeuden? Kann man das moralisch verantworten?» – Nun, ich denke dies: Dass es so ist, wie Sie es sagen, dass Krieg, Hungersnot, Überproduktion usw. uns bedrohen, ist doch nicht durch *solche* unpraktischen Leute herbeigeführt worden, wie *ich* es zu sein scheine; im Gegenteil, *das* haben die «praktischen» Menschen bewirkt und zugelassen. Vielleicht – es scheint keine schlechte Chance zu sein – wäre es besser gewesen, wenn wir nicht so gläubig auf diese Praktiker gehört hätten. Vielleicht sind diese drohenden Gefahren da, weil unter den Praktikern und auf der Welt überhaupt die Erkenntnis und die moralischen Fähigkeiten so wenig geübt worden sind, so unzulänglich geblieben sind ...

Übrigens: Ihre moralischen Bedenken in Bezug auf Zeitvergeudung und Kräfteverschwendung wären viel begründeter angebracht, wenn Sie sie in Kinos, auf Fußballplätzen vorbringen würden oder beim Kartenspiel – was, die Welt hungert ... und ihr spielt, schaut Krimis und Sexfilme an ...?

Und nun, glaube ich, kann die Betrachtung beginnen.

Erst machen wir eine Bestandsaufnahme, indem wir phänomenologisch zu ermitteln versuchen, was sich im Bewusstsein befindet. Dann werden die allgemeinen Krankheitssymptome des Bewusstseins, seine *Erkrankung* untersucht. Dem folgt eine kleine *Psychologie*, damit die im nächsten Kapitel vorgeschlagenen *hygienischen Maßnahmen* verständlich werden. Dann besprechen wir eine kurze

Anleitung zu den Bewusstseinsübungen für diejenigen, die an ihrem Bewusstsein nicht nur hygienisch, sondern auch weiterentwickelnd tätig sein wollen. Zuletzt folgt ein Ausblick auf die menschliche *Freiheit*.

1. Inventur

1.1. Vorbereitung

Was finden wir im *Bewusstsein*? Nur fragen Sie mich bitte nicht, was das Bewusstsein ist. Denn ich könnte es Ihnen nicht erklären, falls Sie es nicht wüssten; ich müsste bei einem Erklärungsversuch ständig daran appellieren, dass Sie selbst darüber eine Erfahrung haben. Und eben das ist die erste Konsequenz: *Nur ein Bewusstsein kann sich selbst als Bewusstsein entdecken.* Es muss sich selbst erblicken, keine Erklärung reicht hin, um das Verständnis hervorzurufen, wenn die Selbsterfahrung nicht stattfindet.

Und was finden wir – was findet das Bewusstsein im Bewusstsein?

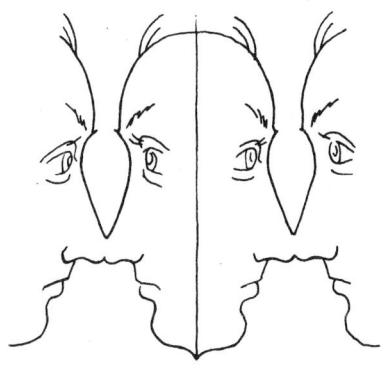

Nun, gleich jetzt, in diesem Augenblick – hoffentlich – : *Denken*. Nur fragen Sie mich bitte nicht, was Denken ist. Denn ich kann es Ihnen nicht erklären, nur darauf hinweisen und hinzeigen: Was Sie jetzt eben tun, das ist es. Es muss sich selber erblicken, sich selbst als Denken entdecken. Ich habe aber eine unhöfliche Frage: Wann haben Sie das letzte Mal Neues gedacht? Denken Sie doch nach. Ja, wenn jemand schlagfertig ist, der hat schon eine Antwort. Er könnte sagen: Eben jetzt, wo ich entdecke, dass der Mensch gewöhnlich sehr selten etwas Neues denkt. Abgesehen von *diesem* Gedanken erinnere ich mich gar nicht, wann ein neuer Gedanke in mir aufgetaucht ist.

Was tun wir denn den ganzen Tag sonst! Gedanken, fertige Gedankenbilder zu haben, ist kein neues Denken, ist Denken nur in dem Maße, als die fertigen Gedanken durch Denktätigkeit miteinander verbunden werden. Und selbst die Verknüpfung ist nicht immer ein Denken. Sie kann auch ohne Logik, ohne Denken zustande kommen: dann nennt man das Phänomen «Assoziation». Assoziation war es, was uns von unserem Schlips abgelenkt hat. (Sie sehen: das Vorwort muss spätestens jetzt gelesen werden).

Für den Erwachsenen sind die meisten Gedanken, denen er begegnet, bekannt. Für ein kleines Kind, das eben sprechen und denken «lernt» – wie macht es denn das, ohne denken zu können? –, sind alle Gedanken neu.

Alles andere, das im Bewusstsein noch zu finden ist, wird durch das Denken, durch die denkende *Aufmerksamkeit* entdeckt und beschrieben. Aber fragen Sie mich nicht, was Aufmerksamkeit ist. Aus denselben Gründen wie in

Bezug auf das Bewusstsein und Denken kann ich Ihnen nicht antworten. Es gibt viele Begriffe, die nicht definierbar sind. Bedenken Sie: Um ein Wort zu definieren, brauche ich mindestens drei andere Worte. Wenn ich auch diese definieren wollte, brauchte ich weitere neun, usw. Ähnliches wusste schon der heilige Thomas von Aquin. Heute wird es oft vergessen. Dass man *manche* Worte und Begriffe in den Wissenschaften definieren kann, beruht darauf, dass sehr viele andere Worte und Begriffe undefiniert bleiben. Und diese letzteren sind sogar die grundlegenden Begriffe, wie Sein, Raum, Zeit usw. – Kategorien also.

Die Aufmerksamkeit ist beim erwachsenen Menschen stets *denkende* Aufmerksamkeit. Obwohl sie selbst ein Phänomen des Bewusstseins ist, kann sie auch auf andere Bewusstseinsphänomene gelenkt werden. Das gibt uns sofort ein neues Rätsel auf: Sind dann zwei Phänomene zugleich im Bewusstsein, die Aufmerksamkeit und ihr Objekt? Oder sind zwei Bewusstseine da: eines, das sich auf das Phänomen, und ein zweites, das sich auf das erste Bewusstsein richtet? Zunächst ist eine Vorstellung gleich zu korrigieren, hervorgerufen auch durch den Ausdruck oben «im Bewusstsein»; die Vorstellung, dass das Bewusstsein ein Gefäß ist, in das verschiedene «Inhalte» hereingegossen werden können. Denn das Bewusstsein ist immer das Bewusstsein seiner «Inhalte», d.h. es ist mit den jeweiligen Inhalten identisch. Es gibt kein leeres Bewusstsein: das Empfinden und Feststellen der Leerheit ist noch immer ein «Inhalt» des Bewusstseins, es selbst. Das Erlebnis der Leere wird immer dann rechtmäßig und real erfahren,

wenn die Bewusstseinsebene wechselt. Damit ist gleich klar, dass das Bewusstsein zu gleicher Zeit nur *ein* Objekt, nur *einen* Inhalt haben kann. Das geteilte Bewusstsein, die geteilte Aufmerksamkeit, wie sie oft, z.B. beim Autofahren notwendig ist, ist ein sehr rasches Wechseln zwischen Objekten und Inhalten. Diese Erkenntnis macht das Rätsel noch tiefer: Wie kann das Bewusstsein über seine eigenen Phänomene Rechenschaft geben? Die Idee von zwei Bewusstseinen muss fallen gelassen werden, sonst könnte man gleich fragen: Wer hat die zwei gesehen und gezählt? Es müsste ein drittes da sein. Schauen wir genauer hin, dann kommen wir auf eine merkwürdige Erfahrung: Was für die denkende Aufmerksamkeit als seelisches Phänomen bewusst wird, ist immer schon im Bewusstsein «da», ist immer das Ergebnis eines Vorganges – des Denkens, Wahrnehmens, Vorstellens –, der selber nicht bewusst erlebt wird. Was wir im Bewusstsein beobachten können, ist immer Vergangenheit, nie gegenwärtiger Prozess. Auch dann nicht, wenn wir selbst als Tätige durchaus zum Prozess erforderlich sind: jeder weiß, wie man sich beim Denken strapazieren muss – daher geschieht es so selten. Und doch: *im* Denken, *vom* Denken selbst erfahren wir nichts, wir werden erst hellwach am Gedachten. Und mit dem Wahrnehmen und Vorstellen geht es uns ähnlich.

Die geschilderte Erfahrung mag überraschend sein. Sie könnte etwa durch folgendes Bild dargestellt werden: Ein Vogel fliegt auf einem Baum von Ast zu Ast, und wir sehen sein Fliegen nicht, nur dass er von Zeit zu Zeit an einem anderen Ort sitzt. So erscheint im Bewusstsein stets neues Gedachtes, neues Wahrgenommenes. Wir haben ein Bewusstsein, dem immer die Vergangenheit bewusst wird, und zwar die eigene Vergangenheit, denn es ist kaum zu denken, dass das Gedachte und Wahrgenommene durch anderes als durch Vorgänge des Bewusstseins zustande kämen. Daher ist es berechtigt, das gewöhnliche Bewusstsein ein *Vergangenheitsbewusstsein* zu nennen. Vergessen wir jedoch eines nicht: Dieses Bewusstsein vermag seinen eigenen Vergangenheitscharakter unschwer zu bemerken. Das führt uns zu einer weiteren Frage: Wie ist das möglich?

Nun werden Sie aber mit Recht sagen: Wir haben bisher nur das Denken betrachtet. Es gibt doch noch viel anderes im Bewusstsein, z.B. Vorstellen, Gefühle, Willen, Wahrnehmen.

Mit dem *Vorstellen* haben wir es nicht schwerer als mit dem Denken: Die Vorstellung ist ein Erinnerungsbild einer Wahrnehmung, das wir durch einen Begriff oder einen Gedanken in unser Bewusstsein rufen können. Oder wir gestalten aus erinnerten Wahrnehmungselementen ein Phantasiebild. Wir können dabei unsere Aufmerksamkeit ebenso *autonom* lenken, wie beim Denken und Wahrnehmen. «Autonom» heißt «nach unserem bewussten Willen», und mit «ebenso» ist gemeint, dass die Autonomie beschränkt ist, wie wir es am Beispiel der Schlips-Übung (siehe Vorwort) bemerkt haben. Ähnliche Ablenkungen, Zerstreutheiten, können auch beim Wahrnehmen auftreten.

So autonom wie gegenüber dem Denken, Wahrnehmen, Vorstellen sind wir gegenüber den *Gefühlen* nicht. Im Gegenteil, man könnte sagen, sie sind autonom uns gegenüber: Wer kennt die Macht der Launen, Stimmungen nicht, und wer weiß nicht, wie schwer man es hat, wenn einen ein Gefühl überkommt? Wie eine fremde Macht tritt es in der Seele auf. Gefühle lernt man von *außen* kennen, man lebt nicht in ihnen von innen her, wie in den Gedanken, die man inwendig, von innen kennt: sie zeigen dem Menschen alles, was sie sind. Die Gefühle haben eine größere Macht über uns – sie treten auf, ohne unser Zutun; und sind sie einmal da, so werden wir sie schwer wieder los, auch wenn wir das wünschten. Ich kann an ein beliebiges Thema denken; ich kann aber nicht ein beliebiges Gefühl willentlich fühlen – sonst wäre ja das Leben viel leichter!

Wenn ich einem Bekannten begegne, frage ich ihn, und er fragt mich höflich: «Wie geht es Ihnen?» Und diese Frage bezieht sich nicht so sehr auf die objektiven Lebensumstände, sondern eher auf die Seelenstimmung, wie auf eine Resultante der Umstände, bedeutet etwa: «Fühlen Sie sich wohl?»

Im Denken können wir improvisieren, wenn wir nur wirklich denken, d.h. Neues denken, wenn das auch selten geschieht. Wir können ja nicht im Voraus wissen, was wir denken werden – wüssten wir es, so hätten wir es ja

wie geht's?

schon gedacht. Es können oder könnten unbegrenzt neue Gedanken entstehen. So ist es im Gefühlsleben nicht. Wir können im Gefühl nicht improvisieren, weil wir Gefühle nicht beliebig in das Bewusstsein bringen können, und auch darum nicht, weil gewöhnlich nicht eine unbegrenzte Anzahl von Gefühlsmöglichkeiten zur Verfügung steht, sondern die Palette ziemlich begrenzt ist: vom Mir-Guten bis zum Mir-Schlechten, in der Mitte: «Langeweile». Wir können, wenn wir uns anstrengen, manchmal neue Begriffe bilden – aber neue Gefühle zu bilden, ist das überhaupt möglich? Wann haben Sie denn Neues gefühlt, darf ich mal fragen?

Das Gedachte kann ich beobachten, unmittelbar nachdem es entstanden ist. Mit der Beobachtung der Gefühle muss ich warten, bis die Gefühlswelle größtenteils abgeflaut ist. Mittendrin bin ich sehr selten imstande, Aufmerksamkeit aufzubringen. Ich werde von den Wogen getragen, und es gibt meistens keine unbewegte Instanz – keinen Leuchtturm etwa – in mir, von wo aus ich das Panorama des wogenden Meeres betrachten könnte.

Ist das alltägliche Gefühlsleben wenigstens *nachher*, nach seinem Beruhigtwerden beobachtbar, wie eine Wahrnehmung, die man kaum versteht, so kann das gewöhnliche *Willensleben* in sich überhaupt nicht beobachtet werden. Eine willentliche Handlung kann ich in ihrer Zielsetzung beobachten, diese ist eine Vorstellung oder ein Gedanke. Diese muss ich haben, bevor der Wille einsetzt und die Handlung vollzieht. Einen «leeren» Willen ohne ein «Was» kennen wir nicht. Nach Verwirklichung des Gewollten kann ich das Ergebnis betrachten; der Wille selbst bleibt auch dann unbewusst-überbewusst, wenn er durchaus mein Wille ist, wenn ich etwas aus freier Initiative tue oder wenigstens dies so empfinde. Ebenso dunkel bleibt der Willensakt, wenn ich etwas aus äußerem Anlass oder aus Begierde tue.

In Bezug auf diesen «dunklen» Willen hat es offensichtlich keinen Sinn zu fragen: «Wann haben Sie Neues gewollt?», denn die Frage würde sich auf das gedankliche Motiv beziehen: «Wann haben Sie Neues gedacht, das Sie auch gewollt haben?»

Unter den Bewusstseinserfahrungen scheint das Wahrnehmen am meisten *gegeben*, am wenigsten «gewollt» zu sein. Es ist jedoch keineswegs genügend, die Augen zu öffnen, damit man sieht. Das kann ein jeder einsehen, wenn er sich erinnert, wie es ihm und anderen Kindern in der Schule oft gegangen ist. Das Kind schaut mit großen offenen Augen auf den Lehrer, verfolgt seine Bewegungen, seine Ohren sind auch offen – sie können ja gar nicht geschlossen sein –, also

«hört» es seine Stimme und – sieht und hört doch nichts.
Wird das Kind dann vom Lehrer nach etwas gefragt, weiß
es nicht, worum es ging. Und die Lehrer kennen schon jene
Augen, jenen Gesichtsausdruck des Träumenden.

Nach der Physik, nach der Physiologie müsste das Kind
wirklich sehen und hören: die Lichtstrahlen, die Photonen
haben das Auge, die Luftwellen das Ohr, das Trommelfell
erreicht; dort haben sie physikalisch-chemische Prozesse in
Gang gesetzt. Diese haben weitere Vorgänge in den Nerven-
bahnen verursacht, und nichts hinderte sie, in das Gehirn zu
gelangen, gerade dorthin, wo sie sonst «bewirken» sollten,
dass der Mensch sieht und hört. Was hat gefehlt? Wir sagen:
die Aufmerksamkeit. «Das Kind war nicht dabei.» Wo war
es? Nun, es träumte, es phantasierte.

Also reichte alles Physiologische, Physikalische, Che-
mische usw. nicht aus, damit Wahrnehmen stattfindet: die
Aufmerksamkeit hat keine physiologisch-physikalische
Entsprechung, und der Lehrer greift nicht zur Physiologie,

zur Physik, wenn er sagt: Du, gib mal Acht! Das Wahrneh-men ist demnach nicht einfach «gegeben»:

Außer der Aufmerksamkeit, die auch absichtlich, durch *Konzentrieren* auf ein Thema, vom Wahrnehmen wegge-lenkt werden kann, muss noch etwas da sein, damit wir etwas wahrnehmen. Dieses ist der Begriff dessen, was wahr-genommen werden soll. Der Begriff kann schon früher in uns in Bereitschaft sein oder beim Wahrnehmen aufgehen; aber ohne ihn nehmen wir «das» nicht wahr. Wer nicht den Begriff «Haus» gebildet hat, sieht kein Haus. Er sieht viel-leicht Wände, Fenster, Schornstein, wenn er diese Begriffe hat. Man sieht gerade das, wofür man Begriffe eben bieten kann. Wir nehmen immer *etwas* wahr. Fragen wir: was?, dann antworten wir mit einem Begriff.

Das Wahrnehmen kommt gar nicht zustande, wenn wir die Aufmerksamkeit und die Begriffe nicht beisteuern. Diese kommen nicht aus dem Wahrnehmen: die Aufmerksamkeit sind wir selbst und die Begriffe entstehen durch gedankliche Intuition (über die wir gleich sprechen werden). Allerdings gibt uns die Wahrnehmungswelt die «Fragen» auf, die da sein müssen, wenn es zu Begriffen kommen soll: ein Kind mit stark vermindertem Wahrnehmungsvermögen wird schwerlich oder kaum Begriffe bilden.

Es scheint nun, dass wir bei der Durchsicht des Bewusst-seinsinventars zwei Arten von Inhalten gefunden haben. Auf dem Gebiet des Denkens: fertige Gedankengebilde und freie Denkfähigkeit, durch die wir neue Gedanken und Begriffe bilden können; im Gefühlsleben zunächst nur die fertigen Gefühlsgebilde und keine Möglichkeit, frei schaffend im

Fühlen zu sein; im Willensleben ein Wollen, das gestaltet oder gestaltbar ist, je nachdem, ob es etwas schon gedanklich Vorgebildetes will oder einer neuen Intuition die Kraft zur Verwirklichung liefert. Sowohl im Wahrnehmungs- als auch im Vorstellungsleben können uns schon fertige oder neue Inhalte begegnen.

1.2. Erstes Ordnen

Es ist offensichtlich, dass wir zur Bewusstseinsinventur vor allem das Denken, genauer gesagt: das denkende Beobachten gebraucht haben. Dieses klärt uns auf über sich, über das Wahrnehmen, über die Gefühle. Ohne das denkende Beobachten wüssten wir, wenn wir zum Beispiel nur Wahrnehmungen hätten, nicht einmal, dass wir so etwas wie ein Wahrnehmen haben und praktizieren. Dass wir es bemerken, ist dem Denken, der Möglichkeit, vom Wahrnehmen uns zurückzuziehen, zu verdanken. Wir wüssten auch allein vom Sehen her nicht, dass wir mit Hilfe unserer Augen sehen, denn diese verraten es nicht, wenn sie gesund sind und beim Sehen nicht schmerzen. Dass wir mit ihnen sehen, verrät das Denken, indem wir, durch es angeregt, Versuche machen, die Augen zu schließen oder zu verdecken und aus dem Ergebnis durch das Denken folgern: wir sehen mit Hilfe der Augen. Unvorsichtige Denker – solche gibt es massenweise – folgern sogar: das Auge sieht. Wir haben aber – ohne Auge – «gesehen», dass dem nicht so ist.

Das Denken erleben wir selten in Reinkultur – nur wenn wir uns sehr bemühen, logisch und wissenschaftlich zu denken; und auch dann gelingt es nicht immer, *anderes* vom Denken fernzuhalten. Dieses andere vermischt sich auch sonst mit dem Denken: Gefühle, Assoziationen, Stimmungen – was wir so im Alltag «Denken» nennen, ist größtenteils eben nicht Denken. Gemischt sind auch die anderen gefundenen Seelen-«Tätigkeiten» – wieweit wir aktiv sind, «tätig» also, lässt sich fragen: das Gefühlsleben ist immer mit Vorstellungen und anderem gemischt, und in das Wahrnehmen spielen Vorstellungen, Gedanken, sogar Willensimpulse herein. Wir haben gesehen, dass die Aufmerksamkeit, die im Prinzip autonom ist, doch weitgehend beschränkt wird durch ablenkende Assoziationen; sowohl wenn wir denken, als auch beim Wahrnehmen sind wir geneigt abzuschweifen. Dieses Phänomen kann uns weiterführen.

Wenn in diesen Fällen die Aufmerksamkeit abgelenkt wird, dann handelt es sich nicht um ihr Einschlafen, um ihre Erlahmung, wie wenn das Blickfeld der Aufmerksamkeit durch einen Nebel trübe, verschleiert würde, sondern es behält seine Schärfe, nur erscheinen im Blickfeld andere, nicht erwünschte Objekte und Themen. Diese sind oft ebenso scharf und klar umrissen wie das ursprünglich beabsichtigte Thema, oder noch klarer. Eine von meinem Willen unabhängige Macht schiebt sie in den Fokus der Aufmerksamkeit, nicht diese sucht sie auf. Dass diese unerwünschten Inhalte meistens scharf umrissen, *fertig* und *geformt* auftreten, verhilft uns zu einer der wichtigsten Entdeckungen beim Beobachten des Seelenlebens.

Wir sind solchen fertigen Gebilden schon beim ersten Anlauf zur Inventur begegnet. Auf dem Gebiet des Denkens haben wir einerseits fertige Gedankengebilde, andererseits freie Denkfähigkeit gefunden, durch die wir neue Gedanken und Begriffe zu bilden imstande sind. Beide können Motive des Wollens werden. Dementsprechend können Vorstellungen schon fertig vorgefunden oder neu gebildet werden. Im Gefühlswesen ist Unfertiges, das als Fähigkeit angeschaut werden könnte, nicht so bald zu finden. Ein Beispiel: Wenn Sie das Schild sehen «Rauchen verboten», brauchen Sie sich nicht den Kopf zu zerbrechen, was dies bedeuten soll. Wenn Sie den Satz lesen: «Die Frage nach der Willentlichkeit einer Handlung ist also keine Frage nach ihrer Verursachung», dann sind Sie gezwungen, kräftig zu denken. Sind Sie aber zufällig ein Philosoph und auf dem Gebiet der Ethik bewandert, so wird der Satz Ihnen kaum größere Schwierigkeiten verursachen als «Rauchen verboten». Es ist eine Erfahrung, dass im letzteren Fall viel weniger *Aufmerksamkeit* und Aktivität aufgebracht werden müssen, um den Satz zu begreifen: der Prozess des Verstehens wird mehr automatisch. Obwohl «Rauchen verboten» ein Satz in der allgemein öffentlichen Sprache ist und das *erste Verstehen* des Satzes durch die allgemein menschliche Fähigkeit des Denkens geschehen ist, wird der Satz später ein Teil meines Bewusstseinssystems, durch den ich dann ohne aktives Verstehen, ohne Denken *reagieren* kann. Er wird losgelöst von der autonomen verstehenden Aufmerksamkeit, «ich» muss weniger oder gar nicht mehr «dabei sein», damit er befolgt wird.

Es ist selbstverständlich, dass solcher Automatismus nur in Bezug auf *fertige* Gedankengebilde auftreten kann; neue Gedanken müssen immer durch aktive Aufmerksamkeit erarbeitet werden. Andererseits gehört zu der Auslösung von gedanklichen Automatismen immer noch ein Minimum von lesender oder denkender Aufmerksamkeit: wer absolut nicht lesen kann, dem sagt das erwähnte Schild nichts – es sei denn, dass er an der äußeren Form der Schriftzeichen erkennt, worum es geht. Aber ebenso oder fast so geht es dem, der das Schild schon oft gesehen und gelesen hat.

Auf dem Gebiet der Gefühle bilden sich Automatismen noch viel leichter und selbständiger, d.h. unabhängiger vom Willen des Menschen aus, da ja das Erscheinen eines Gefühls durchaus nicht durch die Aktivität des Subjekts geschieht, sehr oft sogar wider seinen Willen und seine Absicht. An Gefühle können sich automatisch Wünsche, Begierden, Willensimpulse knüpfen. Was auf dem Gebiet der gedanklichen Inhalte ein nicht zu diesem Gebiet passendes Geschehen ist, das Auftauchen von Automatismen, das gilt im Bereich der Gefühle als normaler Vorgang. Fertige Gedankengebilde, Vorstellungen sind oft mit Gefühlsformen verbunden, und diese *fertige Welt* hat – durch ihre Gefühlskomponente – eine große Selbständigkeit gegenüber dem bewusst wollenden Subjekt, das wir in der aktiven Aufmerksamkeit gefunden haben. Aus diesem fertigen Gebiet stammen die Assoziationen, Ablenkungen, Wachträume, irrationalen Ängste, eingefahrenen Verhaltensformen, seelischen Gewohnheiten, die sich oft in das Biologische weiter fortpflanzen, die so genannten Komplexe, die spezifischen, biografisch bedingten Empfindlichkeiten und daraus folgende Reaktionsformen: ein Gebiet, das vom Bewusstsein nicht durchleuchtet ist und schwer durchleuchtet werden kann, das aber durch seine Wirkungen in das Bewusstsein heraufschlägt und sich oft durchsetzt. Das Märchen von dem Fischer, der gegen seine bessere Einsicht, aber doch immer nach den Wünschen seiner «Frau» gehandelt hat, stellt diese Situation dar: «Meine Frau, die Ilsebill, will nicht, wie ich selber will.» Die Psychologie nennt diesen Bereich das *Unterbewusste*. Die Bezeichnung ist nicht ganz glücklich, einerseits, weil dieses «Unterbewusste» für das Bewusstsein da ist, sich durch dieses und in diesem zeigt und sich durch das Bewusstsein durchzusetzen bestrebt ist; andererseits, weil es ganze Bibliotheken voller Bücher gibt, die das «Unterbewusste» beschreiben – wie soll es noch «unterbewusst» sein? –, und drittens, weil die ganze Sphäre, die früher so genannt wurde, heute nicht nur bekannt geworden ist, sondern das alltägliche Leben, seinen Stil, größtenteils beherrscht. Das bedeutet nicht, dass heute weniger Unterbewusstes existiert, sondern dass die Inhalte, die Tendenzen des Unterbewussten sich mit der Zeit verlagern. Trotzdem werden wir die Bezeichnung beibehalten; weil in dem Augenblick, wo die *fertigen Gebilde* im Bewusstsein ihre Wirkung entfalten, dieses die Wirkung nicht «will», meistens sie gar nicht bemerkt. Später kann sich das Bewusstsein auf das vorangegangene Geschehen besinnen, es auch oft durchschauen. So z.B. warum und wie ich beim Konzentrieren auf den Schlips plötzlich in Grönland gelandet bin: Den Schlips habe ich von meiner Tante bekommen, von ihrem Mann aber in meiner Kindheit ein Buch über die Entdeckungsreisen zum Nordpol, und in diesem Buch las ich das erste Mal über Grönland. Und es kann noch ein emotionales Motiv dabei entdeckt werden: Der Onkel wurde von mir wegen seiner weltmännischen Art damals sehr bewundert, zu meinem Leidwesen aber kümmerte er sich kaum um mich.

Assoziationen entstehen meistens nicht logisch, sondern aufgrund subjektiver Erlebnisse: sie gehören zur Privatsphäre der Seele, auch dann, wenn viele Menschen anlässlich eines gegebenen Wortes, einer gegebenen Szene dasselbe assoziieren oder ungefähr dasselbe fühlen: auf diesem Phänomen beruht die Werbung und die Unterhaltungsindustrie, sonst hätte ein jeder seine Privatkneipe oder seinen Privat-Nachtclub. In Beziehung zum Unterbewussten sind wir nicht sehr individuell, obwohl wir auf dem Gebiet der Gefühle uns in unserem privatesten Bereich empfinden. Neid, Eitelkeit, Ehrgeiz sind meines Wissens durchaus verbreitete Gefühlsphänomene, die niemand «will»; ich kenne niemanden, der eitel sein will oder z.B. sich das Ziel gesetzt hat, nunmehr ein Egoist zu werden – und er war es bisher nicht. «Ich bin gewillt, ein Bösewicht zu werden» – das sagt eben einer, der es schon ist: Richard der Dritte im Drama Shakespeares.

Und doch haben diese Phänomene Privatcharakter, da sie nicht mitteilbar sind. Ich gebe nie die Hoffnung auf, dass meine Gedanken von anderen Menschen verstanden werden können; aber ich weiß, dass niemand meine Gefühle bei einer enttäuschten Liebe zu fühlen vermag – der Beschreibung nach kann einer sehr Ähnliches erleben, aber zum

Wesen dieser Art von Gefühlen gehört eben die Subjektivität. Ebenso ist die Bildung von Assoziationsketten biographisch subjektiv und individuell verschieden, auch wenn manche Menschen ähnliche Abenteuer in ihrem Leben durchmachen. Das kann so sein, muss aber nicht so sein. Ein sehr großer Teil der Assoziationen, der Gefühle ist auch ganz subjektiv.

Wenn wir in die tieferen Schichten des Unterbewussten schauen, werden die Erscheinungen immer weniger beschreibbar und mitteilbar. – Womit versuchen wir diese Phänomene doch zu beschreiben und mitzuteilen? Nun: durch Sprechen, Sätze, Worte, durch die wir Gedanken ausdrücken. Die Gedanken können mehr oder weniger geschickt, plastisch, bildhaft durch Wortfügung und Satzbildung ausgedrückt werden. Wir haben immer das Vertrauen, dass der andere verstehen wird. Sonst würden wir alle schweigen, insbesondere würden wir nicht die Courage aufbringen, über *solche* Themen zu reden oder zu schreiben. Wir nehmen, bewusst oder nicht bewusst, stets an, dass das Denken allgemein verständlich ist. Daher versuchen wir sogar, unsere Gefühle durch Gedanken bzw. durch Sprechen mitzuteilen, während es komisch wäre, unsere Gedanken durch Gefühle mitteilen zu wollen. Wenn das doch vorkommt, heißt es: Demagogie. Es werden aber keine Gedanken, sondern vielmehr Willensimpulse mit der Umgehung des Denkens angeregt. Werbe-Designer und Demagogen wenden sich nie an das denkende Menschenwesen. Sie versuchen gerade Assoziationen, Emotionen in Wirksamkeit zu bringen und das logische Denken möglichst zu umgehen. Sie wenden sich an das Gebiet der Seele, das aus fertigen Inhalten, Strukturen, Assoziationsketten besteht, nicht an das Unfertige, Ungeformte, nicht an Fähigkeiten, und wollen auch keine freien Fähigkeiten wachrufen oder ausbilden.

Nun passiert es ja oft, dass man die Gedanken des anderen nicht oder nicht leicht versteht oder sogar der Meinung ist, sie seien falsch, unlogisch, gar keine Gedanken. Dann diskutiert man, versucht den eigenen Standpunkt zu erklären. Womit? Durch Gedanken, die im Kleid der Sprache erscheinen. Man hat doch noch immer das volle Vertrauen zum Denken; erstens, dass man durch es zur Wahrheit gelangt, und zweitens, dass der Diskussionspartner durch mitgeteilte Gedanken zur «Einsicht» gebracht werden kann. Ob das gelingt oder nicht, ist für uns im Augenblick belanglos. Eines jedoch ist wichtig: dass wir im Denken und in seinen Erscheinungsformen wie Sprache, Mimik, Gebärde, Zeigen, Schrift – insgesamt als Sprache bezeichnet – ein universelles, nicht privates Element entdecken, durch das wir mit anderen Menschen kommunizieren, uns mit anderen und mit uns selbst verständigen können.

Ich weiß, es gibt viele Denker, die den Gemeinsamkeitscharakter oder die Fähigkeit des Denkens, eine Übereinstimmung zwischen Menschen zu erzeugen, in Zweifel ziehen. Aber selbst dieser Zweifel beruht auf Denken, oder er ist bloß eine Grille. Man kann Gründe finden, warum man dem Denken kein Vertrauen schenken soll – diese Gründe werden durch dasselbe Denken gefunden. Man kann dem Denken nicht entsagen: selbst der Entschluss dazu wäre noch eine Tat des Denkens. «Von nun an gehorchen wir nur unseren Emotionen» – das ist noch immer ein Gedanke. Man kann aus dem Denken nicht heraustreten, solange man sein Menschentum nicht aufgibt oder etwas noch Lichteres, Erhellenderes findet, als es das Denken ist. Zunächst ist es ohne Zweifel unsere hellste Bewusstseinsfunktion. Jemand, der sagt: «Das Denken ist nichts wert», gleicht einem Menschen, der den Ast absägt, auf dem er sitzt, da diese Behauptung immer noch ein Gedanke, ein Denk-Ergebnis ist von vielleicht unangenehmen Erfahrungen.

Kants Versuch, durch seine Antinomien (sich widersprechende Gedankengänge) zu zeigen, wie unverlässlich das Denken ist, zeigt gerade das Gegenteil. Kant führt z.B. Beweisführungen an über die Endlichkeit der Welt und parallel über die Unendlichkeit der Welt. Er will damit beweisen, dass das Denken beide Ansichten vertreten kann, so dass eine Entscheidung auf seinem Grund nicht möglich ist. Es sei dahingestellt, ob das stimmt. Wenn es aber stimmen

Ich bin ganz
unzuverlässig –
– immer!

würde, so würde diese Geschichte nur eines beweisen: dass Kant auch noch über ein Denken verfügt, das die Unzulänglichkeit jenes Denkens, das die Beweisführung schafft, entdecken kann. *Dieses* Denken wird von ihm charakteristischerweise «vergessen» – und sein Versuch drückt sein tiefes, aber nicht-bewusstes Vertrauen zu seinem Denken aus.

Die Gedanken kommen aus dem Denken. Woher kommt das Denken? Was hat das Denken mit der Sprache zu tun? Diese Fragen werden uns zum Gegenpol der fertigen Seeleninhalte, des Unterbewussten führen.

1.3. Sprechen und Denken

Sprechen und Denken sind die «öffentlichen» Tätigkeiten des Bewusstseins, durch die eine Kommunikation zwischen den Menschen möglich wird. Sie wurden in früheren Zeiten die «geistigen» Fähigkeiten genannt. Zum Sprechen gehört auch das geschriebene und, das durch Gebärden, Zeigen, Mimik offenbarte «Wort», alles, was beabsichtigter Ausdruck ist und durch Sinneswahrnehmung zum anderen Menschen gelangen kann. Dass die Menschen eine Kommunikation solcher Art, durch Sinneswahrnehmungen, benötigen, wird durch ihre Bewusstseinsverfassung verursacht, dadurch, dass sie im Bewusstsein voneinander getrennt sind. So trivial diese Feststellung zu sein scheint, stellt sie durchaus nicht die einzige Möglichkeit dar. Denn so genannte primitive Völker lebten und leben bis heute noch

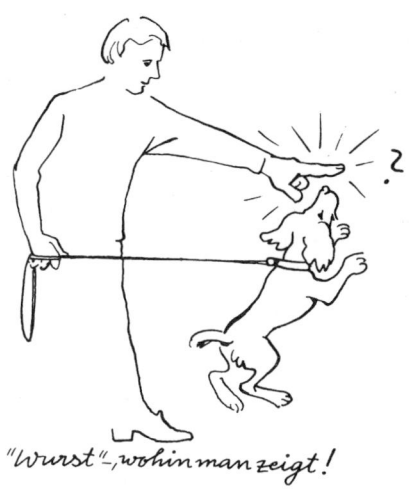

"Wurst", wohin man zeigt!

in einem mehr oder weniger gemeinsamen Stammes- oder Familienbewusstsein. Und durch das Sprechenlernen des Kindes wird uns immer wieder das Paradoxon vorgeführt, wie ein Wesen, das nicht sprechen und denken kann, Worte, Sprache und Denken sich aneignet. Das erste Wort, die ersten Worte muss das Kind ja ohne Worte, ohne Erklärungen verstehen. Denken Sie nicht, dass Zeigen, Mimik usw. dabei helfen könnten. Diese Zeichen müsste das Kind ja schon verstehen, wenn sie eine Hilfe sein sollten beim Verstehen der Worte. Wenn aber ein Kind das Zeigen versteht, kann es längst «sprechen»: es versteht «ich zeige dir das». Es gibt keine «natürlichen» zeigenden Gebärden. Das Kind muss nicht wissen – und weiß am Anfang auch nicht –, dass es in die Richtung meines Zeigefingers schauen soll; der Hund weiß es auch nicht.

Außerdem müsste das Kind erraten, was ich mit dem

Zeigen *meine:* den Tisch, seine Farbe, das Holz, das Viereck, die horizontale Ebene, die Ebenmäßigkeit usw. – das alles zeige ich nämlich mit derselben Gebärde. Das Kind versteht die ersten Worte unmittelbar, ohne Worte, intuitiv oder, anders ausgedrückt: durch eine so tiefgehende Nachahmung des Sprechenden, dass es nicht nur die Worte, sondern die Sprechintention mit seinem Sinn «nachahmt». Es identifiziert sich mit der Quelle des Sprechens, mit dem Ich des Sprechenden. Es hat ja keine andere Möglichkeit zu verstehen: keine «Erklärungen» sind möglich. Was die ersten Worte bedeuten, das wird durch wortloses, sprachloses Verstehen des Sprechenden verstanden, als Verstehen seiner Gedanken, vielleicht noch eher: seiner Denkintention. Weil das Kind das Denken, das der Sprechende ausdrücken will, unmittelbar versteht, weiß es, was die Worte bedeuten.

Es gibt viele Denker, die der Meinung sind, das Kind lernt sprechen wie der Papagei. Das ist ein Irrtum. Der Papagei spricht gar nicht, ebenso wenig wie ein Tonband, denn es *versteht* nicht. Das Kind aber versteht – sonst könnte es nur stets die schon gehörten Sätze wiederholen und zwar in unpassenden Situationen, aber keinen neuen Satz aus den bekannten Worten bilden, der den Umständen entspricht. Das kann das Kind aber sehr bald.

Am deutlichsten kann dies beobachtet werden am Verstehen der Worte «Ich» und «Du». Man zeigt auf den Tisch und sagt «Tisch»; das Kind zeigt auch auf den Tisch und sagt «Tisch». Man zeigt auf den Stuhl und sagt «Stuhl»; das Kind zeigt auch auf den Stuhl und sagt «Stuhl». Nun zeigt der Sprechende auf sich und sagt «Ich». Wenn das Kind

34

Bist du ein Du oder ein Ich?

jetzt nach dem Muster des Vorangehenden verfährt, wird es auf den Sprechenden zeigen und «Ich» sagen; vielleicht geschieht das so zum ersten Mal. Aber dann *versteht* es eben und sagt «Du». Sonst würde es den Sprechenden «folgerichtig» als «Ich», sich aber mit «Du» bezeichnen. Und das würde sogar in jeder Generation wechseln!

Das intuitive, wortlose Verstehen der ersten Worte, das sich im Grunde genommen bei jedem Begriff auch im Erwachsenenalter wiederholt, wenn es auch durch Erklärungen verdeckt wird (die ihrerseits aber auch verstanden werden müssen, damit sie überhaupt «erklären»), dieses wortlose Verstehen ist nicht die einzige Leistung der intelligenten Fähigkeiten im Kind. Das grammatisch sehr bald korrekte Sprechenkönnen des Kindes ist für die Sprachwissenschaft ein großes und ungelöstes Rätsel. Das Kind, das ja von der Existenz einer Grammatik keine Ahnung hat und auch nicht verstehen würde, was sie ist, kann sich sehr bald aus wenigen und logisch nicht ausreichenden «Daten», d.h. gehörten grammatischen Formen, die Grammatik als ein *Können* «konstruieren» – so heißt es wissenschaftlich. Es «konstruiert» natürlich nichts bewusst, es kann aber praktisch die Grammatik anwenden und richtig sprechen. Das bezieht sich auch auf die Syntax – den Satzbau –, deren Regeln größtenteils nicht einmal durch die Wissenschaft formuliert sind.

Darf ich Sie persönlich fragen: Kennen Sie als Erwachsener die Grammatik Ihrer Muttersprache? Und, falls Sie sie zufällig studiert haben, sprechen Sie nun mit bewusster Verwendung dieser Studien oder nur so, wie Sie es seit Ihrer Kindheit gewohnt sind? Man kann hier erfahren, dass das Sprechen lebenslang ein *überbewusstes Können* bleibt, so wie man es als Kind intuitiv, überbewusst erworben hat.

Tiere kommunizieren, aber sprechen nicht. Damit soll zum Ausdruck kommen, dass ihre «Kommunikation» instinktiv ist, sie können es nicht bedenken, ob sie ein Signal geben sollen oder nicht. Sie müssen es tun oder müssen es unterlassen. Es ist keine bewusste Absicht dabei, dass Signale gegeben werden, und auch nicht, wenn sie nicht gegeben werden. Sie werden vielleicht sagen, dass manche Leute auch nicht immer bewusst bedenken, ob sie sprechen sollen, sondern sie plappern einfach los ... Nun: man kann sich schon über dieses allzu wohlbekannte Phänomen Gedanken machen.

Man kann sich noch eine Frage stellen. Das Kind ahmt vernommene Laute und Worte nach. Woher «weiß» es, wie man das macht, was die Sprachorgane für Bewegungen ausführen müssen, damit das gehörte Wort oder der gehörte Laut reproduziert werde? Diese Frage ist deswegen berechtigt, weil der vernommene Laut den Bewegungen der Sprachorgane gar nicht «ähnlich» ist und die Beziehung dieser Bewegungen zum hervorgebrachten Laut auch für den Erwachsenen keineswegs klar ist: Sie müssen rasch experimentieren, wenn ich Sie frage, wie bringen Sie ein «j» hervor, und zur genauen Beobachtung gehört schon manche Anstrengung.

Eine weitere Frage in diesem Zusammenhang ist nicht minder paradox: Wie lernt das Kind denken? Das geschieht auch nicht durch Unterricht – das Denken zu unterrichten wäre nur möglich und auch dann schwer, wenn das Kind schon denken könnte. Es kann nach den ersten vernommenen und verstandenen Gedanken selber neue bilden und ausdrücken, es kann eine sehr große Anzahl «unerklärbarer» Begrifflichkeiten erwerben – unerklärbar auch für den Erwachsenen. Nehmen Sie z.B. «ja», «ist», «in», «aber», «lieben», alles Worte, die das Kind sehr früh sinngemäß verwenden kann. Versuchen Sie diese Worte einem Erwachsenen zu erklären Sie werden Grundlegendes bei diesem Versuch erleben.

Für ein Kleinkind ist ein jeder Witz neu, es muss ihn neu verstehen. Das kann auf jedes Wort, jeden Begriff, jeden Gedanken bezogen werden. In Bezug auf ein Sprechen und Denken lernendes Kind gibt es keine Sprech-Gewohnheiten, keine fertigen Gedankenformen, keine Reiz-Antwort-Automatismen: das alles kann man beim Erwachsenen finden, und das wird durch die Fähigkeiten gebildet, die das Kind überbewusst, durch das Sprechen und Verhalten seiner menschlichen Umgebung sich erwirbt. Ohne eine solche Umgebung wird ein Kind weder sprechen noch sich aufrichten, noch leben können, wenn es auch körperlich versorgt wäre.

Es ist aus den Beobachtungen des Kindes beim Sprechen- und Denken-Lernen ersichtlich, dass an diesem Prozess – dem Sich-Hineinleben des Kindes in den sprechenden Erwachsenen – Denken, Fühlen und Wollen teilhaben, aber in einem ganz anderen Sinne funktionieren als beim Erwachsenen. Man könnte auch sagen: Sie sind noch gar nicht getrennt voneinander, sondern bilden eine einzige Fähigkeit. Denn das Kind muss ganz bis zum Sprech-Willen des Sprechenden «nachahmen» können, um das Gesprochene zu verstehen, ja verstehen, bevor es sich auf Worte, Mimik, Gebärden verlassen kann. In diesem Sprech-Willen ist der Sinn, die Bedeutung des Gesprochenen schon drin. Später, vielleicht gar nicht zeitlich später, aber dem Wesen nach später, gestaltet sich der Sinn der Worte. Der Sprech-Wille enthält auch das Fühlen, von dem das Gesprochene begleitet wird und mit dem man sich an das Kind wendet – man bringt ja dem Kind hoffentlich keine wissenschaftlichen Theorien vor –, und dieses Fühlen ist dem Gesagten wie auch dem Kind entsprechend, es ist durch den gesprochenen Inhalt und durch das Kind, an das der Inhalt adressiert wird, geprägt. Das alles wäre ein Optimalfall, wenn nämlich der Sprechende sich ganz dem Kinde zuwendet. Weil das von Seiten der Erwachsenen immer seltener geschieht, gibt es immer mehr sprach- und verhaltensgestörte Kinder.

1.4. Das Überbewusste

Wir haben beim Sprechen-Lernen des Kindes eine neue Bewusstseinsqualität – so könnte man es nennen – kennen gelernt, das überbewusste Können. *Können* ist es jedenfalls – und kein *Wissen* –, Sprechen-Können, grammatisch, syntaktisch richtig, ein Können, den gehörten Laut, die gehörten Worte nachzuahmen, und ein Können, das Vernommene ohne Worte zu verstehen. Worte spielen für das Verstehen nur dann eine Rolle, wenn sie einmal schon verstanden worden sind. Das Bewusstsein bildet sich dann aus dem Verstandenen und Erinnerten als Ich-Bewusstsein, und so ist es eigentlich selbstverständlich, dass dieses Bewusstsein über das Ur-Verstehen des Kindes, wodurch es entstanden ist, nichts weiß – es war ja nicht dabei beim Entstehen – und auch später diesen Ursprung kaum bemerkt, weil man als Erwachsener meistens wenig Erfahrung hat bezüglich des Ur-Verstehens. – Wann haben Sie denn Neues gedacht?

Daher ist die Bezeichnung «überbewusst» berechtigt. Das Überbewusste ist immer ein Können, eine Fähigkeit, nicht Gewohnheit, nichts Fertiges. Fertiges wurde bei der Betrachtung des Denkens, des Fühlens und des Wollens gefunden. Wir haben auch gesehen, dass das Fertige in der Seele größtenteils nicht bewusst wirkt, nicht gewollt vom autonomen Ich-Wesen, in der Weise, wie z.B. Gefühle ungerufen auftreten, wie Assoziationen nicht beabsichtigt kommen. Daher ist es sinnvoll, das ganze Gebiet der fertigen Seeleninhalte als das *Unterbewusste* zu bezeichnen. Unterbewusst ist der Ursprung jener vorgeformten Wirkungen, die in Gefühlsformen, Gedankenformen, Verhaltensmustern und Willensimpulsen ohne den autonomen Willen des Menschen im Bewusstsein erscheinen, manchmal das Bewusstsein überschwemmen.

Der bedeutsame Unterschied zwischen den *überbewussten Fähigkeiten* und den *unterbewussten Gewohnheiten* besteht eben darin, dass die unterbewussten Wirkungen stets «fertig» sind, geformt auftreten, wie z.B. die Assoziationen. Die überbewussten Kräfte oder Fähigkeiten hingegen sind immer unfertige Wesenheiten, durch die überhaupt Geformtes oder Fertiges entstehen kann – eine ursprünglichere Wesensschicht also. Was ist der Unterschied zwischen Gewohnheit und Fähigkeit? Gewohnheit wäre, wenn ich am Klavier nur ein bestimmtes Stück spielen könnte, vielleicht mit Perfektion; Fähigkeit dagegen ist, wenn ich beliebige Stücke zu spielen lernen kann, meiner Technik, meiner Musikalität entsprechend. Man kann nicht sagen, eine Fähigkeit sei «fertig». Es ist der Unterschied auch von der Seite des Ausbildens zu fassen: Gewohnheiten werden durch Gewöhnung oder Dressur, Fähigkeiten durch Unterricht gebildet. Nun ist allerdings heutzutage dieser Unterschied im Schulwesen fast untergegangen.

Der zweite wesentliche Unterschied zwischen diesen beiden unbewussten Bereichen besteht darin, dass der Mensch durch die überbewussten Fähigkeiten offensichtlich in ein überpersönliches, in ein – hinsichtlich des Denkens mehr, hinsichtlich einer bestimmten Sprache weniger – universelles Seinsgebiet hereinragt. Das Unterbewusste ist dagegen stets von privatem Charakter, von privater Entstehungsgeschichte. Jede Kommunikation, auch jede Kunst, auch die handwerklichen Fähigkeiten sind überbewussten Ursprungs.

Wir haben jedoch gesehen, dass die Formen des Unterbewussten, obwohl von individueller Entstehungsgeschichte, doch einander sehr ähnlich, man könnte sagen, kollektiv sind. Worin liegt ihr Unterschied von der Kollektivität des Überbewussten? Im Gleichnis könnte man sagen: Die Gesundheit ist der natürliche Zustand *jedes* Organismus; Krankheiten müssen jeden Organismus einzeln befallen, aber die individuellen Krankheiten können einander sehr ähnlich sein in ihren Symptomen. Die Krankheit bekommt ein jeder individuell, aber sie ist doch «Grippe», «Keuchhusten» für alle.

Gewohnheiten sind, vor allem im Kindesalter, fördernd und notwendig. Das Übermaß sollte vermieden werden. Mit dem Erwachsenwerden sollte der Mensch seine anerworbenen Gewohnheiten, im weitesten Sinne, revidieren und neue bewusst bilden und pflegen.

Die Leistung des Kindes im Sprechen- und Denken-Lernen wird im Verlauf des späteren Lebens gewöhnlich nie mehr erreicht. Alles, was der schon Sprechen-Denken-Könnende später lernt und sich aneignet, wird auf die Grundlage der im Kindesalter erworbenen Fähigkeiten gebaut. Man kann auch beobachten, dass in dem Maße, wie fertige Inhalte und Gewohnheiten sich durch die überbewussten Fähigkeiten bilden, eben diese Fähigkeiten zurückgehen. Eine zweite Sprache wird später mühsam erworben, während ein Kind auch zwei Muttersprachen sich mühelos aneignet, wenn die

Umgebung zweisprachig ist. Doch zeigt sich der Zugang zum Überbewussten auch beim Erwachsenen nicht ganz verbaut. Jeder halbwegs normale Mensch kann neue Begriffe bilden, neue Gedanken haben, neue Gedanken verstehen: das ist alles intuitives Hereinblitzen aus dem Überbewussten, das stets *anwesend*, aber als solches nicht bewusst ist. Diese Art Anwesenheit erklärt manche stehengelassenen Fragen. So kann die Fähigkeit des Bewusstseins, über seine eigenen Phänomene sich Rechenschaft geben zu können, den eigenen Vergangenheitscharakter zu bemerken, durch die verborgene Gegenwart des Überbewussten verstanden werden: aus dieser Instanz schaut der Blick auf die Phänomene, auf die eigene Vergangenheit. Aus dieser heraus wird es möglich, im wirklichen, d.h. neuen Denken zu improvisieren, obwohl nur das schon Gedachte bewusst wird.

Das Hereinragen des Überbewussten und seine Wirksamkeit im Bewusstseinsleben sind am ehesten in der Herkunft und im Wirken der kommunikativen Fähigkeiten, im Sprechen und Denken also, zu entdecken und zu beobachten, sowohl beim Kind, in dem sie entstehen, als auch beim Erwachsenen, der sie betätigt, obwohl beim Erwachsenen die Einsicht in die überbewusste Wesenheit dieser Fähigkeiten durch Gewohnheitsbildung, durch Gedankenformen, durch die Anwendungen der fertigen Produkte des überbewussten Seelenbereiches verdeckt ist. Im Denk-Vorgang kann das Wirken des Überbewussten ertastet werden. Außerdem aber kann der Mensch wenigstens eine Ahnung eines zunächst überbewussten Fühlens haben, durch das er z.B. entscheiden kann, ob ein grammatisch und sprachlich einwandfreier Satz sinnvoll, logisch, evident, d.h. einleuchtend ist oder sinnloses «Bla-Bla» enthält – wenn auch viele Schriftsteller, Redner, Journalisten, Politiker und Wissenschaftler es im Gerede zu solcher Virtuosität gebracht haben, dass es manchmal Mühe kostet, die Leerheit oder Sinnlosigkeit des Dargebotenen festzustellen. Wenn Sie sich aber fragen, woran Sie es erkennen, dass etwas logisch oder unlogisch ist und warum es so ist, dann werden Sie als Grund nicht ein Vergleichen mit den Formalitäten von Logik-Lehrern – dieses Vergleichen würde an dieselbe Fähigkeit appellieren – oder ähnliches finden, sondern ein Fühlen, eben das *erkennende Fühlen* der Logizität, nach dem sich das Denken richtet, falls es wirklich Denken ist. Es richtet sich überbewusst danach. Logik ist keine vorschreibende Wissenschaft, «so sollst du denken», sondern eine nachträgliche Beschreibung dessen, wie das Denken immer vorgeht. Würde der Mensch ohne logische Studien nicht logisch denken, so könnte er diese Studien nie machen. Ganz zu schweigen von den Autoren der Logik-Bücher, die sie nie hätten schreiben können, bevor sie nicht diese Bücher gelesen hätten. Kein Schriftsteller kann seine Werke zitieren, bevor er sie geschrieben hat. Sofern der Mensch denkt, denkt er logisch. Wenn er einen logischen Fehler begeht, ist sicherlich nicht das Denken, sondern ein in den Denkfluss hereingeratenes Nicht-Denken daran schuld: sonst könnte man den Denkfehler durch Denken gar nicht entdecken. Was unser Denken in seinem logischen Verlauf führt, ist das helle *Fühlen der Evidenz*, dass es eben einleuchtet.

Auch die Ahnung eines recht hellen, für unser gewöhnliches Bewusstsein allzu hellen Willens kann uns aufgehen. Der «dunkle» Wille greift in unser körperliches Tun ein, den können wir nicht bewusst verfolgen. Wenn wir aber sehr konzentriert, also improvisiert denken, wie machen wir das? Wir bestimmen bewusst das Thema; dann lassen wir das Denken selbst walten, unter möglichster Fernhaltung *unserer* subjektiven Willkür. Und in dem also waltenden Denken ist ein Wille verborgen: *ich* will ja nicht ein Bestimmtes denken, ich weiß ja gar nicht, was im nächsten Augenblick gedacht wird: der Wille im improvisierenden Denken ist eins mit ihm, ein Denk-Wille, der nicht von mir gewollt wird. *Ich* kann zunächst nur im voraus Bestimmtes wollen. Im reinen konzentrierten Denken steckt ein überbewusster Wille. In diesem ist das Fühlen der Evidenz verborgen, nach der das Denken vor sich geht. Kann ich sagen, dieser Wille sei meiner? Keineswegs, ich kann ihn nur in Gang setzen; wie ich das tue, ist mir auch nicht bewusst.

Sehr ähnlich geht es im Wahrnehmen zu. Da wird vom Menschen lediglich die Aufmerksamkeit willentlich in Wirksamkeit gebracht; *was* er wahrnimmt, entzieht sich völlig seinem Willen – er kann daran willentlich nichts ändern, er kann das Grüne nicht als Gelbes sehen. Der «Wille» der Wahrnehmungswelt bestimmt, was wir sehen. Vom Menschen, von seiner Begriffswelt, von seiner Aufmerksamkeit usw. hängt es ab, wie tief er sich in das Sich-Darbietende hineinschauen, hineinleben kann. Je mehr er die Wahrnehmungswelt «sprechen» lässt, je weniger er selbst hereinredet, desto vollständiger wird seine Wahrnehmung: je mehr er den fremden Willen, der auf ihn zukommt, walten lasst, einen umgekehrten Willen, der nicht von ihm ausgeht in die Richtung der Welt, sondern aus der Welt auf ihn zufließt. Auch dieser umgekehrte Wille ist überbewussten Ursprungs.

1.5. Der Mensch und seine Welt

Zwischen dem schon Gestalteten und dem rein Fähigkeitsartigen atmet der Mensch, oder man kann auch sagen: er wird geatmet. Das Gestaltete im Seelischen gliedert sich an das an, was von der Natur aus am Menschen gestaltet ist: an seine Leiblichkeit. Seine universellen Fähigkeiten, die Möglichkeiten zur Gestaltung, kommen von der anderen Seite, es sind geistige Fähigkeiten, sie kommen aus einer Welt, die vom Menschen zunächst nicht bewusst erlebt werden kann, aus der Welt des Geistes. Diese Welt ist eine gemeinsame für alle Menschen, sie zeigt sich in der bewussten Welt dadurch, dass der Mensch imstande ist, mit seinesgleichen absichtlich zu kommunizieren, und darin, dass die bewusste Welt zwei gemeinsame Elemente hat: das Denken und das Wahrnehmen. Diese Elemente konstituieren die bewusste Welt des Menschen, sie machen diese Welt zu dem, was sie ist, dem jeweiligen Denken und Wahrnehmen gemäß. Als Kräfte, als Fähigkeiten, als konstituierende Elemente können sie selbstverständlich nicht aus der Welt stammen, die durch sie aufgebaut, konstituiert wird. Sie kommen aus einer verborgenen Geist-Welt, aus dieser ragen sie in das menschliche Bewusstseinserleben herein als überbewusste

45

Seelenelemente und werden als die Fähigkeiten zum Denken und Wahrnehmen bzw. Vorstellen erkannt. Die Geisteswelt, aus der sie stammen, grenzt offensichtlich eng an die Welt des Bewusstseins an.

Was wir Alltagsbewusstsein, gewöhnliches Bewusstsein nennen, ist bei dem Sprechen und Denken lernenden Kinde noch nicht da; es wird durch Sprechen und Denken, die in dieser Phase der Entwicklung noch *einen* Vorgang bilden, gestaltet. Das Unterbewusste, fertige, assoziativ verbundene Gedankenformen, Gefühlsformen, Gefühlsgewohnheiten und Willensgewohnheiten sowie festgelegte Verhaltensweisen sind beim Kind im frühen Alter auch nicht zu finden: Das Kind ist weitgehend ein unbeschriebenes Blatt, sodass es unabhängig von seiner Abstammung jede Sprache, die in der Umgebung gesprochen wird, erlernen kann. Die Individualität des Kindes zeigt sich darin, dass es überbewusst unter den Eindrücken, denen es begegnet, selektiert, auswählt; vieles kommt an das Kind gar nicht heran, was es von außen gesehen offenbar erreichen könnte. Was wir Schicksal nennen, zeigt sich unter anderem im instinktiven Aufnehmen bestimmter Impulse, im Abweisen bestimmter anderer Eindrücke. Es können im Verhalten sehr große Unterschiede in der gleichen Familie, auch unter Zwillingen, beobachtet werden: im «Charakter», im Sich-Verbinden mit der Umwelt. Die auswählenden Kräfte sind überbewusst, ebenso wie die spezifischen Begabungen, die sich sehr früh zeigen können, z.B. für Musik, für Mathematik. Das Unterbewusste, die Bewusstseinsgewohnheiten bilden sich später unter dem Einfluss der Umgebung, aber auch dem überbewussten Auswahlmuster gemäß, worin die mitgebrachte Schicksalsanlage zu erkennen ist. – Man könnte sagen: Das Überbewusste, einschließlich des Auswahlmusters, ist das Ursprüngliche; das gewöhnliche Bewusstsein bildet sich durch die Wirksamkeit der überbewussten Fähigkeiten, während das Unterbewusste gleichsam das Negativ einer Individualität darstellt, dasjenige, was von ihr verschmäht und so verzerrt gestaltet wurde.

In das Bewusstsein des Erwachsenen schlagen von «unten» herauf die Impulse des Unterbewussten, es blitzen von «oben» die neuen Begriffe herein, die Intuitionen aus dem Überbewussten. Sein Bewusstseinsleben ist eine Bühne, auf dem das Privateste mit dem Universellen vermischt auftritt. Selbst Denken und Wahrnehmen bestehen aus diesen zwei Komponenten: Im Denken ist der Mensch tätig, indem er das Thema bestimmt, und diese Tätigkeit steht im Vordergrund, während das «Wie» des Denkens, sein Ablauf in Logizität und Evidenz aus dem Überbewussten herrührt und daher nur als Grenzerfahrung im Bewusstsein bemerkbar ist. Im Wahrnehmen ist der Anteil des Menschen mehr verborgen: seine notwendige Aufmerksamkeit, seine Begriffe und seine Fähigkeiten zur Begriffsbildung, die das Wahrnehmungsbild bestimmen. Es trägt viel zur Selbsterkenntnis des Bewusstseins bei, wenn der Mensch im Denken Anteil sucht, der nicht aus seinem Alltagsbewusstsein stammt, im Wahrnehmen dagegen zu entdecken bestrebt ist, was er selbst dazu beisteuert.

Sie können jetzt denken: Dieser Autor setzt sich mit den am weitesten verbreiteten wissenschaftlichen Ansichten nicht auseinander; das Denken, Wahrnehmen, Vorstellen, das Bewusstseinsleben überhaupt wird ja dort auf die Wirksamkeit des Gehirns und des Nervensystems zurückgeführt. Es gibt ja verschiedene Modelle zu dieser Wirksamkeit, und demnach sind das Überbewusste oder die Geisteswelt überflüssige und falsche Erklärungsprinzipien oder Hypothesen. Dass solche Ansichten Zeichen einer grundlegenden Bewusstseinserkrankung sind, möchte der Autor Ihnen im nächsten Kapitel darstellen.

2. Die Erkrankung des Bewusstseins

2.1. Das Phänomen der seelischen Probleme

Was unsere ganze Betrachtung ermöglicht, ist die Trennung der gegenwärtigen Instanz der Seele von ihren Vergangenheitselementen, auf die jene schauen kann. Wenn wir «Trennung» oder Entmischung sagen, setzen wir einen einstigen Zustand des Vermischtseins voraus. In der Tat können wir eine Entwicklungsphase der Menschheit finden, in der es nur für sehr wenige Menschen etwas bedeuten konnte, über Bewusstsein, Logik, Denken usw. zu sprechen; die große Mehrzahl konnte mit diesen Worten und Begriffen nichts anfangen, wie es auch bei dem heutigen Kind eine Lebensperiode gibt, vor dem 7. Lebensjahr etwa, in der es die Begriffe, die sich auf das Bewusstseinsleben beziehen, nicht versteht. Es versteht z.B. «Sprechen», nicht aber «Sprache», denn sein Denken hat sich noch nicht von dem Sprechen getrennt, es denkt in den Worten der Muttersprache. Zugleich ist diese Art des Bewusstseins viel lebendiger als das spätere, aber traumhaft lebendig erlebend. Es steht innerhalb des Erlebten, nicht außerhalb, nicht gegenüber; so wie der Erwachsene ein unerwartetes Ereignis nicht besonnen und von außen beurteilend erlebt, sondern dumpf, wie in einem Traum.

Heute denkt sich jeder halbwegs normale Erwachsene etwas, wenn er Worten oder Begriffen begegnet, die sich auf das Bewusstsein beziehen. Dem Prozess der Trennung von Gegenwarts- und Vergangenheitselementen geht ein anderer parallel: dass die seelischen Probleme an Zahl und Intensität immer mehr zunehmen, sowohl menschheitlich als auch beim Individuum. Auch das kleine Kind hat normalerweise weniger Seelenprobleme als das größere, abgesehen von den heute stetig zunehmenden Fällen, in denen die erwachsene Umgebung das Kind ansteckt. Prozentual sind heute unter den «Normalen» viel mehr Menschen «nervös», problematisch, labil, viel mehr in seelenärztlicher, psychologischer oder psychiatrischer Behandlung als vor 100 Jahren, und vor 100 Jahren mehr als vor 200 Jahren. Und wenn man das heutige Bild anschaut, wird man feststellen können, dass unter den Patienten die Intellektuellen, die Stadtbewohner, die akademisch Gebildeten prozentual überwiegen.

Diese Beobachtung ist nicht leicht verständlich. Denn die Möglichkeit, auf das Bewusstsein zu schauen, sollte doch nicht zu Problemen führen; im Gegenteil würde man erwarten, dass durch diese Möglichkeit die Seelenprobleme bewusst behandelt werden können. Man kann aber die Vermutung haben, dass die seelischen Schwierigkeiten daraus entstehen, dass die gebotenen Möglichkeiten nicht verwirklicht werden. Es kann als ein Gesetz in der Natur und auch im Bewusstseinsleben angesehen werden, dass ungebrauchte Fähigkeiten oder positive Möglichkeiten sich in Schäden, Erkrankungen, in negative Erscheinungen verwandeln. (Bei manchen Nagetieren können die Zähne zum Tode führen, wenn sie nicht gebraucht werden).

Wir versuchen nun die Symptome der Bewusstseinserkrankung von diesem Gesichtspunkt aus zu betrachten. Dabei leitet uns die Überzeugung, dass hinter der Mannigfaltigkeit der individuellen Seelenschwierigkeiten *eine* kollektive Bewusstseinserkrankung versteckt wirkt, die, eben weil sie kollektiv ist, nicht bemerkt wird: denn *wer* sollte sie bemerken? Wo – wie es in manchen phantastischen Erzählungen heißt – in einem Land, bei einem Volk die Blindheit kollektive, mitgeborene Eigenschaft ist, dort wird das nicht als ein Gebrechen empfunden, auch nicht bemerkt. Und wenn ein Fremder, der sieht, in dieses Land verschlagen wird, tut er gut, seine «abnormale» Fähigkeit zu verschweigen. Sonst wird er einer «Heilung» aus gutem Willen der Eingeborenen ausgesetzt: er muss ja «Visionen» haben.

Man könnte jetzt die Frage an den Autor stellen: Wenn eine Erkrankung im bezeichneten Sinne kollektiv ist, wie kann er dann von ihr wissen? Die Antwort auf diese Frage wird erst gegen Ende dieses Buches gegeben werden können.

2.2. Die Verleugnung des Erkennens

Durch die Trennung der gegenwärtigen Bewusstseinsebene von dem Vergangenheitselement rückt zwar die erstere in das Überbewusste – es wird nicht miterlebt, wie früher –

aber was im Bewusstseinsfeld bleibt, das Gedachte, Wahrgenommene, Vorgestellte, wird konturierter, klarer, schärfer, von dem sich nicht erlebenden Überbewussten aus «gesehen». Anders gesagt: das Produzieren des Bewusstseins ist nicht bewusst, wird nicht erlebt, umso schärfer aber das Produkt. Das fertige, unlebendige Bild wird durch lebende Elemente nicht gestört, daher ist es klar umrissen. Vor der Entmischung des produzierenden Elementes vom Produkt war das Bewusstseinsbild mehr von Phantasie durchsetzt; denken Sie an spätmittelalterliche Heldensagen, Legenden, die ein Cervantes schon zu verhöhnen weiß: Riesen, Drachen, phantastische Tiere, Zauberer, Feen und andere Märchenwesen, bunt vermischt mit Beschreibungen von Reisen, Ländern, Völkern. Das alles bleibt weg im Zeitalter der *Bewusstseinsseele* – so nennen wir die charakterisierte Seelenstruktur. Dagegen wäre die Möglichkeit da, sich auf das Erkennen und auf das Verstehen als auf die schöpferischen Tätigkeiten und Fähigkeiten des Menschen zu besinnen, die auch das Wissen vom Bewusstsein ermöglichen. Diese Tätigkeit selbst wird nicht unmittelbar erlebt; aber dadurch, dass das Erkannte wechselt und sein Umfang ständig zunimmt, liegt es doch nahe, auf eine Quelle, auf einen Vorgang zu schließen, aus dem und durch den die Inhalte des Bewusstseins, die klar erlebt werden, entstehen. Mindestens wenn sich der Mensch vor den Sinneswahrnehmungen verschließt, kann er bemerken, dass das Denken in ihm eine Quelle hat, ein Vorgang ist. Der Mensch könnte sich auf den Prozess des Erkennens besinnen. Das würde aus der Bewusstseinskonstellation durchaus folgen. Das «Erblicken» des Erkennens in seiner produzierenden Wesenheit wird aber verschmäht. Das Erkennen wird geradezu verleugnet, aus der Wirklichkeit ausgeschlossen, was verschiedene Formen annehmen kann, die jedoch Symptome derselben Erkrankung sind. Wir gebrauchen das Erkennen immer, auch dann, wenn wir es eben verleugnen. Sagen Sie doch etwas, das nicht Ergebnis oder Inhalt des Erkennens wäre! Direkt oder indirekt – wie z.B. bei einer offensichtlichen Lüge – ist das Erkennen dabei immer tätig.

Das Ausschließen des Erkennens aus der Realität hat drei Formen, die zusammenhängen und von denen die erste die eigentliche Quelle der Irrtümer ist. Diese erste und grundlegende Krankheitsform haben wir schon im Kapitel 1.2. berührt: der Zweifel am Denken, der durch das Denken selbst gedacht und formuliert wird. Etwas erweitert und ausgearbeitet, könnte die entsprechende Bewusstseinshaltung in folgendem Brief dargestellt werden:

Herrn
Prof. Dr. Zino Blasenbläser, Professor der Logik
Sehr geehrter Herr Kollege,

anlässlich Ihres letzten Vortrages in der Philosophischen Gesellschaft der Stadt Zappelheim sei mir erlaubt, einige Bemerkungen zu machen. Erstens: Das Denken gibt es gar nicht, das ist eine Erkrankung des Gehirns. Der Mensch ist ein Automat, eine Maschine, also gibt es auch ihn nicht. Kurz gesagt: Ich bin nicht und Sie auch nicht. Wozu halten

Sie dann Vorträge? Es ist völlig unlogisch. Jede Diskussion ist hinfällig und jede Rede überflüssig.

Mit kollegialer Hochachtung
Heinrich Überweis
Professor der kritischen Philosophie

Sie glauben wohl, so etwas kann nur unter verrückten Philosophen passieren. Da irren Sie sich, es passiert sehr oft mit uns allen! Immer, wenn wir uns als determinierte Wesen, als Naturwesen, als Ergebnisse der Vererbung, der Erziehung, der Umstände, unseres Schicksals betrachten und empfinden oder als eine Gesamtheit von Zellen bzw. als ein Molekülhaufen: jedes Mal, wenn wir die Verantwortung nicht auf uns nehmen wollen.

Der Briefwechsel könnte sich fortsetzen. Prof. Blasenbläser würde dann nach Erhalt des mitgeteilten Briefes antworten: «Sie haben Recht. Aber dann ist Ihr Brief auch nichts als ...» Prof. Überweis würde zurückschreiben: «Natürlich. Aber auch Ihr letztes Schreiben ist nichts als ...» Die Fortsetzung des Briefwechsels können Sie sich leicht ausmalen.

Nun ist die Sache sehr einfach, wenn man es so krass darstellt. Es heißt: «Ich bin nicht» oder: «Ich bin nicht hier». Kann man das sagen? Offensichtlich nicht. Warum? Man kann doch sagen: «Ich bin» oder: «Ich bin hier» oder: «Er ist nicht hier». Die Sätze sind alle grammatikalisch richtig, *in sich* enthält keiner einen Widerspruch. Widerspruch erscheint beim ersten Satz, wenn wir nicht bloß den Inhalt der Aussage, sondern das *Aussagen* selbst und damit den *Aussagenden* ins Auge fassen. Denn wenn einer spricht und zugleich behauptet, nicht zu sein oder nicht dort zu sein, wo er spricht, das ist ein Widerspruch. Auch: «Du bist nicht» oder «Du bist nicht hier»; das könnte höchstens als ein Monolog gesagt werden, indem ich jemanden suche und ihn nicht finde und mir selbst das Resultat formuliere; der Satz kann aber nicht ernst genommen werden, wenn ich ihn an ein «Du» richte – das nicht da ist.

Es gibt ein uraltes logisches Rätsel: «Alle Kreter lügen immer», sagt ein Kreter. Kürzer gefasst: «Ich lüge». Das sind unmögliche Aussagen: denn wenn die Kreter alle und immer lügen, dann ist die Aussage von dem Kreter auch eine Lüge; wenn es aber eine Lüge ist, könnte der Satz ebenso gut wahr sein, nämlich dann, wenn der Sprechende gerade nicht gelogen hat. Dann ist aber die Aussage erst recht eine Lüge, denn es gibt mindestens eine Ausnahme von dem behaupteten ständigen Lügen der Kreter, der eben ausgesagte Satz usw. Warum kann man demgegenüber sagen: «Alle Kreter sagen immer die Wahrheit»? oder: «Ich sage die Wahrheit»? Weil hier, im Gegensatz zu den «lügnerischen» Sätzen, der *Inhalt* der Aussagen nicht im Widerspruch steht zur Tatsache, dass sie ausgesagt werden. Eine Logik, die das Aussagen selbst nicht in Betracht zieht, wird mit dem Lügner von Kreta nicht fertig.

Was bedeutet das alles? Es weist uns auf die Notwendigkeit hin, nicht nur den Inhalt, sondern auch die Tatsache des Aussagens zu berücksichtigen. Tut man das, dann werden eine ganze Reihe von Aussagen unmöglich, heben sich auf, wie die Aussagen des kretischen Lügners. Ein Beispiel für eine solche Aussage ist: «Das Gehirn denkt». Diese Kurzformel fasst alle Ansichten zusammen, die das Denken auf Naturprozesse zurückführen. Diese Vorgänge gehen im Gehirn, im Nervensystem vor sich, das Denken soll in ihnen seinen Ursprung, seine Quelle haben und von ihnen etwa kausal-abhängig sein. – Wir wollen uns mit dieser Behauptung erst rein gedanklich auseinander setzen; dann die Rolle des Gehirns beim Denken betrachten.

Dass im Gehirn während des Denkens verschiedene Prozesse geschehen, ist eine vielfach untersuchte Wirklichkeit. Auch dass Verletzungen im Gehirn das Denken oder gewisse Denkabläufe verhindern, ist bekannt. Das Verhältnis des Denkens zum Gehirn muss deswegen aber noch gar nicht auf die gekennzeichnete Weise gedacht werden. Man könnte sich als Modell einen Geiger und seine Geige vorstellen. Ohne letztere kann der größte Virtuose nicht spielen. Wird die Geige nur ein wenig beschädigt, so wird das Spiel schon sehr beeinträchtigt. Daraus nun zu behaupten, dass die Musik von der Geige gemacht wird, wäre aber Unsinn. In der Tat denkt das niemand.

Aus den beobachteten Phänomenen entsteht kein Zwang, die Rolle des Gehirns durch ein Modell darzustellen, das dem Urteil «Das Gehirn denkt» entspricht. Wenn man aber annimmt, dass das Denken wirklich vom Gehirn ausgeht, dann käme das Denken durch einen Naturprozess zustande. Naturprozesse sind determiniert oder zufällig – das bedeutet, dass wir aus praktischen oder prinzipiellen Gründen die Ursachenkette nicht verfolgen können. Kommt das Denken aufgrund eines determinierten Naturprozesses zustande, so ist das Denken auch determiniert. In diesem Fall hat es keinen Sinn, von Irrtum oder Wahrheit in Bezug auf das Denken oder das Erkennen zu sprechen – das heutige Erkennen ist immer vom Denken durchsetzt. Determinierte Naturprozesse «irren» nicht, das Wort ist auf sie bezogen sinnlos. Dazu kommt, dass wir von Irrtum nur dann sprechen, wenn wir ihn als solchen entdeckt haben; man produziert ja nie absichtlich einen Irrtum, man will Wahrheit produzieren, und erst später erweist sich gelegentlich das Hervorgebrachte als Irrtum. Das heißt aber, dass, nachdem ein determinierter Naturprozess «Irrtum» hervorgebracht hat – was schon an sich sinnlos ist – derselbe Naturprozess auch den Irrtum entdecken und korrigieren kann. Solche Naturprozesse gibt es nicht. Man denke an einen Mathematiker, der das von ihm durch sein Denken Hervorgebrachte

mit demselben Denken überprüft, ob nicht ein Irrtum darin versteckt ist, ohne sich dabei auf etwas anderes zu stützen.

Erlaubt der Gehirnprozess Zufälligkeiten, d.h. ist das, was wir einen Gedanken nennen, ein Zufallsprodukt, dann entsteht zwar die Möglichkeit des Irrtums, aber wir haben die Aufgabe, die «guten» Zufallsprodukte, d.h. «richtige» Gedanken, von den «unrichtigen», von den Ungedanken zu unterscheiden. Anhand wovon? Wir hätten dazu doch wieder keine andere Möglichkeit zur Verfügung als das Denken, das ein Zufallsvorgang ist und das zu Prüfende produziert hat. Die Erfahrung zeigt aber, dass wir einen Ungedanken *meistens* von einem Gedanken unterscheiden können, und die Unterscheidung geschieht nicht durch Prüfung an einem außergedanklichen Maßstab, sondern rein denkerisch, anhand dessen, was man die *Evidenz* nennt, an dem Gefühl, das uns sagt: «So ist es klar». Es lohnt sich, die Besinnung auch auf den Umstand zu lenken, dass nicht bloß ein Denkirrtum bemerkt und korrigiert werden kann, son dern dass, wenn über Determiniertheit (Vorbestimmtheit) oder Abhängigkeit des Denkens gesprochen wird, diese selbst *bemerkt*, entdeckt sein müssen. – Man kann fragen: von wem oder wodurch? Wenn *alles*, alle Vorgänge im System determiniert sind oder das Bewusstsein vom Apparat kausal-abhängig ist, bleibt keine Instanz, kein Forum, um diese Abhängigkeit, diese Determiniertheit wahrzunehmen. Ein kausal determiniertes System kann weder seine eigene Determiniertheit noch überhaupt etwas *wahrnehmen:* es funktioniert eben determiniert, *reagiert* in völliger Abhängigkeit von den Kausalfaktoren. Diese Kausalfaktoren sind in diesem Fall beim Denken – oder beim Wahrnehmen – identisch mit physiologischen Prozessen, namentlich im Gehirn. Es wird angenommen, dass das Bewusstsein etwas anderes ist als die physikalisch-chemischen Vorgänge im Gehirn, wenn auch völlig von diesen abhängig, etwa ein Widerhall von diesen. Das Bewusstsein weiß nichts von den Gehirnvorgängen von sich aus, die müssen von außen (anatomisch usw.) untersucht werden oder durch Apparate Enzephalographen – ebenso von außen festgestellt werden; das Denken selbst verrät nicht einmal, dass es mit dem Kopf etwas zu tun hat, wie das Sehen nicht unmittelbar auf seinen Apparat hinweist. So müsste die Abhängigkeit des Denkens von außen festgestellt werden – der Denkende selbst weiß nichts darüber zu melden –, von einem Zuschauer, der sehen müsste, nicht nur, was im Gehirn während eines bestimmten Gedankenganges vor sich geht, sondern auch, dass der betreffende Gedankengang durch das Gehirn verursacht wird (der Konzertbesucher müsste irgendwie auf die Idee

kommen, dass der rechte Arm des Geigers von dem Bogen bewegt wird).

Jeder Mensch kennt den Unterschied, der sich im Weltbild zeigt, je nachdem, ob er gesund ist oder einen verdorbenen Magen hat. Diese Erfahrung scheint ein Beweis zu sein, dass das Bewusstsein von dem körperlichen Zustand abhängt. Wenn diese Abhängigkeit *vollständig* wäre, d.h. das Bewusstsein ganz und gar dem Magenzustand folgen würde, wäre das Bemerken der Abhängigkeit gar nicht möglich. Die Entdeckung kommt gerade dadurch zustande, dass das Bewusstsein *nicht ganz* abhängig ist: so kann es auf beide Zustände – den des Gesundseins und den der Krankheit – schauen und durch ihren Vergleich auf die Feststellung der Abhängigkeit kommen – die natürlich in der absoluten Form falsch ist, weil eben die feststellende Instanz, der Akt der Feststellung nicht in Betracht gezogen wurde. Wir finden hier das grundlegende Symptom der Bewusstseinserkrankung wieder.

Naturprozesse, Nervenprozesse, physische oder chemische Prozesse – wir können von diesen allen wissen und sprechen, weil ein Bewusstsein sie erkennt. Naturprozesse können sich und einander nicht *erkennen*, sie können Wirkungen aufeinander ausüben und aufeinander reagieren, sie können sich gegenseitig beeinflussen, abbilden, indirekt oder transformativ – das alles ist kein Erkennen, kein «Sehen» oder Denken, sondern höchstens die Außenseite der Bewusstseinsprozesse, Begleiterscheinungen oder zum Bewusstwerden notwendige physische Prozesse, wie die Vorgänge in und an der Geige zur hörbaren Musik notwendig sind. Nie kann aber ein noch so komplizierter, vielfach «rückgekoppelter» physischer Vorgang die *Innenseite* des Bewusstseins, das *Erlebnis* im Bewusstsein nachahmen oder abbilden oder das Erlebnis selbst *werden*. Der physische Prozess bleibt physischer Prozess, bleibt «draußen», vom Bewusstseinsleben aus gesehen. Ein Beispiel wird das Wesen der Sache erhellen.

Wenn Sie wissen wollen, wie viel Uhr es ist, schauen Sie auf Ihre Uhr: die «zeigt» es Ihnen. Weiß Ihre Uhr, wie viel Uhr es ist? Das wird wohl niemand behaupten – die Uhr hat kein Bewusstsein. Nehmen wir jetzt eine so genannte Repetieruhr. Wenn man an dieser einen Knopf drückt, dann schlägt sie leise die Zeit der letzten Viertelstunde. Also kann sie «befragt» werden und kann «antworten». Weiß diese Uhr, wie viel Uhr es ist? Wenigstens die Uhrmacher werden das nicht bejahen und keiner, der nicht völlig naiv ist. Nun machen wir jetzt einen großen Schritt. Wir bauen eine «Uhr», die folgendes vermag. Ich frage sie höflich: «Liebe Elisa – so heißt sie –, sag mir doch, wie viel Uhr es ist?» Und daraufhin gibt sie in deutscher Sprache die Zeit bis auf die

Sekunde an. Aber sie kann noch mehr. Sie erkennt meine Stimme – würden Sie z.B. sie fragen, dann würde sie antworten: «Mit Ihnen habe ich nichts zu tun. Sie sind nicht mein Meister.» Selbst wenn ich sie nicht höflich genug frage, kann sie mir die Antwort geben: «So kenne ich Dich nicht.»

Sagen Sie mir, verehrter Leser: Weiß diese Uhr, wie viel Uhr es ist? Hat diese Uhr ein Bewusstsein? Ich sehe schon, viele von Ihnen sind unschlüssig geworden. Bedenken Sie aber, dass diese Uhr nur ein komplizierterer Mechanismus ist als die Armbanduhr. Sie erlebt nichts, sie hat kein Bewusstsein, sie weiß auch nicht, wie viel Uhr es ist – obwohl sie es «sagen» kann. *Spricht* diese Uhr? Wir lassen diese Frage vorläufig offen – für die Leser, die sie nicht beantworten können. Diese Uhr ahmt das Können eines menschlichen Bewusstseins von außenher nach. Dazu musste ein menschliches Bewusstsein sie bauen und programmieren, d.h. den Mechanismus so abstimmen, dass sie wie gewünscht arbeitet. Und wenn sie ganz automatisch gebaut wurde, dann musste eben ein menschliches Bewusstsein den die Uhr bauenden Mechanismus planen, konstruieren, programmieren. Obwohl ein Mechanismus, ein Apparat für das Bewusstsein notwendig ist, kann ein Bewusstsein vom Apparat her, durch das Bauen eines noch so komplizierten Apparates nicht erzeugt werden. Wir müssten einmal mit dem Aberglauben brechen, dass ein physischer Prozess etwas anderes als einen physischen Prozess bewirken kann; und auch mit dem Aberglauben, dass in einem Apparat, wenn er nur genügend kompliziert sei, einmal ein Bewusstsein erwachen wird, so dass uns die Maschine plötzlich von sich aus anspricht. Dass zum Bewusstwerden noch etwas anderes notwendig ist, war ja am Beispiel des zerstreuten oder träumenden Kindes zu sehen. Wenn ein Kind oder ein Erwachsener mit seinem Finger nahe an eine brennende Kerze gerät, zieht er den Finger zurück. Das ist ein Vorgang, der durch ein empfindendes Bewusstsein gesteuert wurde. Derselbe Vorgang kann als mechanisches Geschehen mit Leichtigkeit dadurch produziert werden, dass in einem Mechanismus als «empfindliches Organ» ein einfaches Bimetall verwendet wird, das durch Wärme seine Form verändert. Ähnliche Wärmefühler sind heute als Sicherheitselemente an jedem Gasgerät zu finden: «spüren» sie keine Wärme, da die Flamme erloschen ist, riegeln sie die Gaszufuhr ab. *Spürt* das Gerät die Wärme? Weiß es, dass es warm ist? Es geht ein physischer Vorgang im Gerät vor – Bewusstsein davon hat es nicht. Im Gehirn geht auch ein physischer Prozess vor sich: der allein ist analog dem Vorgang im Gerät, und der allein ist noch ebenso wenig Bewusstsein wie der Vorgang in der Gassicherung. Wer die Seele, das Bewusstsein als einen ähnlichen, nur komplizierteren Mechanismus betrachtet, möchte den Unterschied nicht sehen. Für ihn ist jede Mausefalle «beseelt»: sie «bemerkt» die Maus und schnappt zu.

Eine weitere Frage ist, welcher Prozess ist primär, der physische oder der Bewusstseinsvorgang? Herr Doktor

Hirnhäuter möchte mir beweisen, dass mein Gehirn für meine Gedanken verantwortlich ist. Er befestigt Elektroden eines Enzephalographen an meinem Kopf und hat vor, mir zu zeigen, was für Signale, Wellenformen das Gerät ausschreibt, je nachdem, ob ich denke, phantasiere oder träume. Ich setze mich in den Stuhl, alles ist vorbereitet. Da sagt auf einmal Dr. Hirnhäuter: «Nun, lieber Herr Kühlewind, denken Sie jetzt an das Einmaleins.» – Liebe Leser! Haben Sie das gehört? Er bittet *mich*, ich soll ans Einmaleins denken. Und wie höflich! Wenn aber mein Gehirn das alles *verursacht*, was soll dann diese Ansprache, was soll ich dann zu tun haben mit der Sache? Er müsste sich an mein Gehirn wenden. Soll *ich* etwa meinem Gehirn die Bitte weiterleiten? Der Doktor ist anscheinend dieser Meinung. Dann bin ich dabei jedenfalls doch von Wichtigkeit. Ich kann ihn ja jetzt auf den Arm nehmen. Anstatt ans Einmaleins zu denken, kann ich mir ja einen Krimi in Erinnerung bringen oder die Oper Boris Godunow; oder ich denke einfach statt an das Einmaleins: «jetzt führe ich dich an der Nase herum»; oder ich rezitiere in mir etwas aus Max und Moritz. Aber ich kann seiner Bitte auch nachkommen – sie war so höflich –, es hängt völlig von mir ab! Hören Sie das? Es hängt völlig von mir ab, was ich denken werde und noch dazu: was mein Gehirn machen wird. Nun, ich wähle etwas und am Schirm des Apparates erscheinen wellenförmige Zeichen, *demnach*, was *ich* entschieden habe. Jedenfalls muss *ich* mit der Sache anfangen, das Gehirn folgt und folgt in jedem Augenblick. Ich kann ja mitten im Einmaleins beschließen, von nun an Bilbos Wanderlied aus dem «Herrn der Ringe» zu rezitieren:

Ich will es, und mein Gehirn kommt nach – mehr oder weniger so wie der Bogen und die Geige bei Herrn Szering. Gibt es denn überhaupt keine Möglichkeit, dass das Gehirn der bestimmende Partner wird? Doch. Mindestens dann, wenn ich Kopfweh habe. Und wenn ich ins Assoziieren verfalle (siehe wieder das Vorwort). Wenn ich aber wachbewusst bin …, dann pariert das Gehirn ziemlich vollständig. Und da ich in jedem Augenblick entscheiden kann, was ich im nächsten tun werde – besonders wenn mich diese Situation mit dem Enzephalographen reizt –, ist es ganz unbegründet zu behaupten, mein Gehirn sei verantwortlich für mein Denken. *Wer ich auch bin*, die Verantwortung trage ich – experimentell bewiesen. Denn die Ansprache des Doktors, die zum Versuch gehört, zeigt eigentlich, dass ja auch er dieser Meinung ist. Nur weiß er es noch nicht. Ohne diese seine Bitte an mich würde ja nichts Vorbestimmtes passieren, und so liegt es an mir, was passieren wird. Dazu noch etwas. Niemand kann wissen, was ich eben denke, außer mir. Niemand kann mich zwingen, etwas Bestimmtes zu denken. Viele Inquisitoren, Diktatoren und ihre Helfershelfer haben sich schon bemüht, Mittel zu finden, wodurch man den Menschen zwingen könnte, Bestimmtes zu denken oder auszusagen, was man denkt, was man weiß. Durch Zwang aber können Menschen höchstens nur dazu gebracht werden zu sagen, was der sie Zwingende hören möchte.

Wenn man das Gehirn direkt ansprechen könnte und es als Bewusstsein funktionieren würde, so wäre ein Bewusstsein überflüssig. Die Frage bliebe nur: Wer hätte Interesse, ein Gehirn anzusprechen? Würden Apparate sich untereinander

Unerhört !

unterhalten? Und wozu? Und wenn Denken, Wahrnehmen und Erkennen fest determinierte Vorgänge sind, können wir das Gespräch darüber ruhig beenden. Niemand kann erhoffen, einen Naturvorgang durch Diskussion zu beeinflussen, z.B. einen Pflaumenbaum zu überreden, dass er im nächsten Jahr Feigen trage. Noch unwahrscheinlicher ist diese Diskussion zwischen zwei Pflaumenbäumen.

Dass das Denken und das Erkennen in gewissem Maße körperabhängig ist, kann nur eine erkennende Instanz feststellen, die selber nicht abhängig ist und daher auf diese Abhängigkeit wie von außen schauen kann. Ebenso würde der Mensch nie über seine Determiniertheit sprechen und denken können, wenn er wirklich ganz determiniert wäre: er würde es nie bemerken und auch den Begriff «Determiniertheit» nicht bilden können. Er bildet diesen Begriff und spricht über das Problem, weil er auch den Begriff der Freiheit kennt, und beide kann er nur kennen, weil er teils frei, teils unfrei ist. Ein *ganz* freies oder *ganz* unfreies Wesen würde nie auf dieses Problem stoßen. Wer wirklich von jemandem oder von einer Leidenschaft abhängig ist, behauptet meistens, in voller Freiheit zu handeln.

Eine andere Form, zu vergessen, dass man etwas *behauptet* oder *aussagt*, ist die Ansicht, es gebe eine Realität, eine Wirklichkeit ganz unabhängig vom Erkennen; das menschliche Bewusstsein bzw. das Erkennen bilde diese Wirklichkeit, mehr oder weniger treu, nur ab, spiegele sie, wie ein vielleicht nicht ganz perfekter Spiegel. Abgesehen von der Gültigkeit dieser Ansicht können wir fragen: Wer vertritt sie? Jemand, der allein durch die «Spiegelung», durch das «Abbilden» über die Wirklichkeit erfährt, kennt allein die Spiegelbilder oder die Abbilder – woher weiß er, dass es Bilder sind? Um zu behaupten, dass das, was er kennt, Spiegelbild oder Abbild einer Wirklichkeit ist, die unabhängig vom Abbilden und Widerspiegeln existiert, müsste der Betreffende diese Wirklichkeit auch ohne Spiegelung und Abbilden, den Spiegel selber und auch den Vorgang des Gespiegeltwerdens wie von außen wahrnehmen können: also unmittelbar mit der Wirklichkeit irgendwie in Berührung stehen. So ein Jemand wäre wohl der liebe Gott, ist aber nicht der Mensch; denn dieser erkennt nur durch sein Bewusstsein, und ist dieses Bewusstsein ein Spiegelungs- oder Abbildungsapparat, dann kennt der Mensch allein die gespiegelten Bilder. Er kann dann nicht über eine andere Wirklichkeit als diese Bilder aussagen. Er hat, mit Umgehen des Bewusstseins, keinen anderen Zugang, keinen «heißen Draht» zur Wirklichkeit.

Ähnlich steht es mit der Behauptung, die «Wahrheit» sei das Übereinstimmen der Vorstellung oder der Theorie bzw.

des Denkens mit der Wirklichkeit. Um diese Übereinstimmung festzustellen oder zu prüfen, müsste man schon die
Wirklichkeit kennen, um sie z.B. mit der «Theorie» vergleichen zu können. Kennt der Mensch aber die Wirklichkeit,
was hat er noch für Fragen? Was braucht er dann Vorstellungen, Theorien, und was sollte er mit was vergleichen,
um Übereinstimmung festzustellen? Man tut, als ob die
Wirklichkeit eine Wurst wäre, die Theorie etwas wie eine
Schätzung, wie lang die Wurst ist, und nun würde man die
Wurst und die Theorie in der Länge vergleichen.

Das größte Problem des Menschen ist eben, dass er nicht
weiß, was «Wirklichkeit» ist. Wüsste er das, so hätte er
nichts zu fragen.

Auf dem Tisch steht ein Blumentopf; ich sehe ihn. Fragt
man mich, warum ich ihn sehe, so sage ich – mehr oder

weniger unumwunden –: «Weil er dort ist.» Und woher
weiß ich denn, dass er dort ist? «Weil ich ihn sehe.» Allzu
logisch klingt das nicht. Mit der Logik hapert es sowieso.
In der Schule haben wir über den Syllogismus gelernt,
der Mensch *folgere* durch solche Syllogismen und bilde
durch sie neue Aussagen. Das Musterbeispiel handelt von
Peter:

      1. Peter ist ein Mensch.
      2. Der Mensch ist sterblich.
Also   3. Peter ist sterblich.

1. und 2. werden «Prämissen» – etwa «Bedingungen» oder
«vorhandene Kenntnisse» genannt, 3. dagegen «Schluss». Es
wird der Anschein erweckt, dass man 3., den «Schluss», aufgrund der vorangehenden Prämissen «ziehe» – als ob man
diesen «Schluss» nicht längst schon kennen müsste, um die
richtigen «Prämissen» zu finden! Wie könnte man sonst aus
den unzähligen möglichen Aussagen oder Sätzen auswäh-
len? Wenn man sogar «Peter» und «Mensch» festlegt, was
in Unkenntnis von 3. nicht gerechtfertigt ist, kann man aufs
Geratewohl z.B. sagen:

      1. Peter hat zwei Ohren.
      2. Der Mensch ist schlau.
Also   3. ?????????????????????

Man könnte lange, unheimlich lange herumsuchen, bis man
zwei passende Sätze zusammenbringt. Und dann?

Wieviel Menschen seh ich ?

1. Peter ist ein Mensch.
2. Der Mensch hat zwei Ohren.
3. Peter hat zwei Ohren.

Das ist ebenso gültig und «vielsagend» wie der erste Schluss: Peter ist sterblich. Eins ist jedenfalls sicher: Niemand macht seine Schlüsse auf diese Weise. Erst hat man ihn, *dann* sucht man eventuell entsprechende Prämissen. – Warum befassen wir uns damit? Weil an diesem Beispiel auch gut zu beobachten ist, wie gern der Mensch vergisst, was er gerade tut.

Das Ausschließen des Erkennens aus der «Welt» hat drei Formen, haben wir behauptet. Die erste Form ist das Vergessen oder Nicht-Bemerken oder Nicht-in-Betracht-Ziehen dessen, was wir gerade aktuell beim Aussagen tun. Unsere Aufmerksamkeit ist allein mit dem Inhalt der Aussage beschäftigt: «Ich lüge» und schaut auf den Akt des Aussagens nicht. Diese Nicht-Beachtung führt zur zweiten Form der Ausschließung: das Erkennen als selbständige Wesenheit, die alle unsere Erkenntnisse hervorbringt, wird geleugnet und zurückgefuhrt auf die von ihr erkannten

«Dinge»: das Denken auf das Gehirn, auf ein Automaten-Modell, auf Naturprozesse usw. Man kann dieser Prozedur einen Namen geben: das Erkennen wird *reduziert* – zurück-geführt – auf etwas, das nicht Erkennen, sogar Nicht-Erkennen ist und das durch das Erkennen erkannt wurde. Es ist gar nicht einfach, auf die Idee zu kommen, dass Erkenntnis-prozesse auf das Gehirn zurückzuführen sind. Das wurde durch das Erkennen erkannt –, das sich somit selbst auf Gehirnprozesse zurückführt. Abgesehen von der Frage um Wahrheit und Irrtum, die schon behandelt wurde, ein Vor-gang nach Münchhausen!

Wenn das Zurückführen des Erkennens auf einen Natur-prozess der Wirklichkeit entspräche, so bliebe *niemand* mehr, der die Richtigkeit dieser Theorie beurteilen könnte.

Sie wäre weder widerlegbar noch beweisbar. Sie wäre daher überhaupt keine Theorie.

Mit der Leugnung des Erkennens als selbstständiger Wahrheit wird auch das Subjekt, das Ich, als Wesenheit geleugnet: wir seien komplizierte Automaten, und diese Automaten würden behaupten, dass sie Automaten seien. Da es *ausschließlich* Automaten wären, ist nicht einzusehen, wie sie auf solche Ideen kämen. Dazu müsste die Idee des Nicht-Automaten aufgetaucht sein. Eine Regel ist nur aufgrund wenigstens einer Ausnahme erkennbar und formulierbar – sagt B. L. Whorf, ein geistreicher Linguist (*Sprache, Denken, Wirklichkeit,* Reinbek 1963): «Nehmen wir z.B. einmal an, es gäbe eine menschliche Art, die aufgrund eines physiologischen Defekts nur die blaue Farbe sehen kann. Die Menschen dieser Art würden wohl kaum in der Lage sein, die Regel zu erkennen und zu formulieren, dass sie nur blau sehen. Der Terminus Blau hätte für sie keinen Sinn. Ihre Sprache würde gar keine Termini für Farben enthalten. Und die Wörter, mit denen sie ihre verschiedenen Blauempfindungen bezeichnen würden, entsprächen unseren Wörtern hell, dunkel, weiß, schwarz usw., nicht aber unserem Wort blau. Um die Regel oder Norm – ‹Wir sehen blau› – erfassen zu können, müssten sie gelegentlich und ausnahmsweise auch Momente haben, in denen sie andere Farben sähen. Das Gesetz der Schwerkraft beherrscht unser Leben als eine Regel ohne Ausnahme, und es bedarf eigentlich keiner besonderen Feststellung, dass ein physikalisch völlig unvorgebildeter Mensch von dieser Tatsache keinerlei Bewusstsein hat. Der Gedanke eines Universums, in dem sich Körper anders verhalten als auf der Oberfläche der Erde, käme ihm gar nicht. Wie die blaue Farbe für jene angenommenen Menschen, so ist das Gravitationsgesetz für den unvorgebildeten Menschen Teil seines Hintergrundes und nicht etwas, das er von diesem isolierend abhebt. Das Gesetz konnte daher erst formuliert werden, als man die fallenden Körper unter dem Aspekt einer weiteren astronomischen Welt sah, in der sie sich auf orbitalen Bahnen oder dahin und dorthin bewegen.»

Dadurch, dass wir die Bewusstseinsvorgänge – Denken, Wahrnehmen, Vorstellen – nicht bewusst erleben und sie überbewusst bleiben, erscheinen uns die *Ergebnisse* dieser Vorgänge viel wirklicher als jene selbst. Deshalb sind wir geneigt, die Vorgänge aus ihren Ergebnissen herzuleiten, sie auf diese zurückzuführen. Würde uns z.B. das Denken, das das Gedachte hervorbringt, so bewusst sein wie das Gedachte, so würden wir es nicht weniger für Realität halten, und es würde uns nicht einfallen, im Gehirn, in den Nerven eine festere Realität zu verspüren als in dem Erkennen, das sie entdeckt und das ihnen diese festere Realität zuschreibt. Dieselbe Empfindung bewirkt auch, dass dem Erkennen nur eine abbildende, spiegelnde Rolle zugemutet wird. Die Wirklichkeit ist fertig ohne das Erkennen – woher weiß ich das? Durch das Erkennen!

Dieses blickt wie von außen durch ein Fenster in das Zimmer herein, wo die Wirklichkeit ist. So bleibt das Erkennen «außen». Man könnte fragen: Wo ist es dann, wenn außerhalb der Wirklichkeit?

2.3. Die Ursachen der Erkrankung

Die Leser werden jetzt wahrscheinlich fragen: Wie kann der Mensch, ja, wie können die Denker und Philosophen so viel Unsinn denken? Die Antwort darauf ist, dass es sich um eine kollektive Krankheit handelt. Auch so genannte Geisteskranke können sehr gescheit und «geistreich» und logisch sein. Diese Krankheit hat historische Gründe; von diesen wollen wir hier absehen. Sie kann aber auch psychologisch erklärt werden, das wird im nächsten Kapitel versucht. An der Oberfläche liegt eine einfache Erklärung: Wird das Ich, das Subjekt geleugnet – durch das Ich, durch das Subjekt natürlich –, dann hat der Mensch keine Verantwortung. Ein sehr verlockender Umstand. Dann «geschieht» es mit ihm, er hat ja keine Freiheit oder anders gesagt, keine Möglichkeit, *Anfänge*, neue Anfänge zu setzen, umso weniger, da *er* ja gar nicht ein *er*, ein Wesen ist. Das wäre eine rationale Erklärung für das Phänomen. Und wie die meisten rationalen Theorien, reicht auch diese nicht aus. Denn bei allen «reduzierenden» Erklärungen («das Denken ist nichts als …») sind eine gewisse Lust und Wollust zu spüren, die nicht im Rationalen, sondern im Empfinden ihre Wurzel haben. Es muss doch in der Seele einen Beweggrund geben, um so vieles gegen die Logik hervorbringen zu können.

Andererseits ist ja eben die Instanz – das Denken, das Erkennen – erkrankt, die sonst eine Erkrankung bemerken könnte. Die Bewusstseinserkrankungen sind alle selbstverriegelnd. Je mehr Unsinn man «denkt» – wobei man zu denken *meint* –, desto mehr erkrankt das Bewusstsein. die nicht bemerkten undenkbaren, vermeintlich gedachten Einschlüsse im Bewusstsein verhindern das Denken durch ihre Undurchsichtigkeit, wie etwa Einschlüsse den Kreislauf der Säfte im Organismus erschweren. Vorstellungen, Meinungen, Urteile, die nicht klar durchdacht, nicht ganz bewusst gebildet sind, vermehren die Krankheit.

Wir haben einen speziellen «Denkfehler» beschrieben und seine Auswirkungen verfolgt, sofern sich diese im Denken zeigen. Man kann mit Recht fragen: Sind das die einzigen Folgen?

Wir kennen doch viele andere seelische Störungen, die scheinbar nichts mit dem Beschriebenen zu tun haben.

Die Erkrankung des Denkens beraubt die Seele der Möglichkeit, ihre Lage richtig zu durchschauen. Denn das Denken ist für den heutigen Menschen das «Seelenauge», d.h. die hellste Bewusstseinsfunktion; wir haben ja gesehen, wie auch über andere Seelenfunktionen durch das Denken Orientierung zu bekommen ist. Mit seiner Erkrankung verliert der heutige Mensch seine Orientierung, und das bedeutet, dass unklare, unkontrollierte und nicht durchschaute Impulse auf ihn einwirken und ihn bewegen können. Ihre Quelle werden wir im nächsten Kapitel kennen lernen. Daher ist die Erkrankung des Denkens so schwerwiegend: in den beschriebenen Symptomen kann man eine ganze Reihe von Motiven entdecken, die in der heute allgemein verbreiteten «Weltansicht» enthalten sind. Das ist aber nur ein Gesichtspunkt. Eine allgemeine Regel des seelisch-geistigen Lebens heißt: Was an Möglichkeiten vom Menschen nicht ergriffen wird, bildet sich zu Krankheitssymptomen um, daraus werden Erkranungen, negative Kräfte. Das nächstfolgende Kapitel wird dieses Phänomen tiefer behandeln. Hier betrachten wir noch einen zentralen Fragenkomplex, als Beispiel für die Fehlentwicklung, die durch die Bewusstseinserkrankung eingeleitet wurde.

Der Mensch wusste sich in früheren Zeiten als Geschöpf und wusste – nicht durch sein Denken, sondern durch ihm angeborene natürliche Weisheit, dementsprechend traumhaft bewusst –, dass er ein seelisch-geistiges Wesen ist. Im Zeitalter der Bewusstseinserkrankung, in der das Sein eines Ich-Wesens geleugnet, auf von außen beobachtbare Naturprozesse zurückgeführt wird, ist das Seinsgefühl des Menschen verunsichert: «Er ist ja nichts als …» Je ehrlicher der Mensch in seinem Denken ist, desto mehr scheint ihm das eigene Wesen zu entschlüpfen, denn sein Denken sagt ihm etwas ganz anderes, als was er sonst in Bezug auf sich selbst empfinden würde. Weil er das Denken in seinem «gegenwärtigen» Vorgang nicht erlebt, hat er auch von dem *Denker* in der Gegenwärtigkeit kein Erleben und sucht das eigene Wesen dort, wo allein klare, konturierte Bewusstseinsinhalte für ihn zu finden sind: in der Vergangenheit seiner Seele. Im Gedachten, Wahrgenommenen, Vorgestellten, im gespiegelten Vergangenheitsbewusstsein. Als Vergangenes aber ist das Bild des eigenen Wesens ebenso wenig *wirklich* wie jedes andere Bild in diesem Bewusstsein. So muss sich der Mensch von seinem Sein stets von neuem überzeugen, er muss sich Beweise, Stützen suchen, um zu empfinden, dass er *ist*. Er ähnelt dabei wirklich dem Zen-Schüler, der seinen Meister nach der Buddha-Natur fragt – wir würden nach unserem wahren Ich-Wesen fragen – und die Antwort erhält: «Der sucht den Ochsen, auf dem er reitet.»

Wir sind an der Wurzel der Egoität angelangt. Weil der Mensch den Suchenden, Denkenden, Erfahrenden in seiner Gegenwärtigkeit nicht erlebt, braucht er Eigentum, Erfolg, Selbstbestätigung – Bestätigungen, dass er ist. Anstatt sich als *Denkender* zu erleben, was ihm möglich wäre, will er sich von seinem Sein von außen her überzeugen, und das bringt ihn zum Hang des Selbstempfindens. Empfinden kann der Mensch sich aber nur an *etwas* – das ist alles, was ihm dazu dient, notwendig und wichtig ist, woran er haftet, letztlich dient ihm auch der andere Mensch dazu. Das bestimmt seine Haltung zu ihm. Position, Macht, Geld, Anerkennung usw. bilden für ihn eine Welt, von der er abhängig wird, in der er stets bemüht sein muss, sich zu *beweisen*, um Gewissheit zu haben von seinem Sein.

Die Erkrankung der Seele beginnt *oben*, bei der lichtesten ihrer Fähigkeiten. Was heute an «wissenschaftlichen Ansichten» über den Menschen ausgesagt wird, ist zum großen Teil schon durch die Erkrankung des Bewusstseins bedingt: der Mensch als Computer; als physischer Abkomme von Tieren; die Sprache als Programmierungsergebnis usw. Niemand hat noch eine «Höherentwicklung», eine «positive» Mutation, viel weniger noch eine Reihe von gekoppelten Mutationen mit positiven Resultierenden gesehen. Denn damit der Mensch mit seinen Händen, die weder Klauen noch Hufe sind, etwas anfangen kann, muss gleichzeitig das Gehirn entsprechend entwickelt sein und umgekehrt, sonst sind beide nur Behinderungen im «Kampf ums Dasein». Um die Sprache als Ergebnis einer Programmierung aufzufassen, muss man eine weitere «Sprache» annehmen, durch die das Programmieren geschieht.

Das sind Mythen, aber gefährliche Mythen, die die Tendenz haben, sich zu verwirklichen. «Das Gehirn denkt» wird dort verwirklicht, wo der Mensch anstatt zu denken assoziiert – und das sogar für Denken hält. Durch die Desorientierung, die durch das Fehlen von Selbsterfahrung *in* den Bewusstseinsprozessen verursacht wird, stützt sich der Mensch mehr auf das Selbstempfinden, als es notwendig wäre, und wird süchtig danach. Er kultiviert ein Gefühlsleben, das krankhaft, weil egoitätsgesteuert ist. Das gewöhnliche Gefühl «fühlt» nichts, es ist nicht dem Auge ähnlich, sondern einem kranken Auge, das, anstatt hinauszusehen, *sich* empfindet, juckt, drückt, wehtut. Vielleicht ist dieses Gefühl ein erkranktes Fühlen? Es fühlt sich nur selber. Und durch die verunsicherte Ich-Empfindung wird das Willensleben schwach und schwächer. *Wer* sollte hier *wollen*? Besonders bei der Überzeugung, dass alles determiniert sei – was bedeutet denn überhaupt «Wille»?

Die Wissenschaft geht in Bezug auf das Seelenwesen gänzlich passiv vor. Dass der Mensch ein egoistisches Wesen ist, hat man längst gewusst, aber man hat sich früher dessen geschämt; man betrachtete es als eine Krankheit, einen moralischen Defekt, den man meistens auf den Sündenfall zurückgeführt hat. Heute sind wir stolz auf unseren Egoismus, irgendwann habe ich auch von einem «sacro egoismo» gehört. Es ist wissenschaftliche Überzeugung, dass der Mensch *ursprünglich* und von «Natur» aus ein Egoist sei, und alles andere, alle moralischen Verhaltensweisen seien gelungene Zähmungsergebnisse seiner von grundaus asozialen, «bösen» Natur. Aber hier verwechselt man eine richtige Krankheitsdiagnose mit der Norm der Gesundheit: Wenn die ganze Welt ein Spital für Grippe-Kranke ist und die Ärzte auch erkrankt sind, wird man diejenigen für krank halten und versuchen zu heilen, die nicht husten, kein Fieber und keinen Schnupfen haben. Marx hat mit Recht festgestellt, dass die Geschichte und die Politik zu seiner Zeit vor allem durch die Wirtschaftsinteressen der Staaten und Gesellschaftsklassen gelenkt wurden: eine richtige Krankheitsdiagnose. Als Arzt hätte er sagen müssen: Es ist so, nun soll es nicht so bleiben. Er aber hat die Krankheit akzeptiert, da er auch angesteckt war. Nur sollte nach ihm die Krankheit einer anderen Klasse dienen.

Die Wissenschaft rechtfertigt alles. Würde es aus irgend-

Homo neopithecus (mit 2 PS!)

einem Grund Mode werden, auf allen vieren zu gehen, so würden das die Physik, die Statik und der Orthopäde sofort als einen großen Fortschritt begrüßen: so ist es ja unvergleich stabiler als auf jene unwahrscheinliche Weise auf den zwei verhältnismäßig langen und dünnen Beinen.

Die Ärzte würden auch etwas Vorteilhaftes dabei finden, z.B. die günstige Wirkung auf die Verdauung und die Blutversorgung des Kopfes; die Psychologen – «zurück zur Natur!» – würden die phantastischen Vorteile für das soziale Leben entdecken: die Unterschiede in der Größe der Menschen wären viel weniger auffällig, und das würde dann viel seltener zu Minderwertigkeitsgefühlen bei den Kleinwüchsigen führen und daher weniger Kompensationsbestrebungen … Die Wirtschaftsexperten würden gleich eine ganze Reihe von günstigen Auswirkungen finden: Man müsste die Hände beschuhen, neue Art von Kleidung produzieren und vermarkten, neue Moden, Möbel usw. – Anreize zum Wirtschaftswachstum! Neue Filme, neue Theaterstücke, neue Bars und Nachtlokale!

Erfolgserlebnisse muss jeder haben und nur ja keine Frustrationen! Glauben Sie wirklich, dass das immer so war? Dass Menschen daran zugrunde gingen, wenn ihnen etwas nicht gelungen ist? Dante konnte entgegen seinem starken Wunsch keine politische Karriere machen. Davon haben wir die «Divina Commedia», die sonst sicherlich nicht entstanden wäre, wenn er z.B. Bürgermeister in Florenz geworden wäre. Sicherlich stimmt die Diagnose wieder, man «muss» Erfolgserlebnisse haben. Man könnte aber vielleicht, falls die Psychologie das nicht als Normalität, sondern als

Krankheit auffassen würde, aus dieser genesen und von der Jagd nach Erfolg ablassen – dazu darf man sie aber nicht als etwas Normales ansehen.

Wenn die Krankheitsdiagnose zur Norm der Gesundheit wird, dann werden die Erziehung, das Umgehen der Menschen miteinander, ihr Verhältnis und ihr Verhalten durch sie bestimmt. Wenn die Egoität zur normalen Natur des Menschen gehört, müssen wir ja Egoisten erziehen – das tun wir fleißig –, und wenn einer dazu nicht die genügende Neigung zeigt, muss er «geheilt» werden. Der Ursprung der Erkrankung liegt nicht im privaten Bereich, sondern im Denken, im gemeinsamen kommunikativen Wesen des Menschen. Daraus folgen die mehr persönlichen Symptome der Gestörtheit des seelischen Lebens. Das «Denken» von Unsinn stiftet Unsinn. Die Erkrankung durch Verschmähung, die zunächst überbewussten Fähigkeiten aufzunehmen, bringt ein kollektives, eben deshalb nicht bemerktes Unterbewusstes hervor; dieses spielt sich durch kollektive, leicht ansteckende «Inspirationen» zu einer Weltmacht auf und beherrscht heute die Oberfläche des Weltgeschehens.

Aufgrund der eingetretenen Trennung des gegenwärtigen Bewusstseinselementes vom Vergangenen wäre es heute dem Menschen möglich, das Erkennen, das Verstehen als gegenwärtige Prozesse zu betrachten und sie nach und nach auch in die Erfahrung einzubeziehen. Statt dessen wird das Erkennen aus dem Weltbild ausgeschlossen, indem der Mensch nur auf die Außenseite des Bewusstseins, auf seine Produkte, auf sein Verhalten schaut. Diese Seelenhaltung ist krankheitserregend:

a.) weil sie die Konsequenz, die Durchsichtigkeit des Denkens stört und zu sich aufhebenden Aussagen neigt, z.B. «Ich bin nicht»;

b.) weil sie ein Weltbild ermöglicht, aus dem der Mensch ausgeschlossen ist; er wird dadurch in seinem Seins-Bewusstsein verunsichert – Egoität, Selbstbestätigung, «Selbstverwirklichung»;

c.) weil durch sie die nicht-verwirklichten Fähigkeiten in ungesunde, irrationale Instinkte entarten, die, durch die Wissenschaft gerechtfertigt, «rationell» befriedigt werden und so im Leben eine bestimmende Macht erlangen.

Der Mensch schreibt dem Erkennen keine oder höchstens eine sekundäre Realität zu, während er die Erkenntnis*produkte* durch das «irreale» Erkennen für Wirklichkeit hält. Die Entmischung der zwei Bewusstseinselemente bietet eine Möglichkeit, die aber heute nur zur Hälfte verwirklicht wird; der Mensch schaut auf das Vergangene und entdeckt nicht, *dass* er es schaut – aus der Gegenwärtigkeit heraus – und dass *er* es schaut. Die Konsequenzen zeigen sich in der Verzerrung des ganzen Seelenlebens – des ganzen Lebens.

3. Eine kleine Psychologie

3.1. Die Innenseite des Seelenlebens

Wenn die hellste seelisch-geistige Funktion, nach der sich heute die Menschen orientieren könnten, erkrankt ist, so ist es nicht zu verwundern, dass die Krankheit und ihre Symptome auch in Form von wissenschaftlichen Theorien auftreten. Wir leben im Zeitalter der Bewusstseinsseele, in dem der Anspruch auf das bewusst wissenschaftliche Erfassen des Menschen, der Gesellschaft, der Welt, deutlich da ist. Verwunderlich ist aber, dass trotz der Intensität der Forschung, die durch den Einsatz immenser finanzieller Mittel und durch methodische Ausbildung erreicht wurde, und trotz der anerkannten zentralen Bedeutung der Wissenschaft, deren Macht und Einfluss noch nie so groß waren, die Natur, die Gesellschaft und der Mensch heute in einem früher nicht geahnten Niedergang begriffen sind. Das ist kaum anders zu verstehen als durch die Einsicht, dass das Leben und das Herz dieser mächtigen und geförderten Wissenschaft, das Denken, erkrankt ist. Am klarsten ist das an der Theorie des Denkens selbst abzulesen; da liegt der Herd der Bewusstseinserkrankung, und aus diesem rühren die weiteren Symptome her, die im beschriebenen Sinne unterbewussten Ursprungs sind. Gestörtes Denken – gestörtes Leben.

Gestörtes Leben ist es, wenn mich ein Mensch in grober oder feiner Form einen Dummkopf oder einen Schurken nennt und ich dadurch «beleidigt» bin, d.h. mich seelisch verletzt fühle. Denn entweder hat er Recht, dann ist kein Grund da, mich beleidigt zu fühlen; oder er irrt sich oder weiß, dass er Unrecht an mir tut, d.h. er *will* mich beleidigen; in diesem Fall ist ebenso wenig Grund, mich beleidigt zu fühlen; es kann auch sein, dass ich unsicher werde – bin ich dumm? Bin ich ein Schurke? Ich, der ich mich bisher für klug und ehrlich gehalten habe –, aber in diesem Falle müsste ich sogar dankbar sein, dass es nun einen Anlass gibt, die Sache gründlich zu untersuchen. Dass ich mich allen rationalen Gedankengängen zum Trotz doch beleidigt fühle, zeigt, wie sehr mich unklare und unkontrollierte Seelenregungen beherrschen können. Natürlich ist es auch seitens des Beleidigenden ein Krankheitssymptom, dass er die Absicht hatte, mir seelisches Leid zuzufügen.

Dieses Kapitel hat die Aufgabe, manches von dem, was im Vorangehenden angedeutet wurde, näher zu beleuchten: wie sich die «Empfindlichkeiten» unterbewussten Ursprungs, die seelischen Gewohnheiten, alles, was wir das «Unterbewusste» nennen, bildet. Im nächsten Kapitel wird gezeigt, was jeder gegen diese Tendenzen unternehmen kann.

Es wurde angedeutet, dass auch die Psychologen größtenteils der allgemeinen Bewusstseinserkrankung unterliegen. Das zeigt sich darin, dass sie vor allem die Außenseite der Seele und des Seelenlebens sehen und beschreiben. Das wird teils durch die Betrachtungsweise, die von der Naturwissenschaft herstammt, verursacht; teils durch die wohl empfundene Unfähigkeit zur Introspektion, zur Innenschau. Wenn die Möglichkeit zur *inneren* Erfahrung angezweifelt wird, bleibt in der Tat nichts anderes übrig, als die Auswirkungen des Seelenlebens zu beobachten und zu beschreiben.

Warum ist denn die Möglichkeit der Selbstbeobachtung anzweifelbar? Kurz gesagt: Weil der Beobachter und das Objekt des Beobachtens der gleiche Mensch ist. Wie schwer man seine aktuellen Gefühlsregungen, geschweige denn die noch tieferen und mächtigeren Regungen beobachten kann, weiß jeder. Für den *äußeren* Beobachter aber, den Psychologen oder den Arzt, ist die Brücke von dem Beobachteten zum Verstehen desselben durch innere Erfahrung durchaus notwendig. Denn man kann ja die seelischen Erlebnisse eines anderen nicht *direkt* beobachten, nur ihre äußeren Erscheinungsformen; und richtig deuten kann oder könnte man diese nur dann, wenn man aus eigener Erfahrung wüsste, was diese bei einem selbst bedeuten. Der Psychologe oder der äußere Beobachter stehen damit annähernd vor derselben Schwierigkeit: Es ist für ihn kaum leichter als für den Patienten, sich selbst während eines Wutanfalls z.B. zu beobachten – vielleicht sind bei ihm Wutausbrüche seltener oder besser beherrscht. Trotzdem spricht bei seinem Verstehen des Patienten die innere Erfahrung mit – in einer wissenschaftlich wenig gerechtfertigten Form, denn der Psychologe hat bei seiner Ausbildung und in seiner Praxis höchstwahrscheinlich nicht viel unternommen, um seine innere Beobachtungsfähigkeit auszubilden. Er ist fast in der gleichen Lage wie jeder Mensch: Die *Innenerfahrung* ist ihm als eine Grenzerfahrung im Bewusstsein gegeben, blass, kaum geahnt, unscharf im Vergleich zum Bewusstseinsgrad und der Schärfe der *Produkte* des Innenlebens, des Gedachten, des Wahrgenommenen. Ich werde an einem Beispiel verdeutlichen, was unter Innenerfahrung gemeint ist.

Wenn ich ein Wort höre oder lese, so ist für mich einerseits ein wahrnehmbares Zeichen da – akustisch oder optisch wahrgenommen –, andererseits ein innerer Akt, ohne den das Wort mir nicht «wortet», d.h. ich verstehe es nicht oder, im Fall einer mir nicht geläufigen Sprache, muss wenigstens der innere Akt da sein, aufgrund dessen ich meine, dass es ein Wort ist, das ich vernehme. Das Wort bedeutet für mich etwas, zumindest, dass es ein Wort ist – sonst weiß ich ja gar nichts von diesem Wort. Beim Kind, wenn es sprechen lernt, steht der innere Akt des Verstehens sehr stark im Vordergrund: damit das Gehörte für es ein Wort wird, muss dieser Akt geschehen. Beim Erwachsenen wird dieser innere Akt zum größten Teil verschlafen, nur das Ergebnis zeigt sich fest umrissen: das verstandene Wort, das Verstandene überhaupt, und durch dieses wird das Innenerlebnis des Verstehens, das ja da sein muss, das beim Kind auffällig und plastisch ins Auge springt, verdeckt. Das ist uns schon von einer anderen Seite bekannt: das *Verstehen* ist ein «Vorgang» in der unmittelbaren Gegenwärtigkeit (Geistesgegenwart), die dem Menschen heute überbewusst ist; daher wird das Innenerlebnis kaum «erlebt», ist schwach und wird wie durch Nebel gesehen.

Immerhin ist es beim Wort, beim Gedanken so, dass wir den inneren Akt des Verstehens – ohne ihn bewusst zu erleben – jedes Mal ausüben, wenn wir einen Text verstehen,

Es ist ein überbewusstes Können, ähnlich wie das Sprechen, bei dem weder die Grammatik, die wir verwenden, noch die Lautbildung, die wir vollziehen, bewusst sind. Wenn wir dagegen unser gewöhnliches Gefühlsleben betrachten, begegnen wir einem ganz anderen Bild. Die Gefühle erleben wir zwar als gegenwärtig und zugleich unabhängig von unserem bewussten Willen, sie erscheinen und vergehen ohne unsere Absicht, aber entsprechend traumhaft. Wir haben nicht die Möglichkeit, sie durch einen verstehenden Vorgang – wie einen Gedanken – zu erhellen: sie zeigen uns ausschließlich ihre Außenseite, die uns dazu zwingt, das sich einstellende Gefühl zu fühlen. Das sind persönliche Gefühle, keine «erkennenden», von denen wir nur ahnungsweise etwas wissen. Weil die Innenseite des Gefühls uns verschlossen ist, kann es auch nicht direkt erinnert werden: um uns an ein Gefühl zu erinnern, greifen wir immer zu einer *Vorstellung*, die wir auf unmittelbare Weise in das Gedächtnis rufen können, und an diese Vorstellung knüpft sich mehr oder weniger das einstige Gefühl.

Durch all dies ist das gewöhnliche Gefühlsleben mit seinen nicht-sprechenden, auf der Skala des Mir-Guten bis Mir-Schlechten spielenden Gefühlen als ein Teil des Unterbewussten charakterisiert. Es zeigt eine Ähnlichkeit mit dem Weben der Assoziationen: diese kommen und gehen auch nach *ihren* Gesetzen, ohne die bewusste Absicht des Subjektes, das sie erlebt. Wenn viele «Psychologien» das Assoziieren mit dem Denken gleichsetzen, so zeigt das einerseits, dass sie – durch die Bewusstseinskrankheit infiziert – den inneren Akt des Verstehens nicht bemerken, andererseits aber, dass zum größten Teil das, was Denken genannt wird, in der Tat nur Assoziation ist.

Wie in Kapitel 1 ausgeführt wurde, ist der Wille zunächst nur als «heller» Wille im konzentrierten reinen Denken, als «Denkwille» erfahrbar; ansonsten bleibt die Erfahrung dem Willen gegenüber noch äußerlicher als beim Denken und Fühlen: man erfährt das Ergebnis des Willensaktes. Obwohl ich beim Wollen sehr aktiv, sehr von mir aus etwas tue und tun muss, weiß ich nicht, was und wie ich es tue: ein weiteres Beispiel des überbewussten Könnens. Das «Wollen» kann sich auch mit einem Gefühl verbinden, das aus dem unterbewussten Gebiet stammt; dann ist auch der Wille «unterbewusst». Es handelt sich hier nicht um den ausführenden Willen, sondern um den, der ein Gefühl mit einem Impuls zum Handeln auflädt; das Handeln selbst kann durch einen bewusst gewählten Weg, durch einen überbewussten Willen geschehen. Das Wort «unterbewusst» bezeichnet nicht einen Inhalt – der ist immer bewusst, sonst würden wir ihn ja gar nicht kennen –, sondern es bezeichnet den *Ursprung* einer Gewohnheit oder eines Impulses oder eines Gefühls: Unterbewusst ist die Quelle, woher sie kommen.

Weil das Innenerleben beim Verstehen und beim Denken vernachlässigt oder nicht bemerkt wird, erscheint das Automaten-Modell des Menschen plausibel. Niemand, der sich ernsthaft mit Automaten, mit Rechenmaschinen befasst, kann die Meinung haben, eine Maschine habe Innenerlebnisse. Es kann aber sehr wohl die Ansicht aufkommen, dass auch der Mensch keine Innenerlebnisse habe. Dann wird sein «Seelenleben» nur von außen gesehen und beschrieben, von der Seite seines Verhaltens, seiner Produktionen, und diese Seite kann durch die Maschinen nachgeahmt werden. Anschließend wird behauptet, der Mensch mache es auch so oder analog wie die Maschine. Das ist in jedem Fall ein Fehlschluss, aber in Bezug auf einen großen Teil des menschlichen Lebens sehr schwer zu widerlegen, weil der Routineteil, der Gewohnheitsteil des Lebens in der Tat auch auf die Weise ablaufen kann, wie es die Maschinen tun.

Der Mensch wäre zu einem realen Innenerlebnis fähig, das schimmerte im 2. Kapitel durch. Mit diesem Erlebnis *wäre* sein Seelenleben gesund. Dies ist aber auch zum *Gesunden* des Seelenlebens unumgänglich. Die Beweise von außen, «dass ich bin» – Bestätigungen, Erfolgserlebnisse, Selbstverwirklichung –, können ja nur für *jemanden* Beweise sein, können nur für den, der unabhängig von den Beweisen ist, etwas beweisen. Die Beweise können dieses Subjekt nicht erzeugen; sie setzen es vielmehr voraus.

Für eine Psychologie haben diese Gedankengänge die Bedeutung, dass die für sie notwendige Fähigkeit der Innenbeobachtung nicht von vornherein gegeben ist. Ich kenne aber keine psychologische Schule oder Ausbildung, die sich mit diesem Problem befasst. Mehr oder weniger nach «Begabung» und Notwendigkeit muss sich der Psychologe neben der Beobachtung der Außenseite, des Verhaltens des Patienten, auch der Innenbeobachtung bedienen; das Problem aber, die Tatsache, dass es zwei verschiedene Arten des Beobachtens sind, ist kaum bewusst. Beim Denken sieht man das Vorgehen klar: Die Fußstapfen des Denkens sind gut zu «sehen» – seine Spuren im Gehirn; das dahinschrei-

sich bewegende Wesen oder die Bewegung werden ⹀ℸ erlebt, oft nicht einmal geahnt.

Ich hoffe nun, dass der Leser sieht: Wenn ein Mensch seelische Probleme hat, ist daran vor allem das Fehlen der wirklichen, in der Gegenwärtigkeit vollzogenen Selbsterfahrung schuld. Nur ein in Bezug auf das eigene Sein verunsichertes, Zweifel hegendes Wesen kann irrationale Ängste haben – jede Angst, auch die scheinbar «begründetste», ist irrational: sie belastet jedenfalls die Situation des Subjektes. Nur ein solches Wesen kann beleidigt werden, kann «nervös» sein oder versuchen, seine Schwierigkeiten dadurch loszuwerden, dass es sie *verdeckt*. Verdecken kann man sie durch «Trinken», sich Betrinken, nicht unbedingt mit Alkohol oder Drogen oder Zerstreuungen, sondern auch durch ganz eingebürgerte, sogar hochgeschätzte Methoden, wie z.B. durch Streben nach Position, Geld, Macht. Wenn jemand sein eigenes Sein unerschütterlich fest *erlebt* und damit auch, dass dieses Sein ewig und unsterblich ist, da es sich unabhängig vom Körper erlebt, und dass an dieses Wesen nur das heranreichen und ihm etwas anhaben kann, was von ihm selbst zugelassen wird, dann wird wohl jede Schicksalswendung anders entgegengenommen, als wenn all dies nur *gedacht* wird oder wenn der Mensch vom Gegenteil «überzeugt» ist: dann kann es gar nicht anders sein, als dass er das eigene Sein in der Abhängigkeit vom äußeren Leben, von der Meinung anderer Menschen, von seinen äußeren Umständen erlebt. Er muss dann alles von diesem Gesichtspunkt aus erleben. Wie könnte bei ihm die Idee aufkommen, dass das Leben ihm *gegeben* wurde

– nicht er hat es sich verschafft –, damit er anderen helfe? *Geben*, wirklich helfen, *dienen* kann nur der, der *ist*. Und ein Mensch *ist* nur, wenn er dieses Sein als Erfahrung erlebt. Es gilt für ihn der Ausspruch von Tauler: «Wenn ich ein König wäre und wüsste nichts darüber, so wäre ich kein König.»

Eine Psychologie kann nur aufgebaut werden aufgrund einer für den heutigen Menschen möglichen Erfahrung, deren Fehlen die Ursache, die notwendige Voraussetzung der allgemeinen, fundamentalen Bewusstseinserkrankung ist, die ihrerseits dem breiten Spektrum der seelischen Probleme und Erkrankungen zugrunde liegt. Nur aus dem völligen Realitätserleben des Ich-Wesens heraus ist es möglich, sich den Phänomenen des Unterbewussten zuzuwenden, mit der berechtigten Hoffnung, nicht durch ihre Macht und Wucht mitgerissen zu werden – was sicherlich geschieht, wenn der Mensch in sich hineinbrütet und versucht, das Wogen und Stürmen seiner Gefühle in der Seele zu beobachten oder zu schlichten. Ebenso unfruchtbar sind meistens die Bestrebungen, ein «besserer Mensch» zu werden, als man ist: wer kämpft da gegen wen? Und ist es uns ganz klar, was ein «besserer Mensch» ist? Damit soll natürlich nichts gegen die Bemühungen gesagt werden, das eigene Verhalten für die Umgebung erträglich oder positiv zu gestalten; das Beherrschen des Verhaltens nach außen sollte aber nicht dazu verführen, zu glauben, es sei damit auch in der Wirklichkeit der Seele etwas verändert. – Wir werden im nächsten Kapitel sehen, wie die Umorientierung der Seelenkräfte auf eine ganz andere Weise geschehen kann durch bloßes Ankämpfen gegen «schlechte» Gewohnheiten, Leidenschaften oder «Instinkte». Es muss versucht werden, *denjenigen* im Menschen in seiner Existenz zu stärken, zur Selbsterfahrung zu bringen, der mächtig genug ist und Aussicht hat, solchen Kampf zu bestehen. Dann kommt es allerdings kaum noch zu einem Kampf; denn die bloße Anwesenheit, die Existenz dieses wahrhaft seienden Wesens ist schon der siegreich beendete Kampf.

3.2. Die Quelle der unterbewussten Gewohnheiten

Versucht der Mensch, seine innere seelische Beschaffenheit zu erfahren, so kann er leicht von dem bewussten Bereich aus in zwei Richtungen an die Grenzen dieses Bereiches stoßen, so wie das schon im 1. Kapitel umrissen worden ist. In der Richtung seiner Fähigkeitsquellen stößt er an das Gebiet, das wir das Überbewusste genannt haben. Wenn er nun seine Macht über das eigene Bewusstseinsleben prüft – was vermag ich, was nicht –, kommt er sehr bald an eine Grenze, wo es sich zeigt, dass in der Seele eigenmächtige Gewohnheiten, Leidenschaften, Impulse in das Bewusstseinsleben hereinwirken und dieses oft bestimmend beeinflussen. Diese Einflüsse werden vom Menschen als unerwünscht oder als erwünscht empfunden – dieses Empfinden kann auch in Bezug auf einen und denselben Impuls wechseln –; in jedem Fall aber muss das Bewusstsein sich sagen: «Ich kann nichts dafür», anders ausgedrückt: «Nicht ich will es.»

Es ist auch ohne weiteres einzusehen, dass alle unsere seelischen Probleme aus diesem Gebiet stammen. Weniger leicht ist die Erkenntnis zu erlangen, dass das Gegenmittel zur Lösung der Probleme von der anderen Seite kommen muss, vom Überbewussten her, indem der Mensch seine Kräfte *pflegt* und so sein bewusstes Leben in die Richtung der Lebendigkeit und Gegenwärtigkeit rückt: damit es an Können und Mächtigkeit reicher wird. Um diese Erkenntnis zu begründen, wollen wir jetzt die Bildung und den Ursprung des Unterbewussten betrachten.

Das kleine Kind hat keine seelischen Gewohnheiten – ist nicht egoistisch; das Ich-Gefühl entsteht in der Zeit, in der es beginnt, seine Körperlichkeit mit ‹ich› zu bezeichnen. Das Sprechen- und Denken-Lernen zeigt uns einerseits eine später unbekannte Hingabefähigkeit, die das erste, wortlose Verstehen ermöglicht, andererseits aber zugleich die Unabhängigkeit dieser Fähigkeit des Sprechens und Verstehens von der Körperlichkeit. Die Körperlichkeit ist vererbt. Vererbung hat aber mit dem Sprechen-Lernen – und dadurch mit dem Denken-Lernen – nichts zu tun: jedes Kind kann jede Sprache gleich leicht erlernen; bringen Sie ein Stuttgarter Kind nach Japan, bevor es sprechen gelernt hat: es wird ebenso schnell japanisch lernen wie ein japanisches Kind und ohne jegliches «Schwäbeln». Holen Sie ein Kind aus Zimbabwe nach Hamburg: es wird ebenso hamburgisch sprechen, ohne gutturale Lautklänge, die in seiner «Heimatsprache» geläufig sind. Und wenn die Umgebung beim Sprechenlernen zweisprachig ist, dann wird das Kind beide Sprachen auf einmal lernen, die verschiedenen Grammatiken auseinander halten und die eventuell völlig verschiedenen Klanggebilde tadellos hervorbringen können. Das bedeutet sehr viel; denn das Sprechen ist nicht nur eine geistige, sondern auch eine physiologische Angelegenheit; die Sprachorgane selbst sind ja der Vererbung unterworfen, ihr Funktionieren aber nicht. Wir können daraus die Konsequenz ziehen, dass die zum Funktionieren und zum Nachahmen in Anspruch genommenen Kräfte *freie Kräfte* sind, die nicht an die Körperlichkeit gebunden, dadurch nicht vererbt sind und zunächst keine «Gewohnheiten» haben, z.B. eine bestimmte Sprache bevorzugt nachzuahmen. Das charakterisiert die überbewussten Kräfte: es sind Fähigkeitskräfte, ohne Form, Möglichkeiten für Formen. Werden sie in Formen gefestigt, so wird die entsprechende Fähigkeit beeinträchtigt: denken Sie an das Erlernen einer zweiten oder dritten Sprache im späteren Alter, wie schwierig das ist, weil es auf ganz anderem Weg geschieht.

Die meisten geistig behinderten Kinder sind körperlich richtig veranlagt, entwickeln sich, bis zu einem gewissen Alter, körperlich gut und sind auffallend gesund, manche sogar auffallend «kräftig» in dem Sinne, dass sie kaum ermüdbar sind. Sie können überhaupt nicht oder nur mangelhaft sprechen lernen. Es liegt nahe zu denken, dass in diesen Fällen eben die *freien* Lebens- und Empfindlichkeitskräfte fehlen oder nicht ausreichend vorhanden sind.

Alle später entwickelten Fähigkeiten – die spezifisch menschlichen – gründen auf dem Sprechen und Denken. Sie erscheinen ebenso durch die Umgebung bedingt wie die grundlegenden menschlichen Eigenschaften: ohne eine sprechende und denkende Umgebung richtet sich das Kind nicht einmal auf. Zählen, rechnen, abstrahieren usw. lernt es später nach und nach. Woher kommen hierfür die Kräfte? Wie entwickeln sich dazu die Fähigkeiten? Sicherlich ist vieles, das später möglich wird, im frühen Alter nicht zu entwickeln. Diese Fragen gelten auch für spätere Entwicklungsphasen. Sicherlich wird ein achtjähriges Kind Gedichte von Goethe kaum «verstehen» oder «genießen», und nicht deshalb, weil es bei ihm an Kenntnissen oder an intellektuellem Verständnis fehlt.

Die spezifisch menschlichen Fähigkeiten werden weder angeboren – wie z.B. die Fähigkeit, die Nahrung zu verdauen – noch einfach durch natürliches Reifen erlangt – wie z.B. die Fähigkeit, Nachkommen hervorzubringen. Sie werden von der menschlichen Umgebung «erlernt», wobei dieses Wort, wie wir gesehen haben, nichts zu tun hat mit dem Lernen des Erwachsenen. Die zwei Arten des Lernens können dargestellt werden als der Lernprozess beim Erwerben der Muttersprache und der beim späteren Erlernen einer Fremdsprache aufgrund der Muttersprache. Auf fortgeschrittener Stufe geht das Sprechen der Fremdsprache in den Bereich des «Sprachgefühls» über: dann nehmen die überbewussten Kräfte, die von Anfang an beim Lernen eine gewisse Rolle gespielt haben – demgemäß ist einer mehr oder weniger «begabt» im Lernen –, die neue Sprache als *Können* auf. Ähnlich geht es mit anderen Arten des menschlichen Könnens, mit den handwerklichen oder künstlerischen Fähigkeiten. Für diese sind bei dem kleinen

Kind noch keine Kräfte da, auch die Muttersprache kann es nicht gleich nach der Geburt erwerben.

Auf der anderen Seite, im biologischen Leben, sehen wir eine entgegengesetzte «Entwicklung»: Auf diesem Gebiet ist das Kind oder der Mensch desto mehr begabt mit Vitalität, je jünger es bzw. er ist. Die Wachstumskräfte, die Regenerationskräfte, die heilenden Kräfte sind nicht physikalische Kräfte, denn sie bilden stets Formen, lebende Formen; diese sind einem Organismus eingebaut, der sich bewegen kann, und zwar gemäß dem Empfinden: ausweichend, nachgreifend usw. So kann man sagen, dass die Wachstumskräfte von instinktiven Empfindlichkeitskräften begleitet, gesteuert sind. So ist es auch beim Tier. Im Laufe des Reifens werden beim Menschen solche formbildenden Kräfte aus dem menschlichen «tierischen» Organismus frei. Selbstverständlich ist dieser Organismus nie «tierisch»: er ist bei der Geburt in solchem Maße «unfertig», dass er ohne lange Hilfe gar nicht am Leben bleiben könnte; dadurch aber ist er plastisch, bildbar durch äußere Einwirkungen. Ein Beispiel dieser weitgehenden Bildbarkeit ist das Sprechenlernen, auch als physiologische Leistung der Sprachorgane, die für *jede* Sprache bereit sind. Auch diesbezüglich zeigt das Sprechen der zweiten Sprache ein abweichendes Bild: Sehr selten gelingt es gerade, die Lautkonfiguration der Muttersprache so zu «verlernen», dass man sie bei der Fremdsprache nicht durchklingen hört. Die Ansicht liegt nahe und wird auch durch entsprechende Untersuchungen bestätigt, dass für das erlernbare menschliche Können die aus dem Organismus freiwerdenden Kräfte verwendet werden – daher kann nicht alles im Kindesalter erlernt werden. Markante Knotenpunkte dieser Entwicklung liegen in der Zeit des Zahnwechsels und der Geschlechtsreife, ein weiterer kann um den Zeitpunkt der Mündigkeit geahnt werden. Die ersten zwei Phasen zeigen sich deutlich in den auffälligen Veränderungen im Wachstum und im Gefühlsleben, das Ende der dritten ist mehr durch geistige Reifung gekennzeichnet. Bei so genannten primitiven Völkern wird das Erreichen der ersten zwei Altersstufen durch Zeremonien, durch entsprechende «Sozialisierung», durch Riten ausgezeichnet; der Heranwachsende wird in eine traditionelle Welten- und Gesellschaftsordnung aufgenommen. Dem entspricht bei den so genannten zivilisierten Völkern die Schulreife und die religiöse Firmung. Die ersten drei annähernd Siebenjahres-Perioden schließen den Prozess des Freiwerdens von Empfindungs- und Lebenskräften nicht ab; der Vorgang geht bis zum Tode kontinuierlich weiter. Im späteren Alter wird er aber mehr überdeckt. Bedeutsame Punkte dieser siebenjährigen Periodizität waren im Laufe der Kulturgeschichte mehr oder weniger bewusst. Das ist etwa die Zeit, in der der größte Teil des menschlichen Körpers stofflich ausgewechselt wird. So beginnt auch im 35. Lebensjahr Dantes großes Abenteuer «nel mezzo del camin di nostra vita»: «Als ich auf halbem Weg stand unsers Lebens». Für uns ist es von großer Wichtigkeit zu wissen, dass der Prozess des Freiwerdens von Kräften beim Menschen – beim normalen Menschen – lebenslang stattfindet. Beim Tier gibt es nichts Entsprechendes: seine Kräfte sind an die Art gebunden, sie werden im Laufe des Lebens nicht frei. Daher bleibt

... fressen mir aus der Hand!

seine Entwicklung eine natürliche, es kann nicht «lernen», es kann nur – und zwar im frühen Alter – dressiert werden. Sie werden vielleicht scherzend sagen: In manchen Schulen wird ja auch ähnlich vorgegangen.

Der Unterschied von Unterricht und Dressur ist in der Tat nicht mehr ganz klar.

Beim Menschen gehören die freien Kräfte zum Ich-Wesen. Man könnte sie «Überfluss-Kräfte» nennen. Für ein rein biologisch-instinktives Wesen wären sie überflüssig. Für ein Ich-Wesen sind sie die Mittel, wodurch es sich in einem physisch-lebendigen Organismus zum Ausdruck bringt. Diese Ausdrucksweise ist die Sprache: nicht nur die gesprochene Sprache, sondern jede Gebärde, Bewegung, Mimik, Lächeln, Weinen, «beredtes» Schweigen, Blick – alles, was mit der Absicht des Ausdrucks geschieht. Sprache, in diesem erweiterten Sinne, haben nur Ich-Wesen, die so mit Recht auch Wort-Wesen genannt werden können. Es gehört zur «Sprache», dass sie auch unterlassen werden kann: es muss nicht geschehen, der Ausdruck ist nicht «instinktiv», er kann durch ein Bedenken und inneren Entschluss unterbrochen oder ganz weggelassen werden. Das wird vergessen, wenn man auch in Bezug auf Tiere vom «Sprechen», von Sprache redet. Ein in seinen Eigenschaften, Empfindungen und Instinkten fertig geformtes Wesen ist zu einem *beabsichtigten* Ausdruck, ja selbst zu einer *Absicht* nicht fähig, kann auch keinen Anspruch auf Sprache oder auf freie Kräfte haben, denn bei ihm unterliegt alles der vorgegebenen Empfindungs, Reaktions- und Instinktform. Ein Ich-Wesen aber, das sich eben soweit zum Ausdruck bringt, als es «unfertig» ist, das Absichten hat, das sich in jedem Augenblick selbst bestimmen kann, muss über freie Kräfte verfügen und diese beherrschen.

Die ich-orientierten freien Kräfte sind Wort-Kräfte: sie dienen nicht nur zum Sprechen und Denken, sondern zum Erkennen und Schaffen, zu allem, was Bereich des Wortes ist. Was der Mensch erkennt, sagt ihm etwas; was er schafft, ist seine Aussage – wenn auch nicht immer eine erwünschte. Wir wenden uns zunächst an das Erkennen. Schon im 1. Kapitel haben wir gesehen, dass das Erkennen – wie alles, was zum Bereich des Wortes gehört – kein Privatgebiet ist, ebenso wenig wie Sprache und Denken. Durch das Überbewusste der menschlichen Seele sprechen Weltenkräfte: das Denken in seinem «Wie», das erkennende Fühlen, z.B. das Fühlen der Evidenz, das erkennende Wollen, das im reinen Denken oder im Wahrnehmen an uns herantritt, in entgegengesetzter Richtung als unser gewöhnlicher Wille, der von uns aus in die Welt fließt. Diese Weltenkräfte sind ebenso wenig «verpflichtend» wie das an uns herantretende, etwa gehörte Wort: es muss durch mein Entgegenkommen, Entgegennehmen gehen, es zwingt mich nicht. Die freiwerdenden Kräfte des Menschen sind die entgegennehmenden Erkenntniskräfte: sie vereinigen sich, sie werden identisch mit dem, was aus der Welt dem Menschen entgegengestrahlt wird. So erkennt der Mensch. Er erkennt bei weitem nicht alles, was ihm entgegenleuchtet. Der größte Teil bleibt unbekannt. Wer kann ein lebendiges Samenkorn von einem toten durch Wahrnehmen unterscheiden? Es ist ja ein riesengroßer realer Unterschied da, und der wird nicht «gesehen». Wer erlebt die Gefühle eines ihm sogar nahestehenden Menschen? Wir erleben nicht einmal unseren eigenen Denkprozess; alles, was in uns überbewusst geschieht, bleibt unerfahren. Es ist zu vermuten, dass wir auch von der Natur nur einen Bruchteil vernehmen und erkennen.

Denken Sie sich ein Wesen, das von einem Menschen nur seine Schuhe sehen würde. Dieses Wesen würde das Verhalten der Schuhe sorgfältig beobachten und registrieren; nachts sind die Schuhe – d.h. die Objekte, denn es würde ja nicht wissen, dass es Schuhe sind, weil es keine Begriffe dafür haben könnte, da es den Menschen und seine Füße

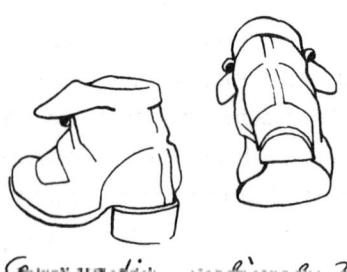

Quo vadis, cubigunda?

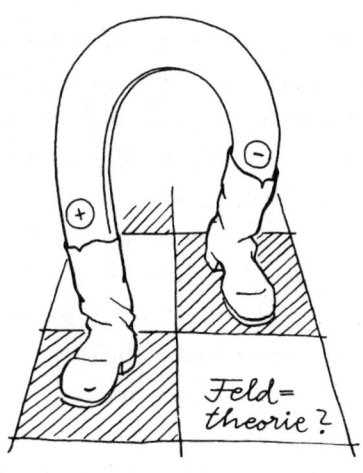

Feld=
theorie?

nicht kennt – also nachts sind die Objekte in Ruhestellung. Am Morgen beginnen sie sich zu bewegen, erst auf einem engeren Gebiet, dann die «Treppe» hinunter, dann in einen «Wagen» hinein. Dort machen sie nur ab und zu kleine Bewegungen. Später bewegen sie sich – immer ist dabei abwechselnd das eine vorn, das andere hinten – in ein Gebäude hinein usw. Abends kommen sie, manchmal mit Umwegen, wieder zum Ausgangspunkt zurück. Tagsüber sind sie wärmer als nachts, wahrscheinlich hängt das mit der Bewegung zusammen. Manchmal – selten – kommen sie außen mit einer Bürste und Lappen und fettartigem Stoff in Berührung, wonach die optische Reflexionsfähigkeit an ihrer Oberfläche zunimmt. Das Wesen kann auch eine ganze Wissenschaft auf diese Beobachtungen gründen. Es wird die durchschnittliche Entfernung der zwei Schuhe beim Sich-Bewegen messen, die Frequenz, in der sie sich beim Fortschreiten abwechseln, die Zahl der «Schritte», die

«Unregelmäßigkeiten» feststellen und entsprechende Hypothesen aufstellen, um diese Beobachtungen zu erklären. Es könnte zur Annahme von unsichtbaren Kräften kommen, die die zwei Objekte während der Bewegung in einem nicht allzu großen Abstand halten. Wenn sie in Ruhestellung sind, wirken diese Kräfte nicht zwingend.

Wir können auch ein Wesen annehmen, das nicht nur die Schuhe, sondern auch die Füße sieht, bis zu den Knöcheln, bis zu den Knien, ja bis zur Hüfte, bis zur Brust – ein Wesen, das den *ganzen Menschen sieht – wie viel sieht der Mensch vom ganzen Menschen?*

Der Mensch erkennt – nimmt entgegen – nur ein Bruchstück von dem, was ihm aus der Welt entgegentritt. Was wird mit dem Teil der ihm begegnenden Lichtkräfte, den er nicht bewusst aufnimmt? Dieselbe Frage kann auch anders gestellt werden: Was wird mit den von der Leibesorganisation *frei gewordenen Kräften*, die der Mensch nicht zum Erkennen verwendet? Das ist dieselbe Frage. Denn in Bezug auf das Erkennen hat die Unterscheidung von außen und innen keine Gültigkeit: Wo ist denn das Erkennen? Eine Weltenrealität ist es, die der Mensch zur Erscheinung bringt

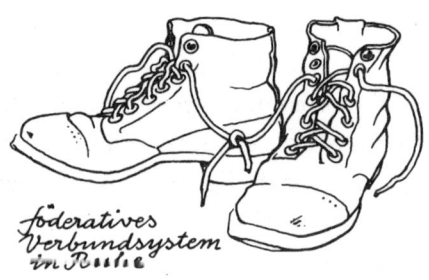

föderatives
Verbundsystem
in Ruhe

und die außen und innen bestimmt. Also kann es weder außen noch innen sein. So kann dieselbe Frage auf zweierlei Weise behandelt werden.

Da der Mensch ein Ich-Wesen ist, verfügt er von Anfang an über *freie, «überflüssige» Kräfte*. Er hat als Ich-Wesen keine abgeschlossene Form: er ist belehrbar, nicht bloß dressierbar und er kann über sich selbst bestimmen. Daher wirkt die Wirklichkeit auf ihn nicht in einer vorbestimmten Weise wie auf das Tier: dieses verhält sich seiner Art gemäß, es «reagiert» auf die Umwelt, auf die Umstände. Der Mensch *reagiert nicht*, wenn er sich *menschlich* benimmt: er nimmt wahr, bedenkt und entscheidet. Beim Tier geht das «Wahrnehmen» – das keines im menschlichen Sinne ist – nahtlos in die «Handlung» über – die keine im menschlichen Sinne ist. Der Mensch kann sich im Allgemeinen beim Wahrnehmen besinnen: er muss nicht, er *kann*, weil er Überschusskräfte hat, durch die er erkennen und Anfänge setzen kann (denken Sie an die Geschichte mit dem Enzephalographen).

Eben weil er kein vollständig geformtes, kein abgeschlossenes Wesen ist, weil er freie Kräfte hat, ist er auch dem Problem gegenübergestellt, was er mit den Kräften, die lebenslang zunehmen, tut oder: was mit ihm jener Teil der Realität tut, den er nicht bewusst aufnimmt. Dieses Problem wurde bei der früheren Menschheit durch traditionelle Wege, durch Kultus, Religion, durch Eingliederung in Gemeinschaften gelöst – denken wir an die Einweihungsriten der Jünglinge, durch die sie in die Männergesellschaft aufgenommen wurden. Die überschüssigen Kräfte wurden gar nicht als *eigene* verspürt – man hatte nicht die Empfinng, dass man selbst seine Gedanken hervorbringe; man hat auch – abgesehen von einzelnen Auserwählten – nicht gesagt, nicht sagen können: «ich denke», nicht einmal: «ich». Denkkräfte, Erkenntniskräfte hat man als übermenschliche, als Götterkräfte empfunden. Daher konnten sie durch die «Religion», die alles Erleben real durchpulste, in Ordnung gehalten werden. Sie selbst, diese Kräfte, *waren* die Realität der «Religion», die ja gar nicht etwas Besonderes *neben* der Lebenswirklichkeit war, sondern deren Kern. Im Zeitalter der Bewusstseinsseele, in dem wir leben, ist schon fast alles Traditionelle als wirksames Mittel zur Bewältigung des geschilderten Problems verloren gegangen. Der Mensch sagt «ich», «ich denke», er muss sich jetzt mit seinen freien Kräften selber abfinden, oder: den Wirkungen der auf ihn einstrahlenden und bewusst nicht entgegengenommenen Weltenkräfte selbst Rechnung tragen.

Man könnte zwischen einer frühen Menschheit und dem Kindesalter wieder eine Analogie finden. In beiden Fällen werden *Gewohnheiten*, inspirierte Gewohnheiten gebildet; in dem einen Fall religiöse, kultische, traditionelle Sitten, Gemeinschaftsgebräuche; beim Kind teils ähnliche, teils von der Umgebung heilsam empfundene Gewohnheiten der Ordnung, Reinlichkeit, des Gehorsams. Im späteren Alter der Menschheit und des Individuums würden neue Maß-nahmen notwendig sein, um die Möglichkeiten, die durch neue Kräfte eintreten, zu realisieren. Wir haben gesehen, dass z.B. die große Möglichkeit des bewussten Erlebens der Gegenwärtigkeit, das wahrhafte, das reale Ich-Erleben heute vielfach verschmäht wird, und wir haben auch zum

Teil die Folgeerscheinungen betrachtet. Diese können darin zusammengefasst werden, dass anstatt des Ich-Erlebens die Egoität das individuelle und damit das menschheitliche Leben beherrscht.

Man kann das Wesen des Ich und das Wesen der Egoität auf eine ungewöhnliche Weise charakterisieren, indem man sie in Bezug auf ihre Seinsstärke hin vergleicht. Dann kann man feststellen: Das Ego ist ein sehr schwaches Ich. Die Stärke oder Intensität des Seins im Ich-Erleben zeigt sich darin, dass das Ich sich hingeben kann, je mehr, desto selbstvergessener; d.h. je stärker, je intensiver das Ich existiert, desto ungeteilter ist seine Aufmerksamkeit. Dieses Ich-Wesen «west» gar nicht statisch, sondern eben in der Hingabe. Sie könnten nun der Meinung sein: Demnach ist das Ich-Wesen beim Kind am stärksten, mit seiner fast unbegrenzten Fähigkeit, durch Hingabe die grundlegenden Funktionen des Bewusstseins zu erlernen. Das wäre nur eine halbe Wahrheit. Denn in der Tat ist das Wesen des Ich beim Kind am wenigsten getrübt, d.h. am wenigsten ablenkenden Einflüssen, die beim Erwachsenen aus dem Unterbewusstsein heraufschlagen, ausgesetzt; aber das Kind ist des Erlebens seiner selbst nicht fähig, eben weil es *ganz* in der Hingabe lebt. Zum Selbst-Erleben *in der Hingabe* kommt der Mensch nur durch Bewusstseinsübungen (s. 5. Kapitel), vorher aber muss er durch die Periode der Egoität gehen. Das Selbst-Erleben beginnt in der Egoität als Selbstempfinden, daher ist der «Umweg» des Menschen durch die Egoität unvermeidlich. Die Gefahr besteht darin, dass er aus der Egoität nicht herausfindet. In dieser wird die Aufmerksamkeit geteilt zwischen Welt und Organismus, wobei das Erleben des eigenen Organismus den Kern des Selbstempfindens bildet. Weil die Egoität ein schwaches, schattenhaftes Ich-Empfinden ist, das an das Vergangenheitsbewusstsein gebunden ist, braucht es dauernd «Bestätigungen», und diese sind es, wodurch das Leben – individuell und in der Gemeinschaft – zugrunde geht.

Dem Kind versucht die Umgebung Gewohnheiten beizubringen, die einerseits durchschaubar und bewusst begründet sind – etwa durch ein religiöses Bewusstsein –, andererseits sind diese Gewohnheiten und Eigenschaften solche, deretwegen das Kind und der Mensch sich nicht schämen müssen oder, wie wir gleich einschränken müssen: deretwegen der Mensch sich auch vor 200 Jahren nicht hätte schämen müssen. Denn inzwischen sind sehr viele Gewohnheiten, für die sich der Mensch damals geschämt hat, höchst salonfähig geworden, und auf manche von diesen ist der Mensch heute sogar stolz: nicht ohne die «aufklärende» Tätigkeit der «Wissenschaften», der Anthropologie und Psychologie.

3.3. Die Egoität

Das Ich ist *gebend*, das Ego nehmend. Sozial zeigt sich das Zerstörerische des Ego unmittelbar: *Jeder* will nehmen, haben, und daraus entstehen Streit und Krieg. Wir erleben heute den Zusammenbruch eines Gesellschaftssystems, das im Westen wie im Osten auf die Egoität gebaut ist. Der fanatische Glaube des wirtschaftlichen Liberalismus, dass aus dem Streben des Einzelnen nach maximalem wirtschaftlichem Wohlstand zugleich der größte Wohlstand der Gesamtheit resultiere, hat sich längst als ein «Wunschdenken» erwiesen, als eine Ideologie, die grobe Egoität irgendwie sozial noch zu rechtfertigen. Die Antwort war nicht besser: Marx entdeckte nicht, dass die Überwindung der individuellen Egoität durch eine Klassen-Egoität nicht möglich ist. Klassen-Egoität, nationale Egoität oder die Egoität des Einzelnen: alle drei führen zum Krieg aller gegen alle, zum Untergang. Daran ändert kein ‹contrat social›, kein Übereinkommen über die sozial notwendigen Begrenzungen der Egoität etwas, ebenso wenig wie Klugheitsmoral eine lebensfähige Grundlage des Zusammenlebens ist. Ehrgeiz gegen Ehrgeiz, Neid gegen Neid, Machtwille gegen Machtwille – wie könnte daraus etwas anderes entstehen als Konflikte über Konflikte?

Die Egoität aber ist nicht nur sozial zerstörerisch, sondern auch eine Krankheit des Einzelnen. Der Mensch verfügt über freie Wortkräfte. Das Gesunde für ihn wäre, diese als Wortkräfte zu gebrauchen, d.h. das gesunde Leben wäre für ihn ein schöpferisches Leben. Es muss nicht ein jeder Dichter Bildhauer oder Wissenschaftler sein: schöpferisch sind alle die Menschen, die um sich herum Liebeswärme und Frieden ausstrahlen und hervorrufen können. Diese, meistens völlig unbekannten, einfachen Frauen und Männer, keine Künstler, keine Berühmtheiten, sind die wahren Helfer der Menschheit; Tolstoi hat in seinem Roman *Krieg und Frieden* einen solchen Menschen in der Gestalt des einfachen Soldaten Platon Karatajew dargestellt – Ruhm und Bekanntheit sind oft den schöpferischen Fähigkeiten abträglich.

Egoität bedeutet, dass die Aufmerksamkeit geteilt ist: ein großer Teil ist auf den Menschen, auf die Wirkung und die Folgen seines Tuns gerichtet, nicht auf das Tun, auf die Sache selbst. Lampenfieber ist ein typisches Symptom: Der Künstler oder Redner ist mit seinem Eigenwesen beschäftigt – wird es gelingen? ein Erfolg sein? – und nicht mit der Sache selbst. Dadurch geht dann die Sache auch nicht gut. Nur *konzentriert* kann man schöpferisch sein, gelockert, unverkrampft, aber konzentriert. Alles, was die Konzentriertheit stört, beeinträchtigt das Schaffen. Die Aufmerksamkeit ist der Mensch selbst, das Ich; ist der Mensch mit sich selbst beschäftigt – und das ist er durch die Egoität –, so kann er seine gesunde, die schöpferische Existenz nicht verwirklichen. Schaffen ist Genuss, der größte.

Die Egoität hat stets Ansprüche, Wünsche, Verlangen. Diese wiederholen sich und wollen überhaupt nicht ein für allemal befriedigt werden. Die Begierde ist selbst schon eine Bestätigung, dass ich bin, jedes gewöhnliche Gefühl, selbst die Leidensgefühle sind eine Selbstbestätigung. Lieber leiden als überhaupt keine Gefühle. Unbefriedigte Begierden – das ist nicht gut; aber die Befriedigung dauert nur für eine meist kurze Zeit und soll es auch nur. Die sich wiederholende Natur der Begierden, das Haften an einer Empfindungsform zeigt, wie wenig diese Natur *worthaft* ist: sie will nichts Neues (ein Stück Schokolade bietet immer denselben Geschmack). Sie verstehen mich wohl? Das Tierhafte – das menschlich Tierhafte, denn die Tiere haben keine Begierden, die für sie schädlich sind – stellt sich in dem Wiederholungsdrang dar.

Das Wort «Selbstsucht» drückt tief das Wesen der Egoität aus: der Mensch ist auf der Suche nach seinem Selbst und findet es, auf diese Weise, nie. Aber das Leben, die Seelenfunktionen werden in den Dienst dieser Danaiden-Arbeit (Wasser in ein löchriges Fass schöpfen) gestellt. Selbst die hellste Seelenfunktion, das Denken, wird unterjocht, es kann sich in den Dienst des Selbstempfindens stellen: es findet stets neue Varianten des körperlichen und seelischen Selbstempfindens.

Wir wollen uns jetzt mit den körperlichen Formen des Selbstempfindens im Einzelnen nicht beschäftigen, nur das eine betonen: der Körper hat nur rein biologische Bedürfnisse, keine Ansprüche auf Lust oder Wollust. Er hat Durst und Hunger; er kennt keine Feinschmeckerei, genauso wenig wie das wilde Tier, das nie seinen Hunger verlängert, das Essen aufschiebt, um etwas Besseres, Schmackhafteres fressen oder um besser schmecken zu können. Genussmittel kennt es nicht: ich habe noch nie einen Zigarren rauchenden Igel gesehen.

Die Lustgefühle und der Anspruch auf sie kommen aus der Seele, der Körper ist bloß ihr Werkzeug. Wenn Priester gegen das Zölibat im Namen «der berechtigten Bedürfnisse des Körpers» demonstrieren, zeigen sie damit nur, dass sie sich nicht darüber im Klaren sind, dass Wollust nicht zum Körper, sondern zur Seele gehört: der Körper hat keine Gefühle. Das Gefühlswesen ist der Herd der Egoität, denn die Selbstsucht strebt nach einem Selbstfühlen als Ersatz für das verschmähte Selbsterfahren oder Selbsterkennen. Würde die Selbsterfahrung des Bewusstseins, der Seele, so intensiv sein wie die Tasterfahrung eines Gegenstandes, so wäre keine Selbstsucht nötig, es wäre auch keine vorhanden. Das Gefühl fühlt, wie schon erwähnt, nicht *etwas*, sondern ist selbstfühlend, nicht-erkennend und ist zugleich der Autonomie des Bewusstseins entzogen, es kommt und geht eigenmächtig. *Da* zeigt sich der unterbewusste Charakter dieser Gebilde, die in dieser Hinsicht mit den Assoziationen verwandt sind. Sie sind auch sonst mit assoziativen Elementen verbunden. Deshalb besteht die Möglichkeit, das verborgene Gefühlswesen eines Menschen dadurch kennen zu lernen, dass man auf seine Assoziationen, die in sprachlicher-gedanklicher Form auftreten, ohne wirkliche Gedanken zu sein, achtet.

Die selbstempfindenden Gefühle sind nicht unbedingt auf das Werkzeug des Körpers angewiesen. Es gibt rein seelische Formen, die der Selbstsucht dienen, wie schon erwähnt: Ehrgeiz, Neid, Geiz und eine unbegrenzte Anzahl anderer «Gewohnheiten», die teils gar keinen eingebürgerten Namen haben; so z.B. ist der «berechtigte», im Innern kochende Zorn gegen einen Menschen oder eine Gruppe eine nicht seltene Quelle der seelischen Wollust; das – oft stille – Wüten gegen die Dummheit oder Niederträchtigkeit von anderen ist eine Lust, wir tun es gerne, – so wie wir auch viel mehr über Schlechtes, Unmoralisches von anderen sprechen und berichten als von Edlem und Moralischem. Wenn Sie tratschende Damen und Männer beobachten und eine Statistik machen, werden Sie sehen, wie ungleich dabei das Austeilen des Guten und des Schlechten an den Mitmenschen ausfallen wird.

Alle Formen der *Selbstsucht* sind zwangsläufig mit Unaufrichtigkeit verbunden, vor allem mit Unaufrichtigkeit gegenüber sich selbst. Obwohl vieles, dessen man sich früher schämte, heute Gegenstand des Stolzes ist, ist diese Haltung mehr scheinbar; im Verkehr mit dem Mitmenschen kehrt man immer die «bessere Seite» hervor. Die Unaufrichtigkeit gegenüber sich selbst ist die Quelle der ungeheuren Fülle von Unaufrichtigkeiten, die in der Welt unter den Menschen zirkulieren. Wie ein dichter Nebel trennt die oft organisiert gepflegte Unaufrichtigkeit die Menschen voneinander und verhindert jeden Versuch, einander zu verstehen.

Die verschiedenen Formen der Egoität haben den gemeinsamen Zug, dass sie die Leistung des Einzelnen vermindern, auch dort, wo man das gar nicht bemerkt. *Mangel an Selbstvertrauen* ist eine der negativen Formen, und die daran Leidenden sind in ihrem Handeln offensichtlich behindert, auch dann, wenn sie gute Intuitionen haben in Bezug auf das, was zu tun ist. Den Ehrgeiz hält man nicht immer für eine negative Eigenschaft; sie ist aber sowohl sozial als auch individuell schädlich, denn sie befördert den Menschen in Positionen, die ihm nicht zukommen, in denen er notwendigerweise versagen muss; ob das bemerkt wird oder verdeckt bleibt, ist gleichgültig – auf das Bestreben, dass es verdeckt bleibe, wird viel Kraft und Zeit und Energie verwendet. *Minderwertigkeitsgefühle* und ihre Überkompensation sind ebenso verbreitet wie Neid und Eifersucht oder «Überempfindlichkeit», indem alles auf die eigene Person bezogen und danach gewertet wird. Es ist wohl wünschenswert, den Beruf gern zu haben; aber das Hängen am Beruf, um ihn als Möglichkeit zu «Erfolgserlebnissen» zu gebrauchen, bringt den Menschen bald in die Situation, das eigene Tun nicht im Interesse des Berufes, sondern zum Erfolg hin zu orientieren und es dadurch falsch zu beurteilen. Dem anderen Menschen zu helfen, ist beruflich – wie beim Arzt, Priester, Lehrer usw. – oder außerberuflich etwas sehr Wichtiges und Schönes; wenn es mir aber wichtiger wird, dass *ich* dem darauf Angewiesenen helfe als dass *ihm* überhaupt geholfen wird, verliert meine Hilfe nicht bloß ihre moralische Bedeutung, sondern wird objektiv zu keiner Hilfe mehr: ich werde nicht objektiv genug beurteilen können, was das Richtige wäre. Oft wird das Helfen für die Erzeugung von Abhängigkeiten benutzt; warum eigentlich? Alle diese Verhaltensweisen bringen den Menschen von der Realität, von dem Erkennen und richtigen Einschätzen der Wirklichkeit ab. Dabei sind sie alle *ungewollt* – niemand entschließt sich dazu, neidisch zu sein oder seine Minderwertigkeit zu spüren oder «überempfindlich» zu werden wie eine Mimose.

Niemand entschließt sich, ein Egoist zu sein; wenn man

aber einer ist, so wird es trotz entsprechender Entscheidungen sehr schwierig, davon abzukommen. *Egoität* ist eine *unterbewusste Form*, ungewollt, oft mit innerem Widerstand ausgelebt, und all ihre Formen, die leicht wechseln, ineinander übergehen und zusammenhängen, sind unterbewussten, undurchsichtigen Ursprungs. Auch umgekehrt kann man feststellen: Jede unterbewusst verankerte Verhaltensform steht im Zeichen der Egoität.

Seit Stirner und Nietzsche gibt es immer wieder Philosophen der Egoität – damit sollen die Genialität und der Impuls zur Aufrichtigkeit der beiden nicht geleugnet werden –, und heute behaupten die meisten Psychologen, dass der Mensch gar nicht anders vorzustellen ist als von Haus aus egoistisch. Manches wurde schon diesbezüglich dargestellt. Man sollte aber nicht vergessen – und darin deutet sich die Möglichkeit zur Überwindung der geschilderten allgemeinen Bewusstseinserkrankung an –, dass diese Ansicht doch ein Ergebnis eines Erkennens, eine Erkenntnis ist! Wäre der Mensch durch und durch egoistisch, würde er es gar nicht bemerken, so wie der nur Blaues Sehende nichts vom Blauen wüsste; er könnte gar keinen Begriff für die Egoität bilden, wenn er nur egoistisches Verhalten kennen würde. Was wäre damit gemeint? Egoität ist entdeckt; die Instanz, die es entdeckt, die erkennende Instanz ist gewiss selbst nicht egoistisch, sonst würde sie nie die Entdeckung gemacht haben können. Egoität ist nicht ursprünglich, sie ist eine notwendige Zwischenstufe zur Ich-Erfahrung. Sie stellt den Menschen auf die eigenen Beine, damit er selbst gehen kann: vom Nehmenden zum Gebenden werden kann und aus der Einsamkeit zum anderen Menschen finden kann. Es ist aber in die Freiheit des Menschen gestellt, ob er diese Schritte tut oder in dem Zustand bleibt, in den er ohne seine Wahl, ohne seine bewusste Entscheidung hineingeraten ist: in einen Zustand, wo das unterbewusst Entstandene zwar dominierend ist, aber auch *entdeckt*, formuliert. Allein aus diesem Umstand, dass es bewusst formuliert wurde, könnte der Mensch die Konsequenz ziehen, dass das Unterbewusste nicht zwingend sein muss, dass also die Möglichkeit zu seiner Überwindung besteht.

Eine Egoitäts-Philosophie ist der Gedanke, dass in der Natur eine Art Kampf ums Dasein herrsche und die «Entwicklung» lenke. Dieser Gedanke ist sehr zeitgebunden; er stammt aus der Ära und Ideenwelt des wirtschaftlichen Liberalismus. Er ist durch und durch anthropomorph. Aber gerade heute haben wir gelernt, das natürliche, biologische Gleichgewicht, das sich in der Natur einstellt, wenn der Mensch in sie nicht störend eingreift, richtig einzuschätzen. In der Natur ist kein «Streben», kein «Entwicklungsimpuls», kein «Kampf» das Normale, das «Natürliche». Nicht nur, dass man in der Natur mit der menschlichen Vorstellung des Kampfes nicht zurechtkommt, wie auch mit der Vorstellung des Helfens nicht, wofür scheinbar ebenso viele Beispiele wie für den «Kampf» zu finden sind; auch historisch gesehen ist nichts von dem Überleben des «Tüchtigeren» zu erkennen. Wenn durch eine Katastrophe die Nahrung eingeschränkt wird, wird keineswegs unbedingt die stärkste, sondern meistens die anspruchsloseste, kleinste Spezies und das anspruchsloseste Individuum überleben.

Das *Kleinerwerden* ist ein ungleich mehr verbreitetes Phänomen in der Paläontologie als das «Tüchtigerwerden». Was soll überhaupt «Tüchtigkeit» in der Natur bedeuten? Falls man das nicht eindeutig feststellen kann, ist die Behauptung «Der Tüchtigere überlebt» sinnlos: man meint, der Überlebende ist der Tüchtigere, was keineswegs mehr bedeutet, als «Der Überlebende ist der Überlebende». Der Mensch wäre, rein biologisch bewertet, sicherlich der extrem Untüchtigste in der Natur. Der ganze Gedanke Darwins kommt offensichtlich aus dem wirtschaftlichen Konkurrenzkampf. In welchem Sinne der Obsiegende in *diesem* Kampf der Tüchtigste genannt werden kann, ist eine weitere und unhöfliche Frage.

Wir können versuchen, unsere egoistischen Lebensformen und Gewohnheiten ideologisch zu rechtfertigen, der Sprechende in uns, das Wortwesen, wird sich dieser Verhaltensformen immer schämen. An der Oberfläche kann der Mensch stolz sein auf seine Rücksichtslosigkeit, «Unsentimentalität», Mitleidslosigkeit, auf seine Härte und «Männlichkeit». Es gab und gibt so genannte Weltanschauungen, die diese Eigenschaften schätzen und pflegen; sie denken aber den Gedanken nicht zu Ende, und «in der Familie» lebt man nie danach. Eine kleine Geschichte beleuchtet die Realität des Egoismus und des Altruismus in ihren Auswirkungen recht bildhaft:

Die Hölle ist ein Ort, wo den Insassen zwar Suppe in genügenden Mengen zur Verfügung steht, aber die Löffel einen so langen Stiel haben, dass keiner den Löffel zum Mund führen kann. Das Leiden der Hungernden vor den

Töpfen voll Suppe ist unsäglich. Und wie ist es im Himmel? Da finden wir genau dieselbe Situation: viel Suppe, Löffel mit zu langen Stielen. Nur sind hier die Insassen auf die Idee gekommen, dass sie sich gegenseitig füttern, die Löffel nicht zum eigenen, sondern zum Mund des Nachbarn führen. Diese Selbstlosigkeit ernährt sie.

3.4. Die Bildung des Unterbewussten

Die Egoität ist für die heutige Menschheit in sehr starker Form gegeben; wir werden uns nicht mit ihrem Ursprung befassen, das liegt außerhalb der Zielsetzungen dieses Buches. Es kann aber verstanden werden, dass weder das

Kind noch die Menschheit zur Möglichkeit des Ich-Erlebens käme, wenn nicht durch den Umweg der Egoität. Alles, was zur Egoität gehört, trennt den Menschen von dem Überbewussten: dadurch könnte der Mensch unabhängig von diesem werden, man könnte sagen: frei von oben her. Warum ist er dann nur im Erkennen und im Schaffen frei? Jeder Mensch hat Augenblicke, in denen er seine Freiheit unmittelbar erlebt, und jeder Mensch kommt in Lebenssituationen, in welchen er seine Unfreiheit erfahren kann. Die Unfreiheit stammt nicht aus irgendeiner physikalisch-biologischen Determiniertheit, sondern aus dem abgelösten Teil der Seele, den wir als das Unterbewusste kennen gelernt haben. Von daher kommen die erwähnten unklaren und undurchschaubaren Gefühle, Impulse, Assoziationen, die gegen das bewusste Wollen sich durchsetzen können. Und das gelingt ihnen auch oft. Manchmal stellt sich das Bewusstsein auch auf die Seite dieser Impulse, rechtfertigt sie gedanklich und tut so, als ob alles nach besonnenen, freien Entschlüssen geschehen würde.

Das Unterbewusste besteht aus fixen Formen, Gewohnheiten, und alles Geformte wird im Zeichen der Egoität gebildet: *es gibt nur egoistische unterbewusste Impulse*. Sie erscheinen für das Bewusstsein, im Bewusstsein; was an ihnen unterbewusst ist, ist ihre Herkunft, ihr Entstehen, das ebenso wenig wie ihr Erscheinen vom autonomen Bewusstsein gewollt ist.

Die autonome Aufmerksamkeit ist *formfrei*, d.h. nicht im voraus geformt; daher kann sie alle Formen *vorübergehend* annehmen, sich mit allem identifizieren und sich aus der angenommenen Form wieder lösen, um sich einem anderen Objekt zuzuwenden. Die geformten Gebilde sind verständlicherweise nicht erkennend, eben weil sie schon bleibend geformt, festgelegt sind. Aus Egoität kann nichts erkannt werden; jedes Erkennen ist selbstlos, oder es ist keines. Selbstsucht und Erkennen sind Gegensätze: wenn man *sich* sucht, kann man nicht das zu Erkennende suchen.

Auch für das Schaffen von neuen Formen, für das Schaffen überhaupt, sind vorgebildete Formen nicht brauchbar: Neues kann nur aus Formfreiem entstehen. Zum wirklichen Sprechen – in dem Neues gesagt wird – gehört das wortlose Konzipieren-Können dieses Neuen, dann wird es in eine Wort-Sprache gegossen – es ist noch gießbar, noch nicht fest. Was schon geformt ist, spricht nicht; es sei denn, dass ein Verstehen, ein Verstehender das Geformte, einen geschriebenen Text z.B., wieder in die flüssige Phase hebt: nur auf diese Weise «wortet» es und kann verstanden werden. Die Improvisation wurde als die schöpferische, Neues schaffende Gebärde erkannt. Diese Gebärde steht diametral den unterbewussten Formen, den Assoziationen, dem Gewohnheitsmäßigen gegenüber. Wir können zwei Gruppen von Charakteristika einander gegenüberstellen:

Unterbewusst	Überbewusst
fertig	unfertig
Gewohnheit	Fähigkeiten
Wiederholung	Improvisation
Geformtes	Formfreies
Etwas	Wie

Assoziation	Denken
Gefühl	Fühlen
Instinkt	Ich will

Im menschlichen Leben spielt die linke Spalte eine weit größere Rolle als die rechte. Und doch ist das spezifisch Menschliche in der rechten zu finden. Auch die einzelnen Elemente in der linken Spalte haben ihren Ursprung in der Sphäre, aus der die anderen kommen. Kein Ego ohne Ich; kein Unterbewusstes, das nicht aus dem Überbewussten herrühren würde. Zwischen den zwei erfahrbaren Grenzen, an die die beiden Seelengebiete des Überbewussten und des Unterbewussten angrenzen, spielt sich das alltägliche Seelenleben ab mit all seiner Farbigkeit, seinen Leiden und Freuden.

Das Distichon des Catullus beschreibt großartig den Charakter eines unterbewussten Impulses:

Odi et arno. Quare id faciam, fortasse requiris.
Nescio. Sed fieri sentio et excrucior.

Ich hasse und liebe. Warum ich's tue, fragst du vielleicht.
Ich weiß nicht. Doch ist's so, ich fühl's und bin gekreuzigt in Pein.

Nescio: ich weiß es nicht. Damit wird die unterbewusste Quelle des Doppelgefühls gezeigt und aus diesem Hinzeigen entspringt die Schönheit des Gedichtes, ja das ganze Gedicht besteht eigentlich nur aus diesem Hinzeigen. Was es aber aus dem Zustand des Erleidens heraushebt, ist das Bewusstwerden und das Bewusstmachen: für den Augenblick der Entstehung des Gedichtes erhebt sich das Bewusstsein heraus aus dem Gefühl und schaut sich, das Gefühl, die Seelensituation an und beschreibt es: lauter Verben, lauter Geschehen, Vorgänge (8 Zeitwörter unter den insgesamt 14 Wörtern). Die Achse des Ganzen ist das Wagnis, die ungeheure Aussage: nescio – ich weiß es nicht.

Wie bildet sich das Unterbewusste, worauf mit dem Wort «nescio» hingedeutet wird? Wir müssen nach dem Ursprung der seelischen Formen suchen: Woher und warum entsteht die erste seelische Form?

Das Kind lernt sprechen und dadurch auch zugleich denken, bevor es «ich» sagen kann. Anfänglich spricht das Kind von der körperlichen Erscheinung, die für den Erwachsenen allein das Kind darstellt, in der dritten oder zweiten Person: «Peterchen geht hinaus», oder: «Du gehst hinaus». Man sieht: Das Sprechen ist auch beim Kind, auch bei der Menschheit vorindividuell. Ab einem gewissen Zeitpunkt beginnt die Rede in der ersten Person über dieselbe körperliche Erscheinung: «Ich gehe hinaus». Die erwachsene Umgebung missversteht meistens diesen höchst intuitiven Vorgang in seiner Bedeutung. Intuitiv ist er, wie wir gesehen haben (Kap. 1.3): es ist unmöglich, «ich» und «du» zu erklären. Man kann zwei bedeutungsvolle Konsequenzen aus den zwei Formen der Anrede des eigenen Körpers ziehen. Das Kind kann schon ganz gut sprechen, es sagt aber nicht «ich», nicht im richtigen Sinne. Da ist der Sprechende noch «außerhalb des Leibes», er hat sich mit ihm noch nicht iden tifiziert. Andererseits aber ist er nicht fähig, «ich» zu sagen, zur Ich-Intuition zu gelangen, bevor diese Identifizierung zustande kommt, d.h. er kann sich nicht vorher als Ich erleben. Die Identifizierung mit dem Leibe ist dazu notwendig. Wird jetzt das Ich, der Sprechende wirklich der Körper? Keineswegs. Was durch die Identifizierung geschieht, ist die Bildung des Egos: *dieses fühlt sich* identisch mit dem Leib. Das *Ich* findet in dem Leib einen Spiegel, schaut auf sein Spiegelbild und sagt «ich» zu ihm. Das Ich selbst, der Sprechende – verwechseln Sie ihn nicht mit dem Apparat, mit dem Lautsprecher –, bleibt unsichtbar, unlokalisierbar und sich selbst überbewusst, nicht erfahrbar. Das Ego, das Ich-Empfinden entsteht dadurch, dass das erkennende und sprechende Ich sich mit einer *Form* identifiziert hat. Diese ist eine vorgegebene Form; nicht bloß als physische Gestalt, sondern auch als *lebendiger* und *empfindender* Leib, als wachsender, sich bewegender, empfindender Körper. Ein Tier, weil es empfindend ist, kann sich von sich aus bewegen, und seine Bewegung ist sinnvoll, durch Empfindungen gesteuert, es kann ausweichen oder nachlaufen, auch nach etwas schnappen, sehr genau und sehr schnell, wie das die Vögel tun mit ihrem Schnabel. Vergleichen Sie diese Fähigkeit mit dem Wachsen und mit dem Bewegtwerden der Pflanzen. Selbst bei den sich bewegenden Arten, wie der Mimose oder der Fliegenfalle, finden wir mechanische Bewegungen im Vergleich mit den tierischen. Womit sich das sprechende Kind identifiziert, ist eine physische, eine Bildekräfte- und eine Empfindungsform: man könnte von den entsprechenden Leibern sprechen, falls man sich unter

Leib etwas Geformtes vorstellt. Die Empfindungsform enthält die Reflexe, die die inneren Bewegungen steuernden, für den Erwachsenen nicht-bewussten «Empfindungen» – die nur bewusst werden, wenn die entsprechenden Lebensfunktionen erkrankt sind.

Der Kern des Unterbewussten wäre demnach das Ego-Empfinden, eine Art «Ich»Empfinden, in dem das Ich sich nicht in sich, sondern an der Empfindung des Körpers erlebt. An diese zentrale Ego-Empfindung lagern sich alle weiteren Empfindungsformen, Begierde-Formen – durchweg egoistisch, selbstempfindend –, alle Gewohnheiten, Gefühle, menschlichen Instinkte an. Woraus entstehen sie?

Wir haben gesehen (Kap. 3.2), wie mit dem Altern «Kräfte» aus dem lebenden und empfindenden Organismus frei werden, die bis zu diesem Zeitpunkt in seinem Wachsen, im Organisieren, in der gesteuerten Formbildung wirksam waren. Sie wurden zu den spezifisch menschlichen Fähigkeiten, für die es charakteristisch ist, dass sie weder angeboren sind noch sich naturgemäß entwickeln, sondern durch die Einwirkung einer menschlichen Umgebung zustande kommen und dann weiterhin «frei», entwicklungsfähig und wandelbar bleiben. Sie werden Erkenntniskräfte, schöpferische Kräfte, Kräfte der *menschlichen* Arbeit, die immer *geistige* Arbeit ist, denn die Hände oder der Körper werden dabei vom Geist geleitet: der Mensch *weiß*, was er arbeitet oder sollte es wenigstens wissen. Er gibt der Idee, dem Worthaften durch seine Hände eine Gestalt. Insofern gehört die menschliche Arbeit zum «Worten» des Menschen. In der modernen technologischen Entwicklung wird dieser Cha rakter der Arbeit immer mehr verstellt und verschwindet auch. Wir kommen auf diese Frage zurück.

Wir haben auch gesehen, dass neben den frei gewordenen Kräften, die in die menschlichen Tätigkeiten eingeflossen sind und diese möglich gemacht haben, immer noch weitere unverwendet sind. Diese wurden früher religiösem Kultus, Sitten, traditionellen Gebräuchen unterstellt und so in eine Ordnung eingefügt, die dem Einzelnen und der menschlichen Gemeinschaft gleichermaßen entsprochen haben. In der Neuzeit, im Zeitalter der Bewusstseinsseele, in der die Naturwissenschaft, die ihr entsprechende allgemeine Gesinnung und die auf sie gründende Technik hochgekommen sind, versagen die traditionellen Methoden, sind nicht mehr geeignet, die «überflüssigen» Lebens- und Empfindlichkeitskräfte in eine entsprechende Ordnung zu bringen. Der Einzelne muss oder müsste mit ihnen wirtschaften, sie dem Ich-Wesen zuleiten, dem die freien Kräfte sonst unterstellt sind, wodurch es sich im Leib artikulieren und ausdrücken kann, sie als Erkenntniskräfte, als schöpferische Kräfte mit einem Wort: als improvisierende Freiheitskräfte oder Wortkräfte verwenden.

Erfahrungsgemäß geschieht das selten. Die Wissenschaft des Menschen ist noch sehr weit von der Entdeckung dieser Verhältnisse, und die Geisteswissenschaft, die von Rudolf Steiner begründet worden ist und die sich eingehend und zentral mit den beschriebenen Phänomenen befasst, ist aus verschiedenen Gründen weder als Wissenschaft noch als eine Diätetik von der Mehrzahl der Menschen anerkannt. Man kann sic durchaus so auffassen, dass sie gerade den

Menschen befähigt, auf die Frage zu antworten: Was soll mit den frei werdenden Kräften des Menschen in unserem Zeitalter geschehen?

Wenn die frei werdenden Kräfte weder in traditionelle Ordnungen noch in den Bereich des Ich-Wesens gelenkt werden, entstehen aus ihnen «unfreie», geformte Kräftebildungen, die Gebilde des Unterbewussten: Gewohnheiten, Verhaltensmuster, Empfindlichkeiten im Zeichen der Egoität. Diese Formen wachsen an den Kern der Egoität an, vermehren das Gebiet, dessen Kern selbst nicht durch menschlichen Entschluss, d.h. unterbewusst entsteht. Aus den Lichtkräften, von denen kein Gebrauch gemacht wird, entsteht der Bereich der Seelenfinsternis; man könnte den Vorgang auch einen Raub dieser Kräfte nennen – früher sprach man diesbezüglich von einem Raub durch Dämonen: was dem Ich-Wesen zukommen würde, wird der zerstörerischen, menschenfeindlichen Macht der Egoität überlassen. Das Unterbewusste ist nichts Ursprüngliches, sondern ist aus den höchsten ungebrauchten Kräften des Menschen entstanden, wie im traditionellen Bild die Hölle durch *gefallene* Engel bewohnt wird. Schöpferische Kräfte können nicht unbeherrscht bleiben; greift der Mensch sie nicht auf, verderben sie. Sie kippen in eine Form, die in allen Fällen dem Ich-Wesen, dem Wort-Wesen feindlich ist. Diese fertigen Gebilde sind nicht worthaft, d.h. sie *sagen* nichts, sie dienen nicht dem menschlichen Ausdruck, dem Ausdruck und Leben des bewussten Ich. Dass sie durch eine Wissenschaft, die den Menschen in seinem Wesen nicht kennt – das wird mannigfaltig durch ihre «Früchte» bewiesen –, als zum Menschen gehörig, ja oft als der Mensch ange sehen wird, ist ein Symptom der Bewusstseinserkrankung, die Art ihrer Ansteckung ein Symptom, das die ungeheure Macht des Unterbewussten darstellt: es kann sich «wissenschaftlich» rechtfertigen.

Die Fähigkeit, die vom Menschen am meisten missbraucht wird, ist die Rede. Das Sprechen würde dazu dienen, die durch ihr Bewusstsein getrennten Menschen auf freie Weise zu verbinden – wir haben das Freilassende im Wesen des Wortes erkannt –, damit der Mensch zum Sprechen greifen kann, wenn er *etwas zu sagen hat.* Man kann beim Kind, wenn es sprechen lernt, die reine Freude an dem neuen Können bewundern, auch wie schöpferisch die Sprache oft vom Kinde gebraucht wird. Vergleichen Sie damit eine scheinbar ganz harmlose Form der *missbrauchten* Rede: das Geschwätz. Es ist auch am Geschwätz eine Freude bemerkbar. Diese ist aber von völlig anderer Qualität als die des sprechenden Kindes: sie gilt der Selbstempfindung während des Schwatzens und wird durch seinen Inhalt gesteigert. Schwatzen heißt: «Schau her, was ich alles weiß, wie gut informiert ich bin, wie klug, wie gut, wie geistreich»; dazu kommt die Lust, über Schwächen anderer Menschen zu berichten. *Diese* Freude gilt weder der Fähigkeit, sprechen zu können, noch dem Mitgeteilten, sondern sie ist eine rein egoistische Freude. Das Geschwätz muss sein, man fühlt sich unwohl, wenn in der Gesellschaft Stille herrscht. Schauen Sie einmal nach, seit wann ist das so?

Die Geschichte des Geschwätzes müsste noch geschrieben werden, sie reicht nicht sehr weit zurück in der Zeit.

Diese Gewohnheit enthält eine ganze Reihe von Unwahr-

haftigkeiten, und diese zeugen und gebären weitere Unwahr-
haftigkeiten. So wird das Wort selbst, unsere Brücke zum
anderen Menschen, als Nicht-Wort, als Spielmünze etwa,
als Karte im Kartenspiel gebraucht. Das setzt den Wert des
Wortes herab, wie auch der Wert des Geldes durch Falsch-
geld vermindert wird. Es ist das Wort, womit und wogegen
der Mensch am meisten sündigt.

Aus einer zwischenmenschlichen Funktion, dem Sprechen, wurde Selbstzweck oder, genauer ausgedrückt: ein
Vorgang, der nicht mehr zum Ansprechen oder zum Ange-
sprochenwerden dient, sondern um dem «Sprechenden»
egoistisches Wohlgefühl zu bereiten. Sie können eine noch
drastischere Wandlung erblicken in dem, was alles in dem
Wort «Liebe» zusammengefasst wird. In den meisten Menschen geht eine Metamorphose vor sich, in der die Liebe im
Sinne eines Novalis – so erlebt das Kind und auch der Jüng-
ling manchmal seine erste Liebe – sich in etwas wandelt, das
mit diesem Sinne fast nichts mehr Gemeinsames hat: eine
Metamorphose nach unten.

Was unterbewusste Gefühlsform geworden ist, verbunden mit dem entsprechenden Willensimpuls, das erscheint *zwingend* im Bewusstsein, im Gegensatz zu den Erkenntnis- oder moralischen Intuitionen, die nicht nur nicht zwingend sind, sondern die zu befolgen noch oft eine große Willensanstrengung bedeutet. Sie kennen doch den Seufzer des heiligen Paulus (Römerbrief 7,18): «Wollen habe ich wohl, aber vollbringen das Gute finde ich nicht. Denn das Gute, das ich will, das tue ich nicht, sondern das Böse, das ich nicht will, das tue ich. So ich aber tue, was ich nicht will, so tue ich dasselbe nicht, sondern die Sünde, die in mir wohnt.» Er schaut auf das unterbewusst Zwingende in der Seele – auf die Sünde, nicht abstrakt, sondern als eine individuelle Macht gemeint –, er ist ein Vorläufer späterer Seelenstruktur in jeder Hinsicht, aber er *schaut* es eben –, wie er auch die obere Grenze der Seele ertastet (Galaterbrief 2,10): «Ich lebe aber; doch nun nicht ich, sondern Christus lebt in mir.» Er empfindet das Logoswesen an der oberen Grenze des Bewusstseins, aus dem die Fähigkeiten zum Erkennen, zur Liebe kommen. Er selbst, der Beobachtende alles dessen, ist der Dritte zwischen den zwei Grenzerfahrungen.

Der Klatsch befasst sich zum größten Teil mit dem Minderwertigen bei anderen, nicht anwesenden Menschen. Wenn Sie die Medien betrachten, finden Sie etwas ganz Ähnliches. Die Journalisten, die Reporter jagen nach Sensationen – dieses Wort bedeutet «Empfindungen». Diese werden fast ausnahmslos im Bereich der menschlichen Schwäche, als Beispiele des Vergehens, der Kriminalität etc., gefunden. Die Leser wollen diese Art Sensationen; es würde nur ein

Bruchteil der Zeitungsauflagen verkauft werden, wenn die Schlagzeilen anstatt von Mord, Vergewaltigungen, Raub und Betrug etwa von Wohltaten, Sanftheit, moralischem Verhalten und Geduld berichten würden. Eine Schlagzeile *«Heute ist nichts Böses geschehen!»* würde nicht viele Leser reizen. Versuchen Sie sich den Fall vorzustellen, dass eine Zeitung über die guten Ereignisse berichten würde statt über die bösen – wer würde sie lesen?

Das ist wieder ein Missbrauch des Wortes. Es ist für den großen Teil der Menschheit eine Art Lust geworden, über Missetaten informiert zu werden. Warum interessiert es mich, dass in einem kleinen Dorf des Nachbarlandes ein Mann mit seiner Frau und seinen Kindern … Oder dass ein Angestellter auf schlaue Weise 5 Trilliarden … Den Durchschnittsleser interessiert das dermaßen, dass er es am nächsten Tag breit bespricht, unter seelischem Schmatzen: wie furchtbar … wie schlau … Die Lust oder Freude am Bösen ist verbreitet: Vorläufer und Ersatz für eigene böse Taten.

Fast jeder kennt den Liebeskummer, den eine so genannte Liebe hervorruft, die nicht erwidert wird oder durch irgendwelche Umstände nicht zu einem Happy End führen kann. Wenn das bewusst wird, werden im Menschen Gefühlskräfte frei – auch beim Tod eines geliebten Wesens –, und diese können verschiedene Schicksalswege einschlagen. Der Mensch kann an der «Enttäuschung» oder dem Misslingen erkranken, seelisch, auch körperlich; die seelische «Verwundung» kann zu Depressionen, zum Zusammenbruch, manchmal zum Selbstmord führen. Das berühmteste Beispiel ist wohl Goethes Held Werther. Es kann aber bekanntlich auch etwas anderes geschehen: Der Liebende beginnt in seinem Leid, in seinem Schmerz zu dichten oder zu malen oder zu komponieren; d.h. aus den frei gewordenen Kräften wird in diesem Fall keine Krankheit, sondern sie verwandeln sich in schöpferische Kräfte. Viele gute Gedichte sind aus Liebesschmerz oder anderen Schmerzen entstanden – nun, auch viele schlechte Gedichte –, und die «Begabung» kann bei dem Enttäuschten andauern, solange eine glücklichere Liebe ihm nicht begegnet. Die Geschichte von Werther vereinigt die zwei Möglichkeiten: Goethe selbst hat seinen Schmerz in den Roman gegossen – nicht er, sondern sein Held begeht Selbstmord; Goethe lebt weiter. Der Roman spiegelt bei all seinen zeitgebundenen Zügen keineswegs nur ein «Abreagieren» wider, er hatte ungeheuren Erfolg und eine große Wirkung auf die Gemüter. Offensichtlich gab es zu jener Zeit viele unglückliche Lieben und man nahm sie dazu noch ernst. Dieser Ablauf einer «unglücklichen» Liebe zeigt sehr klar, wie mit frei gewordenen Gemütskräften umgegangen werden kann. Sie können sich zu krankhaften Formen gestalten, sie können sich unter dem Zeichen des Ich zu schöpferischen freien Kräften wandeln.

Die Varianten der unterbewussten Gefühlsformen sind unbegrenzt; es entstehen immer weitere und vom ursprünglichen Charakter der hinabgekippten Kräfte immer mehr abweichende Arten. Die Zerstreuungen leichter Art sind Beispiele der Gebiete, in welche die Kräfte abgezogen werden; je passiver sie sind, desto mehr erregen sie Sucht und Abhängigkeit, wie z.B. das Radio im Vergleich mit dem Buch, das Fernsehen im Vergleich mit dem Radio, der Krimi zu Thomas

Mann oder das Kino mit dem Theater. Was beim Theaterstück wegen der Gebundenheit an die Bühne nur angedeutet oder nur vom Zuschauer erraten werden kann, das wird im Film gezeigt, da ist zu allem die Möglichkeit gegeben und die eigene Aktivität an Phantasie, an Ergänzung, am Mitschaffen wird dem Zuschauer «erspart». Eine besondere Quelle der egoistischen Lust ist das Schwelgen im Gefühl der eigenen Schwäche. Man scheint dabei sogar stark moralisch zu sein: man gesteht die Schwäche ein, man sieht sie ein. Und damit glaubt man der Verantwortung aus dem Wege gehen zu können. «Ich bin ja so schwach, ich kann ja nichts tun, es ist schon schön, wenn ich das einsehe.» Das *wirkliche* Erfahren und Erkennen der eigenen Schwäche fordert ungeheuer große Kraft: nur der ganz Starke kann seine Schwäche wirklich sehen und eingestehen, der Schwache muss sich erst stärken, um seine Schwäche ertragen zu können.

Wenn bei einem Menschen das Seelenleben allein aus undurchschauten Gewohnheiten, Gefühls- und Reaktionsformen bestehen würde, er wäre für alles, das ihm neu ist, unzugänglich. Er würde versuchen, dem Neuen auszuweichen oder es unter den alten Formen unterzubringen. Es ist klar, dass diese Einstellung in extremer Form zerstörerisch und selbstzerstörerisch ist: das Ich-Wesen, in seiner Formfreiheit, alles Gewordene auflösend, findet in solcher Seele keine Möglichkeit, sich durch sie im Körper auszudrücken. Manche Psychologien nehmen an, dass im Seelenleben neben Lustinstinkten auch Todestriebe eine Rolle spielen. Diese selbstzerstörerischen Triebe sind dieselben Bildungen der Egoität, nur in deren Endphase.

Mit dem Geformtwerden wird den Kräften der worthafte Charakter genommen: was schon geformt ist, kann nicht Quelle sein, kann weder sprechen noch erkennen; es kann nur wiederholt werden. Zum Sprechen gehört die Möglichkeit, Beliebiges zu sagen, und auch das Auffassen, was der andere sagt: das Identisch-Werden mit der Sprech-Intention des anderen. Beides kann nur durch freie Fähigkeiten geschehen, nicht durch Gewohnheiten. Die ganze Sphäre der unterbewussten Form ist abbildbar, in gewissem Sinne berechenbar – darauf gründet die Psychologie – und automatisch reproduzierbar. Der Automaten-Mensch entsteht als das *Fertige* im Menschen, als Menschen-Automat. Der Mensch wird von weiten wissenschaftlichen Kreisen und noch viel mehr durch simplifizierende Pseudowissenschaftlichkeit als ein «sehr komplizierter» Automat aufgefasst. Wir können sagen: Diese Ansicht ist in Bezug auf die unterbewusste Sphäre berechtigt, wenn auch sehr vereinfachend. Diese Sphäre aber ist keine ursprüngliche, sondern entsteht durch das Versäumen der Möglichkeit, die in ihr gebundenen Kräfte als freie, schöpferische Kräfte aufzunehmen und zu handhaben.

Man könnte die Phänomene der frei werdenden Kräfte als eine Art «Überfluss» oder «Überschuss» charakterisieren. Der Ausdruck vergleicht die für das biologische Leben unbedingt notwendigen Kräfte mit den überschüssigen, die dem Menschen im Laufe seines Lebens zur Verfügung gestellt werden. Was macht der Mensch mit diesen Kräften? Er schafft auf alle Fälle «Überflüssiges». Als solches kann man im Vergleich zum tierischen Leben alles auffassen, was Kultus, Kunst oder reines zunächst nicht «nützliches» Erkennen ist; aber auch alles, was der menschlichen Bequemlichkeit, Zerstreuung, dem Luxus, dem Genuss niedriger Art dient; und dieser letztere «Überfluss» überwog mit der Zeit, im Laufe der geschichtlichen Entwicklung immer mehr die erste Gruppe der menschlichen Tätigkeiten.

Beide Gruppen erweisen sich als spezifisch menschlich: keine von ihnen ist in der Tierwelt zu finden. Die «Bequemlichkeitssphäre» – nennen wir alles so, was dem Sich-Fühlen dient – überwuchert und dominiert das menschliche Leben bei den «Kulturvölkern», und sie steht eindeutig im Dienste der Egoität. Sie züchtet im Menschen Ansprüche und Begierden, die dem biologischen Leben, seiner Gesundheit nicht nur fremd, sondern schädlich sind. Aber auch die Politik, die internationalen Konflikte werden größtenteils durch diese Sphäre bestimmt, durch die Wirtschaft oder durch Befürchtungen in Bezug auf die Wirtschaft – ungünstig für alle. Sehr viele Menschen wissen von diesem «Überfluss»; trotzdem geschieht wenig dagegen, weil die Wirtschaft zu einem überwiegenden Teil schon auf diesem Gebiet arbeitet, und man wagt es nicht, ihre relative Stabilität zu gefährden durch Verzichte auf diesem Sektor.

Die Bequemlichkeitssphäre ist auf die unterbewussten Impulse des Menschen gegründet; anders gesagt, auf seine Egoität. Die Egoität will nicht *sagen* und *geben*, sie will *haben* und genießen. Daher kann der grundlegende Unterschied der zwei «Überflüssigkeits-Sphären» als ein Unterschied in Bezug auf ihre Worthaftigkeit formuliert werden: Kultus, Kunst, Erkennen sind «wortende» Tätigkeiten; mit ihnen erscheint das Worthafte in der Welt. Die Tätigkeiten und Phänomene der Bequemlichkeitssphäre dagegen haben nicht diesen Sinn; im Hintergrund steht eine wortfeindliche Ideologie, die den Menschen als alles andere, nur nicht als Wort-Wesen betrachtet.

Im Gegensatz zum Tier, das keinerlei «überflüssige» Kräfte, keine Gewohnheiten, keine ihm schadenden Begierden, auch keine nicht natürlichen, nicht angeborenen oder nicht durch Reifung erscheinenden Fähigkeiten hat, kommen für den Menschen seine Schwierigkeiten, seine Probleme individueller und kollektiver Art durch seine «überschüssigen» Kräfte, wenn diese zu unterbewussten, egoistischen Gewohnheiten entarten. Das Grundprinzip der seelischen Hygiene, auch der psychologischen Heilung, ist demnach in der anderen möglichen Auslebungsrichtung dieser Kräfte zu suchen. Die zentrale Frage diesbezüglich lautet dementsprechend: Wie können die in den fixierten Formen festgelegten Überflusskräfte aus diesen befreit und zugleich dem Ich-Wesen als schöpferische Kräfte zurückgeführt werden?

3.5. Die halbfreien Kräfte

Die ichhaft erkennenden und die in Seelen-Formen festgelegten Kräfte stellen zwei extreme Arten dar. Zwischen den zwei Möglichkeiten sind fast kontinuierlich Übergänge zu finden, man könnte sagen, nicht ganz geschlossene Formen oder von der anderen Seite her nicht ganz freie Kräfte, die aber dem Ich doch nicht unterstellt sind und in ihrem Wie, nicht in ihrem Was, mehr oder weniger geformt, geprägt sind. Dieses Wie ist vor allem dadurch charakterisiert, dass den Kräften, was sie auch bewirken, in jedem Fall *Selbstempfinden* beigemischt ist; man hilft, aber mit einer selbstempfindenden egoistischen Freude; man erkennt, aber dem Erkennen ist eine Art Stolz oder Genießen beigesellt usw. Diese Kräfte, da sie nicht ganz geformt und auch nicht vom Ich voll beherrscht sind, haben eine sonst kaum auffindbare besondere Resonanzfähigkeit: sie schwingen bereitwillig mit der Gefühlseinstellung, dem Wunsch, der Ansicht eines anderen Menschen mit: wie dieser uns sehen will, dementsprechend benehmen wir uns mit Hilfe dieser Kräfte. Die Resonanz ist unter den Menschen meistens gegenseitig und wird dadurch verstärkt.

Wie ersichtlich bedeutet die Resonanzfähigkeit auch eine *Nachahmungsfähigkeit*, auch im Nachahmen von Eigenschaften, die eigentlich fehlen, besonders auch im Vortäuschen von geistigen Interessen, Fähigkeiten und «Empfindlichkeiten». Natürlich trägt dann diese «Geistigkeit» einen selbstempfindenden egoistischen Charakter, ist ein «Als ob», das trotzdem besonders in der Kunst eine positive Rolle spielen kann: sie kann sich zu echtem Interesse, zu echter Fähigkeit wandeln. Als eine Nachahmung ist auch die Sentimentalität aufzufassen: die Nachahmung des echten Gefühls; ähnlich ist es bei den leichten Gefühlsresonanzen im Flirt: die Nachahmung der Liebe.

Setzen sich die flatternden halbfreien Kräfte durch, so ist

das Geschehen unter ihrer Wirkung durch den Mangel an Kontinuität gekennzeichnet: man tut etwas, man wird in etwas hereingezogen, das mit dem übrigen Teil des Lebens keinen Zusammenhang hat, oft sogar im Widerspruch dazu steht. Vergangenheit und Zukunft existieren für diese Kräfte nicht. Doch sind sie auch nicht Kräfte der Gegenwärtigkeit, sie kennen nur die zeitliche Gegenwart, nicht die essentielle. Als sentimentale Kräfte haften sie oft an Reliquien, Erinnerungsgegenständen. Da sie keine Ich-Kräfte sind, sind sie wortfremd bzw. wortfeindlich. Das zeigt sich unter anderem darin: Wenn man erzählt, was man unter ihrer Wirkung tut, so ist das entweder komödienhaft lächerlich oder aber eine Ungeheuerlichkeit, oft durch Unheimlichkeit gefärbt. Man kann sie auch als Übergangskräfte anschauen: unterbewusst in ihrem Wie, frei noch in ihrem Was, im Übergang zu unterbewussten Bildungen. Auch auf diesem Gebiet entsteht das Was aus dem Wie.

Bei dem «normalen» Menschen ist die Gefährdung, die Einbruchstelle für das Einwirken solcher Kräfte in den Bewusstseinslücken; in diesen erlischt partiell die Wachheit des Bewusstseins, in einer gewissen Richtung. Solche «Lücken» brechen bei seelischen Erschütterungen, bei Überlastung, Müdigkeit – oft selbst Symptom – oder durch das Erleben von Situationen auf, mit denen man aus irgendeinem Grund nicht oder nicht ganz einverstanden ist. Häufig öffnet der Mensch selbst gerne solche Lücken: in allen Fällen, wo er sich auf etwas, auf eine Person, Autorität, Institution oder Methode, die er nicht durchschaut, verlässt, statt auf das eigene Urteil. Das Befragen des Astrologen, des «Sehers», der Wahrsagerin, der verschiedenen, meist auf Aberglauben beruhenden Methoden zur Ermittlung der Zukunft, der Möglichkeiten, der «günstigen» bzw. ungünstigen Zeitpunkte, im Grunde genommen die Ermittlung dessen, «wer bin ich?», usw., bedeutet immer ein Sich-Verlassen auf eine Tatsache, auf die Vergangenheit, statt des Vertrauens zum eigenen Beginnen, zur eigenen Aktivität. Unabhängig davon, was das Horoskop zeigt, ist die Haltung gegenüber den Astrologen ein Öffnen des Bewusstseins für Einflüsse der halbfreien Resonanzkräfte; und diese Gebärde selbst entsteht schon unter solchem Einfluss. Man wird eigentlich nicht in der Kneipe oder in der Bar betrunken: man ist schon betrunken, wenn man da hineingeht, um zu trinken.

Ist das Ausmaß dieser Kräfte größer, so erscheint die Persönlichkeit durch besondere Labilität und auffallende Inkonsequenz im Handeln und in der Lebensführung gekennzeichnet: als ob sie keine Erinnerung hätte, nur das zeitliche «jetzt» zählt. Darüber hinaus, wenn diese Kräfte noch intensiver und anhaltend wirksam sind, spricht man von atavistischen Seelen, von Seelen mit «atavistischen» Fähigkeiten, Spürsinn und Fühlen, deren Ergebnisse oft irrtümlich gedeutet werden, da ihr Denken nicht diesem Fühlen entspricht und weil das Ich am «Erkenntnisprozess» nicht teilnimmt. Diese Kräfte waren einst wirklich Erkenntniskräfte, aber unter der Obhut von Göttern und göttlichen Institutionen. Von Göttern losgelassen, vom Menschen nicht bewusst angenommen, wurden sie ebenso Kräfte der Versuchung wie diejenigen im Gebiet der fixierten seelischen Formen. Wird die Macht der halbfreien Kräfte über den Menschen noch größer, so kommt es zu psychotischen Erkrankungen. Die genannten Stufen im Vorherrschen dieser Kräfte bilden kontinuierliche Übergänge. Auch stehen die halbfreien Kräfte selbstverständlich, wie alles in der Seele, in Verbindung und im Zusammenhang mit anderen Bereichen. So dienen sie oft den unterbewussten Formen, deren Triebe und Ziele durch sie verwirklicht werden.

4. Seelenhygienische Maßnahmen

4.1. Lyrisch-Allgemeines über die Seelenhygiene

In den vorangehenden Kapiteln musste ein unerfreuliches Bild der Seelenverfassung, des allgemeinen Zustands des Bewusstseins gezeichnet werden. Dieses Kapitel ist nun samt dem fünften der eigentliche praktische Teil des Buches. Und dieses Kapitel muss mit dem beginnen, was man bezüglich der seelischen Probleme nicht tun kann und besser gar nicht versucht: die seelischen Schwierigkeiten direkt anzugehen, sich mit ihnen zu befassen, sie zu analysieren und direkte, auf sie bezogene Maßnahmen zu ergreifen. Damit wäre ein verkehrter Weg eingeschlagen, durch den die Probleme nur noch schwieriger und akuter sein würden.

Diese Probleme sind ein Zeichen dafür, dass es um den autonomen Menschen schwach bestellt ist. Wäre es anders, wäre der autonome Mensch – der seine Aufmerksamkeit orientiert – wirklich Herr im eigenen Hause, dann wären die Probleme gar nicht da, sie wären zumindest nicht überwältigend, d. h. man könnte schon ruhig mit ihnen leben. Ist aber die autonome Instanz schwach, d. h. sind die Probleme wirklich da, dann ist niemand anwesend, der geeignet wäre, sich mit ausreichender Unabhängigkeit mit den Schwierigkeiten zu befassen. Die ganze ihnen gewidmete Aufmerksamkeit würde bei mangelnder Autonomie bald selbst von den eigenständigen Impulsen in der Seele, eben von den problematischen Impulsen ergriffen und zu einem Teil der Symptome werden: die Lage würde sich dadurch nur noch mehr verschlechtern.

Ist jemand nervös und befasst sich damit, wird er nur noch nervöser. Und wenn er dies bemerkt, wird er noch nervöser.

Da die Erkrankung in der mangelnden Autonomie besteht, kann der Mensch auf dem Gebiet der kranken Seelenfunktion nicht eingreifen. Er muss ein Gebiet aufsuchen, wo er so autonom ist, dass er durch die Ausübung der autonomen Fähigkeiten, d.h. der Aufmerksamkeitsfähigkeiten, diese steigern kann. Dann kann er hoffen, mit der zunehmenden Autonomie den Problemen und Schwierigkeiten, z. B. der Nervosität, begegnen zu können. Wir haben ja im ersten Kapitel gesehen, wie die Aufmerksamkeit das Zeichen und Maß der seelischen Autonomie ist, wie sich das autonome Wesen gerade durch die Fähigkeit der Aufmerksamkeit ausdrückt: kann ein Mensch eine intensive und andauernde Aufmerksamkeit willentlich auf ein ihn *nicht* interessierendes Thema lenken, so ist seine Autonomie stark; kann er das nicht, so ist er in seiner Autonomie geschwächt.

In diesem Gedankengang spricht sich ein allgemeines Prinzip der Seelenhygiene aus. Man könnte es das Prinzip der *indirekten Methode* nennen: Es wird etwas getan oder geübt auf dem Gebiet, wo der Mensch stark ist und wo er tatfähig ist, um auf jenem Gebiet etwas zu erreichen, wo er schwach ist.

Man könnte nun auch fragen: Warum denn überhaupt auf seelenhygienischem Gebiet etwas tun? Unsere Großväter und Urgroßväter haben diesbezüglich nichts getan und waren doch gesunde und tüchtige Leute.

Die Antwort darauf steht schon in der Frage: Unsere Großväter waren *gesund*, auch seelisch, jedenfalls gesünder als wir. Wir sind alle mehr oder weniger krank in Bezug auf unser Bewusstsein und leben in einer Umgebung, die ebenso krank ist, unter anderen Erkrankten. Das eben ist durch die Erkrankung – sie heißt Egoität oder das Vergessen der Gegenwärtigkeit oder das Überhand-Nehmen von unterbewussten Formen – beherrscht. Selbst ein gesunder Mensch würde in solcher Umgebung bald angesteckt, denn er müsste sich der erkrankten Lebensform und Lebensweise anpassen. Wer über die Erkrankung nichts weiß oder nichts wissen will, ist deshalb noch keineswegs gesünder.

Unter diesen Umständen muss der Mensch etwas für seine Gesundheit tun. Man kann aber auch fragen, warum unsere Großväter bewusstseinsmäßig stabiler, gesünder waren.

Darauf möchte ich eine Gegenfrage stellen. Sie lautet: Wie erleben Sie die Feiertage? Nehmen wir gleich den Sonntag. Ist das für Sie ein Sonnen-Tag, hat er eine besondere Feierlichkeit? Oder ist er nur ein arbeitsfreier Tag, wie der Samstag für die meisten Menschen? Und wie erleben Sie Weihnachten? Abgesehen von der Sentimentalität, die eventuell dieses Fest heute begleitet, hat das Fest für Sie einen festlichen Inhalt, der über das Beschenken und Beschenkt-werden hinausgeht? Und ganz besonders: Wie erleben Sie Ostern? Oder Pfingsten? Sicher hatten einst diese Festtage ihren ganz bestimmten, aber sehr schwer fassbaren individuellen Charakter. Die meisten Menschen haben heute keine Feste mehr, ihr Leben besteht lediglich aus Arbeitstagen und arbeitsfreien Tagen, und auch die Familienfeste sind verblasst. Hat das etwas mit seelischer Gesundheit zu tun?

Die Festtage haben mit ihrem Rhythmus das Leben gegliedert, indem sie durch das Erleben des Festes das Bewusstsein aus dem Alltag heraushoben. Das gefühlsmäßige Erleben bedeutete nichts Sentimentales – dieses ist ein Ersatz für wirkliches Gefühl –, sondern war eine differenzierte Erfahrung von der Art, wie unsere Intuitionen es sind, nur stärker kollektiv; mehr in der Sphäre des allgemein Menschlichen wurzelnd. Die Aufmerksamkeit richtete sich in religiöser Art oder einfach menschlich auf das Göttliche. Wir könnten sagen: Der Schwerpunkt des Bewusstseins schob sich nach «oben» hin, in die Richtung des Überbewussten, das den Einzelnen mit dem allgemein Menschlichen, mit dem Quellgebiet der Sprache, des Denkens verbindet. Das festliche Erleben war eine der traditionellen Methoden oder Einrichtungen, durch die jene frei werdenden überbewussten Kräfte, die heute in uns zu unterbewussten Formen werden, in Ordnung gehalten worden sind: sie wurden religiös oder rein menschlich auch sozial auf ihrem ursprünglichen Gebiet gehalten. Dieses Erleben und eine ganze Reihe von früher möglichen Erlebnissen fehlen dem Menschen in unserer Zeit.

Die Feste gliederten das Jahr; schon ihre Erwartung war sinngebend und daher von ordnender Wirkung. Es kann uns mit Sehnsucht oder Traurigkeit erfüllen, dass wir zur Kenntnis nehmen müssen: Das spontane Erleben dieser Art ist uns zunächst verloren gegangen. Es nützt aber keine Nostalgie, auch kein Bemühen, keine Studien: gerade die Spontaneität kann nicht wiederhergestellt werden. Es ist aber an diesem Beispiel nicht schwer einzusehen, dass dem Menschen durch solche Verluste Aufgaben zufallen, wenn er an ihnen nicht erkranken will. Was er in Bezug auf die Feste tun kann, darauf kommen wir im 6. Kapitel zurück.

Das Beispiel der Feste kann uns auch zeigen, wie an die Stelle von sozialgemeinschaftlichen, z. B. religiösen Einrichtungen *individuelle* Sorge und Tun treten müssen, wenn jene verloren gehen. Was früher Institutionen, Gebräuche, Sitten, Normen für den Einzelnen besorgt haben, wird immer mehr ihm selber anvertraut.

Man kann sich dazu noch andere Gedanken machen. David Oistrach, der große russische Geiger, sagte einmal (er mag den Ausspruch von Franz Liszt übernommen haben): «Wenn ich zwei Tage lang nicht übe, merke ich es beim Spiel; wenn ich vier Tage lang nicht übe, merken es die Kritiker. Wenn ich eine Woche lang nicht übe, merkt es das Publikum.» Als er diese Aussage gemacht hat, war er schon auf dem Gipfel seiner Laufbahn. Er hatte also schon erreicht, was für ihn erreichbar war, trotzdem musste er, um am Gipfel *zu bleiben*, täglich etwa fünf Stunden üben. Nun sind wir keine großen Virtuosen, weder mit der Geige noch, was für uns mehr in Betracht kommt, in Bezug auf unsere seelischen, moralischen und Erkenntnis-Probleme. Und doch sind wir stillschweigend der Meinung, dass wir zur Lösung dieser Probleme gut genug seien, so wie wir sind, ohne auch nur ein einziges Mal eine Übung diesbezüglich unternommen zu haben. Das ist doch nicht sehr logisch und noch viel weniger realistisch gedacht und empfunden. Es ist von großer Wichtigkeit für den *heutigen* Menschen, dass er die Einsicht erlangt: Man muss etwas tun, um zu gesunden und auch um gesund zu bleiben. Um zu dieser Einsicht zu verhelfen, wurde die allgemeine seelenhygienische Situation so eingehend beschrieben.

Das Tun besteht zu einem beträchtlichen Maß aus Nicht-Tun; d. h. gewisse Tätigkeiten sollten unterlassen werden, andere aber in den Lebensrhythmus aufgenommen werden. Die meisten Menschen, die Schwierigkeiten mit sich selbst haben und dadurch zwangsläufig mit anderen Menschen auch, bemerken nicht, dass ein Teil oder das ganze Ausmaß dieser Schwierigkeiten durch ihr eigenes Tun entsteht. Daher wird im Folgenden viel über *Aussichtspunkte des Seelenlebens* gesprochen, von denen aus man den Ablauf der Tage, Wochen, Monate und Jahre einigermaßen überblicken und auch wenigstens annähernd beurteilen kann in Bezug auf Harmlosigkeit oder Schädlichkeit der Gewohnheiten oder auf das mangelnde Gegengewicht zu gewissen notwendigen, vom Alltagsleben aufgezwungenen Formen des Tuns und Lassens. Die allgemeine Tendenz der Seelenhygiene verläuft in der Richtung, dass das Ich-Wesen zu einem intensiveren Selbst-Erleben kommt: dass aus unterbewussten Gewohnheiten die darin verzauberten Seelen und Geisteskräfte dem erstarkten Ich-Wesen zugeführt werden und die Gewohnheiten selbst sich als ein Bodensatz ohne Macht über die autonome Seele setzen: als Humus für ein aufblühendes geistiges Leben.

Wäre die Selbsterfahrung der Seele so intensiv wie die Erfahrung bei einem Tasterlebnis, dann hätten die meisten Menschen keine seelischen Probleme: sie wüssten ohne Beweise und Bestätigungen, die ja nur für ein *seiendes* Subjekt gelten können, dass sie *sind*. Die Unsicherheit in diesem Punkt ist die Egoität, sie bringt alle Probleme des Lebens mit sich. Wir haben gesehen, dass der Mensch heutzutage durchaus die Möglichkeit hat, sich in der lebendigen Gegenwärtigkeit zu erleben. Das wäre die allgemeine Heilung der seelischen Probleme: im heutigen Seelenleben, in dem das Vergangenheits- und das Gegenwartselement entmischt existieren, das Letztere durch eine Bewusstseinsentwicklung zu ergreifen. Es war auch dargestellt, dass das eine *Aufgabe des Menschen* ist und von selbst nicht eintreten kann. Das mögliche und doch nicht vollzogene Ich-Erleben und die dadurch eintretende Beschränkung des Bewusstseins auf die eigene Vergangenheit bieten die allgemeine Möglichkeit für die Erkrankung. Die Beseitigung dieser Grundlage für die Erkrankungen sollte zum Ziel gemacht werden. Die einzelnen Symptome können nur neben dieser Zielsetzung wirksam behandelt werden.

Die Strategie der Bewusstseinshygiene kann in Bezug auf die unterbewussten Empfindungs- und Willensformen im folgenden Bild dargestellt werden. Diese Formen sind kleine oder größere Ungeheuer, deren Macht und Größe von den geraubten Kräften stammen, die dem Ich-Wesen entwendet wurden. Haben Sie schon eine Spinne oder eine Mücke durch ein Vergrößerungsglas angeschaut? Schon bei zehnfacher Vergrößerung werden sie zu gefährlich aussehenden

Fabelwesen. Stellen Sie sich diese in Elefantengröße vor. Mit einer solchen Spinne oder Mücke konfrontiert, werden Sie wohl nicht versuchen, waffenlos, wie Sie innerlich sind, dagegen anzukämpfen. Aber diese Wesen sind durch die Ihnen geraubten Kräfte so groß geworden. Wenn Sie diese Kräfte, Ihr eigenes Lebensblut von diesen Wesen wieder zurückgewinnen können, schrumpfen sie immer mehr zusammen, wie riesig aufgeblasene Gummitiere, denen man die Luft ablässt. Durch Übung der autonomen Ich-Kräfte geschieht etwas Ähnliches: die entwendeten Kräfte werden abgezapft und ihrem rechtmäßigen Meister zurückgeführt. Die Tierwesen schrumpfen zusammen, bis sie keine Bedrohung mehr darstellen; dann braucht man sich um sie gar nicht mehr zu kümmern: sie siechen dahin.

Der heutige Mensch wird vom «Leben», vom äußeren Alltag, von seinen inneren «Gewohnheiten» und von seiner «Resonanz» während der Zeit seines Wachseins *getrieben* und *geschoben*. Im Treiben des Alltags ein geschütztes Gebiet zu schaffen, wo der Mensch allein mit seinen Göttern verkehrt,

war der Zweck der umzäunten heiligen Bezirke – Teme-
noi – im alten Griechenland. Den ausgesparten Bereichen im
Raum, abgeschirmt vor allem Profanen, ausgespart für rein
Göttlich-Menschliches, entsprechen heute ausgesparte Zei-
tintervalle, Oasen in der Zeit, in denen der Mensch etwas tut,
das weder für den Alltag notwendig ist noch aus einem unterbewussten Impuls folgt, sondern das rein aus seinem autonomen Entschluss geschieht und die Ich-Kräfte betätigt. Es ist
zunächst einmal gleichgültig, was getan wird. Diese 10 –20
Minuten bilden bei täglicher Wiederholung einen «Ort»,
wo das autonome Wesen des Menschen erstarken kann, um
das herum sich die freien Kräfte ordnen, strukturieren können. Selbst in Fällen, in denen der Betreffende selber nicht
imstande ist, sich 10 Minuten lang autonom, ohne ins Assoziieren zu fallen, zu betätigen, kann ihm durch die Anwesenheit
und Hilfe eines anderen, eines Freundes oder Therapeuten,
dazu verholfen werden. In diesem Fall ist es besonders günstig, wenn der Betreffende anschließend in Worten berichtet,
was in den 10 Minuten getan wurde.

Die «Zeit-Oase» ist für den heutigen Menschen die Grundlage der seelenhygienischen Maßnahmen. Wie sie ausgefüllt
werden kann und was für andere Maßnahmen sich an sie
anschließen können, wird im folgenden vom Allgemeinen
zum Speziellen schreitend betrachtet. Die Maßnahmen müssen dem Doppelwesen des Menschen Rechnung tragen: dass
er in der Welt zusammen mit anderen Menschen lebt und
dass er mit seinem Privatleben ein Individuum ist.

4.2. Sprechen und Zuhören

Das ganze Leben hindurch ist der Mensch gezwungen, viel zu sprechen; der Verkehr mit anderen Menschen und mit sich selbst geschieht durch Worte, und diese dienen auch zum Hervorbringen von Vorstellungen oder Willensimpulsen. Außer dem notwendigen Sprechen hat der größte Teil der Menschheit auch noch Lust zu sprechen. Das ist nicht notwendig, aber auch bewusstseinsmäßig keineswegs von anderem Niveau, als es das Notwendige ist. Was ist das für ein Niveau?

Es ist die Ebene der *Information*. Das bedeutet, dass wir schon Gedachtes sprechen, nichts Neues, nicht etwas, das wir noch nie mitgeteilt, soeben frisch gedacht haben. Dies muss auch so sein, wir müssen die anderen informieren und von ihnen Informationen beziehen. Die Sprache, das Sprechen steht dann im Dienst des Alltags. Dagegen ist nichts einzuwenden, höchstens, dass die Worte noch andere Möglichkeiten oder Funktionen haben können.

Nun sind aber nicht alle mitgeteilten Informationen gleich wichtig vom Gesichtspunkt des praktischen Lebens, sondern es gibt reichlich überflüssige Informationen wie Klatsch und Tratsch. Warum gibt es so etwas?

Es wurde schon in Kapitel 3.4 beschrieben, wie Klatsch immer eine egoistische Befriedigung bringt, indem er mit Genugtuung von Schwächen, Fehlern, Vergehen anderer Menschen berichtet und berichten lässt. Es ist aber noch etwas Wichtiges dabei zu bemerken: dass nämlich dabei doch der Grundimpuls zum Gespräch, wenn auch in verzerrter, niedriger Form, wirksam ist. Dieser Impuls ist das *wirkliche Sprechen* selbst: dass der Mensch sein Menschsein durch das Sprechen aus einer Möglichkeit zu einer Wirklichkeit macht, die Wirklichkeit des Menschseins ausübt. Gefühlsmäßig ausgedrückt: Der Mensch sehnt sich nach der Wärme des Gespräches. Natürlich wird ihm diese Wärme durch den Klatsch, durch unrichtige Rede ebenso wenig zuteil wie eine Leidenschaft des Trinkens durch Trinken befriedigt wird – man will immer weiter trinken. Und weil die Sehnsucht nach der Wärme des Wortes, nach dem Verstehen und Verstandenwerden durch den anderen, nach der wahren Kommunikation und Kommunion durch Klatsch nie befriedigt wird – im Gegenteil, es wird dadurch das kalte Element der Antipathie gepflegt –, so setzt sich die unrichtige Rede fort, wie der Trinksüchtige sein Trinken fortsetzt.

In Goethes Märchen von der «Grünen Schlange und der weißen Lilie» ist Merkwürdiges über das Gespräch zu lesen. Der goldene König stellt Fragen an die Schlange, die diese beantwortet:

> «Was ist herrlicher als Gold? –
> Das Licht. –
> Was ist erquicklicher als Licht? –
> Das Gespräch.» –

Erquicklich heißt «labend und erfrischend» – es gibt nur sehr selten Gespräche, von denen man das sagen könnte. Wie stellen wir uns solche Gespräche vor?

Sicherlich soll in solchem Gespräch nichts «Fertiges» gesprochen werden, was schon mehrmals, vielmals gedacht und geredet wurde. Was ein Mensch sagt, soll auch nicht als Fertiges, d. h. als im voraus bekannt, entgegengenommen werden, dem soll nicht gleich unter dem Echo der Gegenargumente oder dem Schatten der Antwort zugehört werden. Viel eher soll man dem Reden anderer Menschen die größtmögliche innere Stille, ein aufnehmendes Schweigen entgegenbringen. Das beeinflusst auch den Sprechenden: er wird sich schämen, Unbedeutendes zu reden oder mit «vorgedruckten Karten» zu spielen. Dieses Entgegenschweigen sollte dem Hinhören eines kleinen Kindes gleichen, das sprechen lernt: dieses *will* erkennen und kann nicht dem, was ihm begegnet, sein Egowesen entgegenhalten, denn es hat noch keines. Die *richtige Rede* beginnt mit dem richtigen Hinhören, womit man das Verstehen des anderen vorbereitet; dieses Verstehen, worüber man sich nie durch Worte oder äußere Zeichen vergewissern kann, geht nicht nur auf das Gesagte ein, sondern gilt dem anderen Menschen. Spricht der andere nun nicht aus Routine, aus seinem Fertigen heraus, sondern aus seiner Gegenwärtigkeit, was ihm dabei jetzt aufgeht, was er jetzt als Wahrheit erlebt, dann blüht im Gespräch das Wort zwischen zwei Menschen auf. Auch das, was er schon früher gewusst hat, kann der Mensch jetzt *neu* erleben. Jeder Pädagoge kennt den Unterschied auch in der Wirkung von einer Rede oder einem Vortrag, die aus dem Gedächtnis gehalten werden, und einer Rede, in welcher das Gesagte *jetzt* neu produziert, neu gedacht, neu verstanden wird.

Die Wärme des Gesprächs, das Nährende und Erquickende liegt zwischen den Worten, über den Worten – im *Wort* – im Verstehen. Das Erquickendste ist das völlig wörterlose Verstehen – im *Wort* –, das selten, in glücklichen Augenblicken zwischen Menschen aufleuchtet. Ein Gespräch findet immer zwischen zwei Menschen statt, auch wenn dem Anschein nach mehrere miteinander sprechen oder einer zu mehreren: dabei spricht immer einer mit einem.

In einem solchen idealen Gespräch zeigt sich das Wesen und das Wunder der Sprache, auch der wortlosen Sprache: ihre Heiligkeit, die das Wunder der Überbrückung zwischen zwei getrennten Bewusstseinen ermöglicht. Es scheint, als ob mit dem Zuwachsen der Fontanellen die Menschen sich bewusstseinsmäßig ganz voneinander abtrennen würden; und doch kann eine weitgehende Kommunion und Kommunikation zwischen ihnen stattfinden ohne jede physische, mechanische oder biologische Verbindung: diese schließen gerade die sprachliche oder geistige Verbindung aus, denn diese darf keine Wirkung sein, nichts, was nicht durch das Verstehen geht.

Dazu ist eigentlich Sprache da, dass der Mensch durch sie sein Menschsein ausübe, verwirkliche. Denn ohne Sprechen ist der Mensch nicht wirklich Mensch, und das bedeutet auch, dass er ohne einen Gesprächspartner kein Mensch sein kann. Der Gesprächspartner war in früheren Zeiten für ihn die Gottheit – sein erstes «Du» –, heute ist es die ihm nächste Gottheit: der Nächste, der andere Mensch.

> Viel hat erfahren der Mensch,
> Der Himmlischen viele genannt,
> Seit ein Gespräch wir sind
> Und hören können voneinander

So spricht Hölderlin über die Menschen und die Götter. Aber dieses Wunder, dass

ein Gespräch wir sind
und hören können voneinander,

das gilt auch für die Menschen untereinander.

Wir haben in Kapitel 1.3 gesehen, wie göttlich-überbewusst das Sprechenkönnen im Menschen zustande kommt und wie es lebenslang als überbewusste Fähigkeit uns begleitet. Diese zum allerinnersten Wesen des Menschen gehörende heilige Fähigkeit ist bereits dann auf einer ihr unwürdigen Ebene, wenn sie als Mittel zum Informationsaustausch dient, obwohl das vom Menschen heute als selbstverständlich hingenommen wird. Aber nahezu alle Mythen und Traditionen der Völker auf Erden berichten über den himmlisch-göttlichen Ursprung der Sprache sowie auch des Schreibens und Lesens. Tratsch – Sprechen um des Zeitvertreibs willen, um Nichtiges zu sagen – ist von dieser Warte gesehen ebenso unnatürlich wie das Sprechen um der Lüge willen, um die eigenen Intentionen zu verbergen, um den anderen Menschen irrezuführen. Den größten Teil des Bösen verursacht der Mensch auch gegen seine eigene Menschenwürde durch das Sprechen. Es ist eine tiefe Wahrheit, dass da, wo die Sprache in Dekadenz ist, das Menschentum selbst gefährdet ist.

Es kann uns daher nicht wundern, wenn als eine der grundlegenden seelenhygienischen Maßnahmen die Übung der *richtigen Rede* angesehen werden muss. Die unrichtige

Rede schadet am meisten dem, der sie ausübt. In ihm wird die hellste überbewusste Fähigkeit auf einer ihr nicht entsprechenden Ebene, d. h. verkehrt, verdorben gebraucht: missbraucht. Wenn das Sprechen des Menschen, seine wesentlichste «obere» Fähigkeit missbraucht wird, wie kann dann sein Seelenleben in Ordnung sein? Das Sprechen ist das Mittel, mit anderen, mit sich ins Klare zu kommen; auch das innere Sprechen gehört dazu. «Was zum Munde herausgeht, *das* verunreinigt den Menschen» (Matth. 15,11; 18,19). «Was zum Munde herausgeht, das kommt aus dem Herzen, und das verunreinigt den Menschen. Denn aus dem Herzen kommen arge Gedanken ...» Und es werden ihre Arten aufgezählt.

Da das Reden im *Leben* geschieht, als die allgemeinste Tätigkeit, ist die allgemeinste hygienische Maßnahme im *Leben*, im Alltag zu praktizieren: die richtige Rede. Man kann sie nicht allein ausüben. Sie kann innerhalb der «Zeitoase» ausgeübt werden oder außerhalb dieser, wenn einem das möglich ist. Man muss für jeden Tag oder für den Tag, an dem man die Übung vornehmen will, im voraus die Möglichkeit, den Zeitpunkt bestimmen, einen Zeitpunkt, in dem man eine Unterredung, ein Gespräch mit einem Menschen haben wird. Die Übung besteht aus mehreren Phasen, die einzeln oder auch zusammen ausgeübt werden können. Am Anfang ist es vielleicht angebracht, gelegentlich jeweils nur eine Phase zu üben; später baut man sie zu einer vollständigen Übung zusammen.

Die erste Phase der Übung ist das richtige Zuhören, man könnte sie auch das *richtige Schweigen* nennen. Man versucht, den anderen Menschen, d. h. den *Sprechenden* in ihm, nicht seine äußere Erscheinung, wahrzunehmen. Die Hinwendung der Aufmerksamkeit soll möglichst vollständig sein. Zuerst ist man *gedanklich* aufmerksam, d.h. man versucht, nicht die eigenen Gedanken zu denken, die während der Rede des anderen in einem auftauchen, als Antwort, als Kritik, als begleitende Bemerkung oder als Beifall, sondern man ist bestrebt, *seine*, des Sprechenden Gedanken mitzudenken, sorgfältig erwägend von Zeit zu Zeit, ob man ihn durch seine Worte wirklich versteht, ob sich nicht Widersprüche durch unsere Missinterpretation zeigen. Als Nächstes kann man auch versuchen, mit tieferen Seelenschichten aufmerksam zu sein, mit dem Fühlen den Sprechenden zu erfassen. Dabei muss jede – auch die spontane – Sympathie und Antipathie zum Schweigen gebracht werden, es handelt sich nicht um Gefühle, die der Sprechende *in mir* auslöst, sondern um rein erkennendes *Fühlen*, das *ihm* gilt – so wie ich bei einem Kunstphänomen oder einer Landschaft deren spezielle Gefühlsfärbung erfahren kann.

In dem inneren Entgegenschweigen soll Bejahung oder Ablehnung, Kritik oder Freude am *Inhalt* des Gesagten stillgelegt werden. Es sollte keine Beurteilung – z.B. was die Qualität des Gesagten betrifft – in uns aufkommen. Die Beurteilung und die Bildung einer Antwort erfolgen nachher umso schneller und zutreffender, je mehr wir im *Zuhören wach* sind, d. h. dem Sprechenden ganz zugewandt und nicht durch unsere eigenen Gedanken und sofortige Kritik abgelenkt.

Es ist zu sehen, dass die kleine, harmlos erscheinende Maßnahme des richtigen Zuhörens oder Schweigens gar nicht einfach ist und eine Reihe von inneren Gebärden fordert und voraussetzt. Besonders, wenn auch in Betracht gezogen wird, dass das charakterisierte Sich-Hinwenden weder eine Pose sein noch zu einer Verkrampfung führen soll. Vielleicht ist es zunächst unvermeidlich, dass es als Pose beginnt, nach und nach arbeitet man aber an der «Verwirklichung» der Gebärde, wobei das Posenhafte abgebaut und durch wirkliches Interesse ersetzt wird: Posenhaft bleibt es, solange man nicht weiß, *was zu tun ist*. Auch die Verkrampfung tritt bei jeder Übung am Anfang fast immer auf, auch als spürbarer körperlicher Krampf. Das Abbauen des Krampfes ist eine Übung für sich. Verkrampftes Üben ist kein Üben, wie man auch keine künstlerische Tätigkeit verkrampft ausüben kann. Das Abbauen ist nie ausreichend, wenn es bei der Lockerung der körperlichen Verkrampfung bleibt. Wird die seelische Verkrampfung nicht gelöst, so stellen sich die körperlichen Formen bald wieder ein. Der seelische Krampf kann am besten dadurch gelöst werden, dass man sich völlig «krampflos» natürliche Vorgänge vorstellt und versucht, sich in diese einzuleben, mit ihnen identisch zu werden. Solche Bilder können sein: Wie ein Blatt sich im Winde bewegt, es fliegt nicht mit, es bleibt am Ast, aber gibt leicht, ohne Widerstand nach; wie ein Schwan mühelos, leicht im Wasser schwebt; wie eine Wolke am Himmel segelt; wie ein Blatt unter dem Gewicht des Schnees sich immer mehr neigt, bis der Schnee dann glatt und rucklos von ihm abgleitet. Das Beste ist, wenn man sich selber Beispiele sucht. Bei dieser Übung ist es besonders wirksam, wenn man den oft gespürten Impuls, beim Zuhören gleich dazwischenzureden, den anderen zu unterbrechen, eliminiert, aber wohl bemerkt, dass der Impuls da ist. Nach und nach wird auch der Impuls ausbleiben. Aus solchem «Verzicht» wächst die Kraft für das autonome Ich-Wesen.

Mit der Zeit wächst das Entgegenschweigen aus einer negativen, verzichtenden Gebärde zu einer positiven, dem anderen helfenden Seelenhaltung. Unsere innere Stille wirkt nicht nur Störungen und Hinderungen entgegen, sondern bildet ein freundliches Heim für das Reden des anderen, eine Vorwegnahme, eine Vorahnung des Verstandenwerdens für ihn: er wird leichter und besser sprechen. Dieses Entgegenkommen bedeutet ebenso wenig ein Bejahen des gesprochenen Inhaltes noch ein Ablehnen: Das Verstehen ist bar jeglicher Beurteilung und hilft auch eventuell dem Sprechenden, sich selbst richtig zu verstehen.

Man wird bemerken, dass diese Übung, wie auch die weiteren, gegen die Gewohnheiten, die Impulse des Unterbewussten, arbeitet. Alles, was *bewusst*, bedacht vom autonomen Ich-Wesen aus getan wird, steht im Gegenstrom der unterbewusst impulsierten Gewohnheiten. Das ist eine der Ursachen, weshalb man die Übungen im Allgemeinen nicht auf den ganzen Tag ausbreiten soll und kann. Man beschränke sie auf eine geplante Zeitspanne von 10–30 Minuten. Sie werden umso stärker auf den ganzen Tagesablauf einwirken, je weniger wir uns außerhalb der befristeten Übungszeit darum kümmern. Außerhalb der Übungszeit lebe man spontan und unbekümmert. Das soll selbstverständlich nicht bedeuten, dass man auf nichts achte, was sich auf das Reden bezieht. Zum Beispiel sollte man dem «unrichtigen Reden» anderer nicht zuhören, wenn es nicht sein muss, also nicht absichtlich hinlauschen, wenn es einen nichts angeht. Das ungute Reden ist stets mit unguten Gefühlen verwoben, eben das zieht einen an und bewirkt in dem Zuhörenden unhygienische Seelengestaltungen. Auf seiner Wanderung durch die Hölle horcht Dante gespannt auf das virtuose Zanken von zwei Verdammten und wird deswegen von seinem Führer Vergil beschämt, aber dann auch getröstet (Inferno XXX):

> Und denk nur dran, dass ich dir immer nah bin,
> Wenn's je geschieht, dass dich der Zufall hinführt,
> Wo Leut' in solcherlei Gezänk sich finden,
> Denn niedrig ist der Wunsch, derlei zu hören.

Hat man das richtige Hören eine Weile geübt und damit einigermaßen erlernt, so kann man die Übung der richtigen Rede mit einem weiteren «Unterlassen» fortsetzen: Man achte darauf, dass man nichts Überflüssiges rede, nicht um des Redens willen spreche, nicht schwatze. Natürlich ist es dabei schwierig festzustellen, was überflüssig ist. Man kann das Gespräch auch nachträglich daraufhin untersuchen. Oft sind wir versucht, etwas in Sprache zu bringen, worauf wir verzichten könnten. Verwirklicht man den Verzicht, so wird man bemerken, dass aus ihm Kräfte fließen, die eine bessere Erkenntnis des Verschwiegenen ermöglichen. Aus dem Verzicht auf das Geschwätz kommen die im Unterbewussten gefangenen Kräfte dem sprechenden Ich-Wesen zugute,

Man achte besonders auf die Impulse, Böses, Ungutes von einem Dritten, nicht Anwesenden zu reden, seine Schwächen zu «besprechen», was man in seiner Anwesenheit nicht tun würde. Es ist ratsam, sich zu fragen: Würde ich das ihm selber sagen? Und man unterlasse alles, was man vor dem Betreffenden nicht sagen würde. Und man unterlasse auch, das in seiner Abwesenheit zu sagen, was man in seiner Anwesenheit sagen könnte.

Natürlich bedeuten solche Vorschläge keine starren Regeln. Es gibt Fälle, wo man den Sprechenden unterbrechen muss – man tue es sanft, ohne Emotion und ohne Emotionen zu entfachen. Es gibt Fälle, in denen man über Abwesende sprechen muss – man tue es nach Möglichkeit so, als ob sie anwesend wären.

Sind die mehr passiven Seiten – das Zuhören und der Verzicht auf überflüssiges Reden – erübt, so kann der Übende sich zum positiven Reden wenden: dieser Teil der Übung ist leicht formulierbar. Man rede nur, wenn man etwas zu sagen hat. Vielleicht werden Sie die Empfindung haben: Dann

besteht auch dieser Teil der Übung meistens aus Schweigen.

Denn wie oft hat man seinen Mitmenschen wirklich etwas zu sagen? Darin liegt in der Tat eine Wahrheit. Wir haben ja gesehen, dass der Erwachsene sehr selten etwas Neues denkt. Es handelt sich aber beim richtigen Reden nicht einfach um neue Gedanken; eigentlich geht es gar nicht um den Inhalt der Rede. Sprechen ist immer ein Sprechen zu und mit jemandem. Daher müssen der Inhalt und das Wie durch den Partner «bestimmt» werden, mit dem wir sprechen. So ist der Inhalt an sich noch nicht das Ganze, er kann gegebenenfalls unwesentlich sein, wenn z. B. der Schwerpunkt der Rede darin besteht, dass man einen Menschen *anspricht*, um ihn in das Gespräch zu bringen, damit er Trost findet oder sich in menschlicher Gemeinschaft erlebt. Selbstverständlich kann all dies auch ganz schweigend, nur durch das Verhalten angedeutet, vor sich gehen; so ist es sogar besser. Richtiges Reden bedeutet nicht, dass man nur Weisheiten von sich geben darf, sondern dass es in der aktuellen Situation «richtig» ist. «Ich habe dir jetzt etwas zu sagen» – wobei, das «Etwas» und das «Dir» eine Einheit bilden und keines von beiden allein «richtig» sein kann. Oft ist das «Etwas» schwierig oder gar nicht formulierbar: das Formulieren soll nicht leicht aufgegeben werden, aber wenn man es nicht vermag, kann ein wortloses Sprechen durchaus stattfinden – es ist oft die bessere Rede.

Wir sprechen immer zu jemandem – es lohnt sich, diesem Gedanken nachzusinnen. Daher sollte die Rede immer individuell sein, dem Gesprächspartner gemäß. Auch ein Vortragender hat dieses Problem, nur noch schwerer, denn er muss meistens ein sehr heterogenes Publikum in Betracht ziehen. Ein Vortrag, wenn er einigermaßen gut ist, ist ein Gespräch: Der Vortragende muss spüren, was bei den Zuhörern ankommt und wann, er muss *hören*, wie sie zum Gesagten stehen, er muss eingehen können auf vieles, was ihm aus der Zuhörerschaft entgegenweht.

Die Sparsamkeit mit dem Reden hat nichts zu tun mit einer Pose der Wortkargheit: zu wenig ist nicht besser als zu viel. Rede so, dass der Partner *angeregt* wird *zum Verstehen*, du kannst ihm das Begreifen ohnehin nicht abnehmen. Rede so, dass der Partner angeregt wird zum Weiterdenken – vielleicht ist das die bessere Formulierung.

Das Gespräch ist immer eine Quelle von Unerwartetem, von Improvisiertem, desto mehr, je besser das Gespräch ist, und dadurch bringt es Überraschungen mit sich. Deshalb ist ein Gespräch eine andauernde Übung der Geistesgegenwart im wörtlichen Sinne. Viele Menschen haben eben mit dieser Eigenschaft Schwierigkeiten, es fällt ihnen die «gute» Antwort nicht gleich, sondern oft viel später ein, erst nachdem das Gespräch schon beendet ist. Unter Umständen kommt jeder Mensch einmal in eine solche Situation. Wenn man sich fragt, warum das geschieht, und sich seine Einstellung, seine Gebärden nachträglich vergegenwärtigt, kann man feststellen, dass man eigentlich «unsachlich» war. Die Aufmerksamkeit war geteilt: zwischen dem Thema und vielleicht dem Willen, im Gespräch zu bestehen, es richtig zu machen, sich behaupten zu können usw. Die Schlagfertigkeit im guten Sinne, dass einem das Richtige im Gespräch einfällt, nicht nachträglich, kann daher durch das Üben der konzentrierten Aufmerksamkeit erworben werden. Darüber wird im weiteren Verlauf des Kapitels zu lesen sein.

Es gibt natürlich ungute Gespräche, in denen man auch Unerwartetem ausgesetzt wird, das aber den Charakter der Überrumpelung hat. Diese ist immer ein Ansprechen des Persönlichen, Privaten, es gilt nicht dem ideellen Inhalt, sondern das Sprechen will auf persönliche Gefühle wirken, persönliche Interessen wecken oder mobilisieren. Damit kommt ein Element in das Gespräch, das ihm eigentlich fremd ist. Es gehört nicht zum Wort, und es verfolgt ein Ziel, das außerhalb des Gesprächs liegt. Da es das persönliche, meist egoistische Element in einem anspricht, ist es naturgemäß schwierig, sich *richtig*, d.h. dem ursprünglichen Sinne des Gesprächs gemäß zu verhalten; leicht ist es dagegen, dem Überrumpelungsversuch selber ebenfalls aus dem Egoistischen heraus zu begegnen. Die Schwierigkeit der richtigen Antwort liegt darin, dass man ja von seiner sachlichen Aufmerksamkeit in das Private abgelenkt wird. Daher ist die beste Methode, wenn man den Überrumpelungsversuch entdeckt – und das ist nicht immer der Fall, nämlich wenn er gelingt –, vor der Antwort eine nicht zu kurze Pause zu machen. Das bringt den Überrumpelnden meistens aus seinem Schwung und gibt mir die Möglichkeit, vom Persönlichen wegzukommen und die Antwort sachlich zu geben, auch die Intention zur Überrumpelung in Betracht zu ziehen.

Wenn ich etwas gesagt habe und nun die Antwort an mich herankommt, so höre ich sie wieder mit innerem Entgegenschweigen an. Ich achte auch darauf, ob und wie weit ich vom Partner verstanden wurde. Ich kann durchaus auch damit rechnen, dass er meine Gedanken *besser*, d. h. tiefer versteht als ich selbst. Das ist der Fall, wenn ich im Ausdruck nicht geübt bin oder der Gesprächspartner das Thema oder mich besonders gut kennt.

Es sei noch einmal betont, dass die *richtige Rede* eine *Übung* ist und so innerhalb einer begrenzten und im voraus bestimmten Zeitspanne versucht werden soll, nicht ausgebreitet auf den ganzen Tag: so würde ihre Intensität sicherlich nicht ausreichen. Eine kurze, aber intensive Übung wird sich nach und nach auch auf den ganzen Tag auswirken. Es ist auch ersichtlich, dass diese Übung wie jede andere unbegrenzt vertieft werden kann; denn, um richtig reden zu können, müsste ich die Wahrheit wissen; um richtig reden zu können, müsste ich den Partner kennen. Aber wie weit, wie tief kenne ich die Wahrheit und den Menschen, mit dem ich spreche? Die Aufgabe ist unendlich. Nicht umsonst sagt der Apostel Jakobus in seinem Brief (3,2): «Denn wir fehlen alle mannigfaltig. Wer aber in der Rede nicht fehlt, der ist ein vollkommener Mann und kann auch den ganzen Leib in Zaum halten.»

Das ganze Leben des Menschen könnte eine richtige Rede sein: ein fernes, fast unerreichbar scheinendes Ziel. Wer aber dem Unerreichbaren nicht zustrebt, wird auch das Erreichbare nicht erlangen.

4.3. Das Umgehen mit der Zeit

Es ist dem Leser hoffentlich verständlich geworden, warum der Mensch unserer Zeit etwas für seine seelische Hygiene tun muss. Dieses «Etwas», dieses «Tun» ist sicherlich sowohl zeitlich als auch in der Intensität beschränkt; der Mensch kann sich ja nicht den ganzen Tag mit seiner lieben Seele beschäftigen: das wäre ganz sicher ebenso falsch wie das Nichtstun und würde ihn von seinen Aufgaben und Pflichten im «Leben» ablenken. Das Maß für dieses Tun muss sich zunächst auf ein Minimum beschränken – wir haben ja so wenig Zeit! Ist das aber nicht etwas komisch? Ist es überhaupt wahr? Unsere Großeltern hatten unsäglich viel weniger Komfort, helfende Maschinen – haben sie weniger Zeit gehabt? Wir haben zwei arbeitsfreie Tage in der Woche, an Stunden arbeiten wir auch weniger, wie kommt es dann, dass wir trotzdem keine Zeit haben? Wohin geht die ersparte Zeit? Hat der Schriftsteller Michael Ende doch recht in seinem Buch «Momo» für Junge und Alte und Mittelalte, dass uns unsere Zeit gestohlen wird? Es ist keine schlechte Idee, sich einmal Rechenschaft zu geben, was man mit seiner Zeit tut. Es wird sich zeigen, dass wir mit ihr nicht gut wirtschaften. Damit wir aber mit unserer Zeit gut umgehen lernen, müssen wir bewusster leben. Das bedeutet, wir dürfen uns dabei *keiner* Spontaneität überlassen. So wie wir ja auch auf vielen anderen Gebieten haben lernen müssen, zum Beispiel, umzugehen mit unseren Beinen, als wir gehen lernten, mit unseren Händen, als wir greifen, zeigen lernten, mit unseren Sprachwerkzeugen, als wir sprechen lernten. Dem Tier ist *alles* instinktiv gegeben: ein kleiner Tiger, der von Geburt an von allen Artgenossen getrennt aufgezogen und dann in die Wildnis entlassen wird, kann alles und praktiziert alles, was zum Leben, zum Kommunizieren, zur Paarung usw. gehört und notwendig ist. Der Mensch muss geschont, beschirmt werden, zwanzig, manch einer dreißig, fünfzig Jahre lang, bis er selbstständig im Leben stehen und bestehen kann.

Dieses individuelle Lernen-Müssen, Bewusst-Tun-Müssen, Einrichten-Müssen dehnt sich mit der Zeit auf stets neue Gebiete aus, die in einer früheren Epoche noch sozial-institutionell bewältigt wurden. So ist es auch mit der Zeiteinteilung. Es sind Zeiten notwendig, in denen der Mensch einerseits seine Lebensweise überblickt, beurteilt, sich Ziele setzt, Änderungen ins Auge fasst. Man kann diese Zeitspannen «Aussichtspunkte» nennen, die jährlich, halbjährlich, zu großen Festen oder monatlich «besucht» werden. Eine kleine Rück- und Vorschau, Bewertung, Plan, Fragen, Antworten sind ihr Inhalt. Man fängt damit an, seine Zeit zu gestalten; man entschließt sich zu einer «Übung», zu einer seelenhygienischen Maßnahme, man verändert sie. Doch bleibt die einzige allgemein zu empfehlende Maßnahme, wie in Kapitel 4.2 beschrieben wurde, die richtige Rede.

Der Mensch hätte wohl viele Maßnahmen nötig, aber er kann zunächst auch aus «Zeitmangel» sich nur wenige vornehmen. Zum Trost sei gesagt, dass die Bestrebung, *eine* ungute «Gewohnheit» – z.B. das unrichtige oder überflüssige Reden – aufzulösen, nach und nach *alle* Gewohnheiten aufweicht, sich auf alle auswirkt, auch auf solche, mit denen die eine, an der man geübt hat, anscheinend nichts zu tun hat.

Nach und nach wird der Übende eine wichtige Erfahrung machen. Das Üben – z. B. täglich oder alle zwei Tage 15 Minuten lang das richtige Reden – ist anfänglich etwas Unangenehmes, eine zusätzliche Schwierigkeit in dem ohnehin nicht leichten Leben. Nach einiger Zeit bemerkt man, dass das Unangenehme schwindet, und der Zeitpunkt kommt, in dem man durch die Übung mehr und mehr eine Freude erlebt: eine gute Freude, nicht nur und nicht nur hauptsächlich am Gelingen, sondern ähnlich wie in der Kunst im Tun selbst. Hat man einen gewissen Grad des Könnens erreicht, entsteht aus dem Üben in der Kunst und auch in der Seelenhygiene Befriedigung und Freude. Daran kann man sogar erkennen, ob man es richtig macht. Die dazu notwendige Zeit kann individuell sehr verschieden sein. Es handelt sich um keine egoistische Freude, das kann man miterleben. Auch dass man zwischen egoistischer, sich selbst fühlender, und *reiner* Freude am Tun unterscheiden lernt, gehört zur Übung dazu.

Wenn eine Befriedigung beim Üben eintritt, kann man eine nächste Maßnahme erwägen. Man *kann* auch von vornherein zwei Maßnahmen vornehmen, je nach «Zeit», nach Kraft, nach Einsicht. Welche man als zweite wählt, ist mehr oder weniger anhand des Folgenden zu bestimmen.

Wenn man einmal aus dem traumhaften Hineinleben in den Tag aufgewacht ist, wird man sich die Frage stellen: «Wozu ist unsere ‹Zeit› da?» Oder anders formuliert: «Was ist der Sinn des Lebens?» Das sind Fragen, die nicht von außen, von einem anderen Menschen für mich beantwortet werden können, denn jede Antwort müsste doch verstanden und beurteilt, eventuell auch bejaht werden. Aber eines kann man doch sagen: Vielleicht liegt *ein* Sinn darin, dass der Mensch diesen großen Fragen nachgeht, nachsinnt, es versucht, das dazu Notwendige zu lernen, zu finden, zu erkennen. Es könnte auch sein, dass, wenn die Frage bei einem auftaucht, man gerade etwas anderes zu tun hat, dass man im Leben, in Pflichten steht, in Zusammenhängen. Man muss dann auf das Nachsinnen verzichten; immerhin ist es wichtig, dass man um diese Fragen weiß und mit ihnen, auch in ihrer Ungelöstheit, lebt.

Beginnt man damit bewusst zu leben, seinem Leben bewusst eine Richtung zu geben, heißt das, dass die Frage nach dem Sinn doch kurzfristig beantwortet werden muss. Nur so kann der Mensch sein Leben vor sich und vor anderen verantworten. Hat er sich ein Ziel gesteckt, kann er überprüfen, ob er im Sinne dieses Zieles mit seiner Zeit richtig umgeht.

Eines muss jedoch ganz klar gesagt werden: Setzt sich jemand bewusst aus Egoität ein Ziel, kann ihm durch keine Übung, durch keine Maßnahme geholfen werden. Noch genauer ausgedrückt: nicht nur, dass dies aus sachlichen Gründen unmöglich ist, sondern der Autor will zu *egoistischen Zielsetzungen keine Hilfestellung* geben. Die sachlichen Gründe sind in Kap. 3.3. zu finden. Das Egoitätsprinzip führt ganz offensichtlich und erprobterweise zum Kampf aller gegen alle; dazu möchte der Autor nicht beisteuern; dabei durch Methoden und Unterricht zu helfen, gehört wohl zu den größten Verbrechen gegen den Menschen. Und doch werden Tricks, Maßnahmen zu durchaus egoistischen

Zielen, zu Erfolgen im Geschäftlichen, im «Liebes»-Leben, in der «Gesellschaft» usw. vielfach verbreitet und verkauft. Lesen Sie nur die Anzeigenseiten der Boulevardpresse. Wir möchten dem *Menschen* helfen, nicht dem Gegner des Menschen, der in ihm wohnt. Die Egoität ist die zentrale Erkrankung des Menschen, und alle Maßnahmen, die hier erwähnt und empfohlen werden, dienen auf irgendeine Weise dem Ziel, die Egoität zu überwinden, und nicht das Erleben des Ego, sondern das Erleben des Ich zu fördern. Die Egoität hindert den Erwachsenen, dem Gesprächspartner so hingebungsvoll zuzuhören, wie es ein Kind tut vor oder beim Sprechenlernen. Und da jede Maßnahme und jede Übung immer auch eine Übung der konzentrierten Aufmerksamkeit ist, wird eine aus Egoität vorgenommene Übung nie gelingen.

Eine weit verbreitete Schwäche ist es, dass der Mensch seine Gedankenkräfte nicht sammeln kann, dass er dadurch z.B. nicht «schlagfertig» genug im Gespräch ist. Die helfende Maßnahme besteht darin, dass er versucht, mit seinen Gedanken bei einem von ihm bestimmten Thema zu bleiben, wann er eben Zeit hat, wenn er z. B. am Bahnhof, beim Zahnarzt warten muss oder im Zug fährt, anstatt sich seinem Assoziationsleben hinzugeben, wo alles Mögliche bunt durch das Bewusstsein zieht, mit der Prädominanz dessen, was die Seele im Augenblick beschäftigt. Das gewählte Thema muss nicht etwas «Wichtiges» sein. Je weniger es den Menschen persönlich angeht, umso besser ist es geeignet, um daran die «Muskelkräfte» der Konzentration zu üben. Sie können sich denken, dass dann, wenn man solche Übung aus Egoismus

macht, etwa damit man in Diskussionen *obsiege* und nicht damit man in Diskussionen die Wahrheit besser vertreten könne, diese Übung nie gelingen wird, denn man wird durch die egoistische Zielsetzung dauernd abgelenkt. Und man kann sich dabei nicht vornehmen: «Daran werde ich nicht denken!» Denke 5 Minuten lang nicht an den grünen Elefanten! Versuchen Sie das mal!

Selbstverständlich ist die «Wahrheit» oftmals eben *unsere* Wahrheit, d.h. abgesehen von dem objektiven Wahrheitswert sind wir persönlich, z. B. durch Ehrgeiz, an der Diskussion interessiert. Es ist schwierig, dieses Engagement an der Wahrheit und das Persönliche dabei zu unterscheiden. Eine der Aufgaben ist, eben dieses Unterscheidungsvermögen zu entwickeln. Die Egoität kann in unzähligen Verkleidungen auftauchen: der größte Weise ist nicht sicher vor ihr.

Versucht man das eigene seelische Leben unter dem Aspekt seiner Hygiene aufzubauen, d. h. bewusst zu gestalten, ist eines von besonderer Wichtigkeit. Mit allen Maßnahmen versucht man den *fertigen Menschen*, die Gewohnheiten

und die eingefahrenen Bahnen des seelischen Lebens abzu-
bauen und den *unfertigen*, improvisationsfähigen Menschen
ins Leben zu rufen, ihn in seine rechtmäßige Rolle zu bringen. Kurz gesagt: man versucht einiges aufzulösen und ein
reales Subjekt zu bilden, d. h. sich zur Selbsterfahrung statt
zur Selbstbestätigung oder Selbstverwirklichung zu bringen. Diese zwei Bemühungen sollten im Gleichgewicht
sein, denn die Gewohnheiten sind auch vorläufige Stützen,
die der Mensch braucht, wenn das wahre Subjekt, das Ich
nicht stark genug ist, immer selbst die Zügel in der Hand
zu haben. Andererseits kann das das Ich stärkende Üben
nicht gelingen, wenn die Gewohnheiten zu stark sind; in
solchem Fall wird durch Übungen, die auf die Konzentration der Aufmerksamkeit zielen, der Gewohnheitsmensch
stärker. Daher sollen die Maßnahmen und Übungen immer
beide Aufgaben ergreifen. Die richtige Rede wirkt durch
ihren Charakter beiden Zielsetzungen entsprechend. Die
beschriebene Gedankenübung verstärkt das Ich-Wesen.
Man kann sich in den Minuten der «Aussichtspunkte»
fragen: Was geschieht in mir, in meiner Seele ohne meinen
Willen, ohne meine Zustimmung? Was geschieht so, dass
ich es nicht durchschaue, vielleicht auch nicht durchschauen
kann? Eine Vorliebe, ein Ablehnen, die ganz aus dem Gefühl
kommen, ohne gedankliche Begründung, sind Beispiele für
das Gewohnheitsmäßige, das mit Vorsicht aufzulösen ist.

Gelingt es jemandem nicht, die Gedankensammlung auf
ein von ihm vorbestimmtes, indifferentes Thema zu richten,
tut er gut daran, die Aufmerksamkeit zunächst im Wahrnehmen zu üben, zu konzentrieren. Als Objekt einer Wahr

nehmungsübung wähle man immer ein Naturphänomen, einen Naturgegenstand, einen Stein oder ein Kristall, eine Landschaft, einen Baum oder eine Pflanze, den Himmel mit Wolken oder Stimmen, Töne der Natur. Die Übung besteht darin, dass man genau beobachtet. Gewöhnlich begnügt man sich mit der Feststellung, was das Wahrgenommene ist, ohne es wirklich wahrzunehmen. Man könnte es sich nicht wirklichkeitsgemäß vorstellen, sondern nur als Schablone. Man weiß ja, wie eine Rose, ein Baum, eine Wolke aussieht. Nehmen wir es zur Kenntnis, dass in der Natur nichts ganz genau gleich dem anderen ist, dass keine Rose einer anderen, keine Wolke einer anderen, sogar sich selbst nicht gleich ist, denn mit der Zeit oder mit der Beleuchtung ändert sich alles, dann sehen wir eigentlich nur, was mit der Wahrnehmungsübung gemeint ist. Man kann sehr vieles wahrnehmen, was mit Worten und Begriffen überhaupt nicht beschreibbar ist – Farben, Formen, Bewegungen, Töne usw. –, man kann aber diese Einzelheiten ohne weiteres sehen, hören, tasten oder riechen. In der Übung achte man gerade auf diese «unsagbaren» Einzelheiten, die man nicht konkret denken, aber doch sehr genau verfolgen kann im Wahrnehmen, weil dieses auch dann «begrifflich» vorgeht, wenn *formulierte* Begriffe für das Wahrgenommene fehlen: man kann ja ungeheuer fein im Wahrnehmen unterscheiden, ohne die Unterscheidung ausdrücken zu können.

Die Wahrnehmungskonzentration fällt vielen Menschen leichter als die Sammlung der Gedanken und kann deshalb als Einübung in die gedankliche Konzentration als erste Maßnahme vorgenommen werden. Man kann sich darauf besinnen, wie viel die Wahrnehmung im Kindesalter dem Menschen gibt, wie voll die einzelnen Wahrnehmungen sind im Vergleich mit denen des Erwachsenen und wie für das Kind in der Wahrnehmungswelt *alles* interessant ist; der Erwachsene geht an allem vorbei, das ihn nicht unmittelbar interessiert. Eine geheimnisvolle, andauernd Neues bietende Welt ist für das Kind das, was später zu einer bekannten langweiligen Szenerie des Alltags wird. Die Wahrnehmungen waren lebendig, qualitativ ganz anderer Art, als sie beim Erwachsenen sind. Die Übung bringt ein wenig von dem Verlorenen zurück.

Als störende Faktoren im Seelenleben findet man in sich Stimmungen und «Seelenzustände», die oft «begründet» erscheinen, durch äußere Umstände hervorgerufen, die manchmal aber nicht auf solche zurückzuführen sind. Meistens aber sind sie auch dann nur scheinbar «begründet», wenn es so zu sein scheint. Meistens sind die äußeren Umstände oder Ereignisse nur Vorwände für Stimmungen, Gefühle, Zustände, die aus tieferen Wurzeln emporschießen. Viele *Ängste* vergehen bekanntlich nicht, auch wenn alle äußeren Gründe weggeräumt werden. Der Mensch sucht meistens Gründe für seine Stimmungen und Seelenzustände. Solche findet er immer; denn die Seelenstimmungen sind, wenn sie auffallen, von negativem Charakter, und für negative Gefühle sind in der Welt immer Gründe zu finden. Eine typische Gestalt ist der sonst gutmütige Chef, der manchmal mit dem linken Fuß aufsteht: dann gibt es lauter Fehler, Vernachlässigungen, Ärger. Die Menschen leiden natürlich unter ihren Stimmungen, genießen aber zugleich

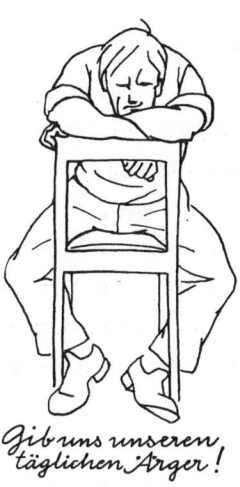

Gib uns unseren täglichen Ärger!

auch die negativen Gefühle. Manchen ist ihr täglicher Ärger – verbunden mit dem Verachten der Leute, die ihn «verursachen» –, ebenso wichtig wie das tägliche Brot.

Werden die Seelenstimmungen nach außen getragen, ihr Grund nach außen projiziert, so entstehen unter den Menschen, die damit in Berührung kommen, weitere negative Wellen des Gefühlslebens; das wirkt zurück auf den Betreffenden, und es kommt eine sich stets verstärkende Resonanz zustande. Daher ist es schon diätetisch ratsam, negative Seelenstimmungen möglichst nicht nach außen zu tragen, weder um die negativen Gefühle auslebend zu «genießen» noch etwa um eine Art «Mitleid» zu erwerben. Der Verzicht auf das Ausleben dieser Gefühle, wenn er mit Bewusstheit geschieht, ist ein erster Schritt, aber das Wie ist hier wichtiger, als die Tatsache selbst.

Man kann eine Maske aufsetzen, man kann sein Wohlbefinden, sein Gutsein vortäuschen: alles hängt davon ab, inwieweit man das *vollständig* macht, inwieweit die Seele ungeteilt dabei ist. Kann man trotz des Seelenschmerzes, der inneren Bitterkeit an den Problemen der Mitmenschen teilnehmen, mit Wohlwollen helfen, trösten, Rat geben, so wirkt *diese* «Maske» wohltuend auf das eigene Leiden. Je weniger die Maske mit «Teilnahme» an ihr gefüllt ist, desto unwirklicher ist sie, bis auf ihre Schädlichkeit, wenn die Umgebung dann sagen muss: Es wäre doch besser, wenn er seinen Kummer, seinen Ärger loswürde, denn unter der kalten Maske gären gesteigert die negativen Gefühle.

Man kann aus dem eigenen Schmerz empfindlich für das Leben anderer werden; man kann aus eigenem Schmerz unbarmherzig gegen andere werden. Am schwersten kontrollierbar sind Ärger und Hassgefühle. Sie sind auch diejenigen, die am leichtesten nach außen projiziert werden.

Verzicht auf überflüssiges Reden bringt dem Ich-Wesen Erkenntniskräfte. Verzicht auf das *sofortige* Aussprechen, auch auf das innerliche Formulieren intuitiv gewonnener Erkenntnisse wird empfohlen. Denn der Verzicht auf das Formulieren in einer Wort-Sprache bewahrt das noch Lebende vor einem vorzeitigen Erstarren und vor einem fast unvermeidlichen Verzerrtwerden durch die Sprache, in der nur Dichter und Schriftsteller Lebendiges zu erhalten vermögen. Gewöhnlich setzt sich im Formulieren das Anpassen an gewohnte Vorstellungen und Wendungen, an halbbewusste Bilder stark durch.

Die gewöhnlichen Gefühle, auch die negativen, wie Hass und Ärger, sind lebendig; daher haben sie auch Macht über das Bewusstsein. Erst wenn man diese Gefühle durch Verhalten oder durch Formulieren zum Ausdruck bringt, nehmen sie die Form an, unter der wir sie kennen, als Hass gegen jemanden oder als Angst vor etwas. Unausgedrückt sind sie noch lebendig und damit noch wandelbar. Der Verzicht, sie auszuleben, steht deshalb in einer gewissen Analogie mit dem Lebendig-Lassen von frischen Einsichten und Erkenntnissen. Dagegen arbeitet in uns der Impuls, die negativen Gefühle zu genießen ebenso wie den immer negativen Klatsch über abwesende Menschen. Daher ist solcher Verzicht schwer, und sein Wert in Bezug auf Seelenhygiene hängt sehr stark von seinem Wie ab.

Nehmen wir zwei extreme Fälle an. Der eine sei, dass jemand seinen Ärger, seine Verstimmtheit unterdrückt und eine indifferente oder wohlwollende Maske aufsetzt, die aber ganz leer ist: die Umgebung empfindet sie als leere Form. Von den negativen Gefühlen fließt nichts in das Verhalten nach außen, im Innern kocht es aber umso mehr. Das hat nicht viel therapeutischen Wert. Der andere Fall sei, dass der Mensch ganz in der Maske aufgeht, und dadurch wird sie bald keine Maske mehr sein: dann wandeln sich die noch lebenden negativen Gefühle in positive Ich-Kräfte. Der Mensch gewinnt dann einen Standpunkt, von dem er auch zurückschauen kann auf die Verstimmtheit, auf den Ärger und Hass: sie erscheinen nun ihrer Macht entblößt.

Das Geheimnis des zweiten Falles ist, dass der Mensch etwas *tun muss*. Daher kommt die wohltuende ablenkende Wirkung von neuen schwierigen Aufgaben anlässlich von Trauerfällen. Meistens gelingt etwas, das zwischen den beiden Extremfällen liegt. Die negativen Wallungen zu unterdrücken, nützt nicht viel oder nichts; sich Aufgaben suchen und stellen, in die man seine Kräfte, sein Interesse stark einfließen lassen kann, kann weitgehend die Macht der Stimmungen und Seelenzustände vermindern.

Es ist das Geheimnis der guten oder der unguten «Nachahmung». Man kann ein Vorbild von der Außenseite her nachahmen «wie er sich räuspert ...», und man kann ein Vorbild in seinem innersten Wesenskern erfassend «nachahmen», wie das Kind es tut oder wie die Zen-Schüler den Meister nachzuahmen bestrebt sind.

Es ist aus dem Vorangehenden zu ersehen, dass jeder Versuch, aus seiner gewohnten «Rolle» heraus und in eine andere «Rolle» einzutreten, von therapeutischer Wirkung ist.

Eine der häufigsten Schwächen ist die des Willens. Wie oft weiß man, was zu tun wäre, und handelt doch nicht danach. Zur Überwindung dieser Schwäche oder wenigstens zu ihrer Linderung dient eine sehr leichte «Übung»: das Nichtstun, nämlich das absichtliche Nichtstun. Man nimmt sich vor, am nächsten Tag zu einem geeigneten Zeitpunkt eine bis fünf Minuten lang nichts zu tun. Wie tut man «nichts»? Man setzt sich oder steht, geht auf und ab und denkt dabei: «Diese Minuten sind da, um mich von allem Tun zurückzuziehen. Das Einzige, was ich tue, ist, dass ich mich besinne auf ein völlig überflüssiges Handeln, das keinen ‹praktischen› Zweck, keinen Sinn hat, das ich bloß aus meinem Wollen heraus vollziehen *könnte*.» Solch eine Handlung ist z. B., dass ich meine Schuhbänder oder meine

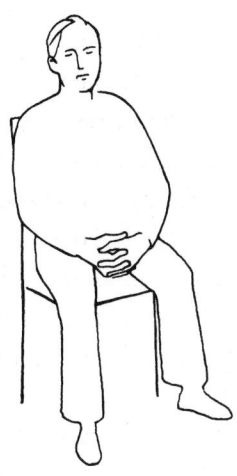

Krawatte erst auf-, dann wieder zubinde oder eine Figur, ein Fünfeck auf ein Papier zeichne, es im Zimmer abschreite oder einen Kreis in vorher bestimmter Richtung. Ich stelle mir diese Handlung vor. Dann, eventuell, entscheide ich, ob ich sie vollziehe oder nicht. Wenn ich die Entscheidung gefasst habe, sie zu vollziehen, dann tue ich es auch. Wenn ich mich entschließe, sie nicht auszuführen, dann stelle ich sie mir möglichst detailliert vor. Das Wesentliche ist dabei, dass die Handlung nichts *Nützliches* sein soll. So kommt man erst zu einem Nichtstun und dann aus diesem, eventuell, zu einer Vorstellung einer überflüssigen Handlung und aus dieser Vorstellung vielleicht zum Vollzug der unnützen Handlung. Es ist eine Ich-stärkende Übung.

Ein allgemeines weiteres Prinzip dieser Maßnahme ist, dass man alles in möglichst kleine Schritte zerlegt und diese *kleinen Schritte* macht. Besonders dann ist dies zu tun, wenn eine Maßnahme in ihrer Ganzheit zu schwierig ist und nicht gelingt. Das bezieht sich auch auf das Ganze der Maßnahmen: man nehme nicht viele auf einmal vor.

In der kleinen Maßnahme zur Stärkung des Willens hat auch die Phantasie eine Rolle, und diese ist wichtig: man muss sich dabei etwas Überflüssiges, eine unnütze Handlung ausdenken. Diese Phantasietätigkeit ist selber von diätetischer Wirkung, denn der heutige Mensch lässt, durch seine Lebensform gezwungen, seine Phantasie verkümmern. Die Verkümmerung der aktiven Phantasie wird durch ein Übermaß an Wahrnehmungen, eine Wahrnehmungssucht, kompensiert, wie es die Fernseh-Süchtigkeit zeigt, aber auch durch minderwertige Literatur. Wie schon erwähnt, befriedigt ein Ersatz das Bedürfnis nie, daher braucht der Unbefriedigte immer intensivere und immer mehr Ersatzarten. Selbst die großen und ganz großartigen phantastischen Romane, wie *Der Herr der Ringe* von Tolkien oder *Die unendliche Geschichte* von dem schon erwähnten Michael Ende verdanken ihre Popularität und ihren Erfolg zum Teil ihrem Charakter: sie führen den Leser in eine Welt der guten – Goethe würde wohl sagen: exakten – Phantasie, abgesehen davon, dass es hervorragende Werke sind. Das ist kein «Eskapismus», keine Flucht vor der unschönen Wirklichkeit in eine unwirkliche Welt, sondern die rechtmäßige Befriedigung einer vernachlässigten menschlichen Fähigkeit, eben der Phantasie. Das ist auch das Thema der *Unendlichen Geschichte*. Diese und ähnliche Kunstschöpfungen – auch mancher Science-fiction-Roman – wirken sicherlich heilend und helfend; die Wirkung ist sehr davon abhängig, *wie* man sie liest. Damit ist vor allem die Intensität der Vorstellungstätigkeit gemeint; solche Romane – wir bleiben bei den erwähnten Büchern –, die sehr viele und ganz ungewohnte Bilder enthalten, wirken auf die Phantasie des Lesers je nachdem, wie weit er die Bilder wirklich vor das innere Auge stellt, d. h. wie weit er *seine* Phantasie betätigt. Je aktiver er dabei ist, desto größer und besser ist die Wirkung. Man kann an diesem Beispiel gut ermessen, wie viel größere Aktivität beim Lesen als beim Radiohören und wie weit weniger Aktivität beim Fernsehen als beim Radiohören erforderlich ist. Das ist auch einer der wichtigsten Unterschiede von Theater und Film: im Letzteren kann vieles *gezeigt* werden, was im Theater durch die Phantasie des Zuschauers *getan* werden muss. Selbstverständlich kann man auch im Film durch die «Technik des Verschweigens» ebenso künstlerisch wirken; nur wird das selten getan.

Die Phantasie kann auch ganz selbständig betätigt werden, als Übung. Dabei soll aber nicht die *assoziative Phantasie* ausgelebt werden, wozu der Mensch sehr neigt: er phantasiert halbbewusst, wenn er dazu «Zeit hat»; jedoch sollte man, wenigstens zum Teil, diese Zeit zu kleinen Übungen verwenden, wie etwa zum Konzentrieren der Gedanken auf ein Thema. Sie kann auch zum Phantasieren verwendet werden. Im assoziativen Phantasieren wird man durch Wünsche, Genussmöglichkeiten im Vorstellen gelenkt, oder es werden peinliche Situationen, Bilder voll Sorgen, auch des eigenen Versagens, vorgestellt. Jede dieser Bilderreihen wird vom Gefühlsleben beherrscht und geleitet. Anstelle dieses Assoziierens, das aus dem Unterbewussten heraus orientiert ist, soll die gewollte Phantasie treten. Ihr können die verschiedensten Themen gegeben werden: die genaue Vorstellung einer Landschaft, eines Baumes, eines Vogels, des bewölkten Himmels; oder man stellt sich frei eine nie gesehene Landschaft, einen Garten oder einen Baum vor. Es muss kein unbewegtes Bild sein, man kann Bewegung hineintragen, Wind, wechselnde Beleuchtung. Es kann eine Szene sein mit Menschen, bekannten und unbekannten. Eines ist wichtig: es soll weder angenehm noch unangenehm berühren, viel eher «sachlich» sein, genau, nicht oberflächlich. Wenn das Bild-Vorstellen leicht geht, kann man auch versuchen, die Bilder ausdrucksvoll in Worte zu fassen.

Für die Übungen und Maßnahmen braucht man Zeit. Nicht *viel*, weit weniger als wir täglich vergeuden. Aber dass wir eine kleine Zeitspanne aus dem Alltag herausheben, bedeutet nicht, dass wir uns innerhalb dieser *beeilen* sollen. Im Gegenteil, diese kleine Zeitspanne ist umso besser verwendet, je langsamer wir in ihr die vorgenommenen Maßnahmen oder Übungen vollziehen. Die Langsamkeit steht im Gegensatz zu den Gewohnheiten des modernen Menschen, sodass sie selbst als Maßnahme, als Übung aufgefasst und oft gelernt werden muss.[*]

Für die Phantasie-Übung sollten wir versuchen, uns ein von Natur aus langsames Geschehen vorzustellen: das Dahinsegeln der Wolken, das Kreisen des Adlers, einen Sonnenaufgang. Im Sammeln der Gedanken soll das Den-

[*] Siehe: Georg Kühlewind: *Die Diener des Logos,* Kapitel «Die Verlangsamung des Lebens»; Stuttgart 1981.

ken des Themas ohne Hast sein. Je langsamer wir denken können, desto intensiver ist es gedacht worden. Rasches Denken wird durch langsames Denken erübt (wie das schnelle sichere Spielen erübt wird). Jede Maßnahme zur Seelenhygiene, jede Übung setzt langsames Tun voraus.

Es gibt aber Menschen, die in ihrem täglichen Tun von Haus aus und auf peinliche Weise langsam sind, Hausfrauen z.B., die den ganzen Tag kochen und putzen. Das Ergebnis entspricht jedoch nicht dem Zeit- und Kraftaufwand ... eine andere macht alles schnell, und das Essen ist vorzüglich, die Wohnung glänzt. Der Unterschied liegt in der Verschiedenheit der Hingabe-Intensität oder Konzentriertheit. Gerade das Letztere ist durch das langsame Tun zu lernen, aber dieses langsame Tun muss in völliger Aufmerksamkeit, nicht träumend und nicht von anderen Dingen phantasierend vor sich gehen: eine Langsamkeit nicht aus Trägheit und nicht aus Abgelenktheit, sondern aus erhöhter Aktivität.

Das Nachahmen von innen her, jedes Spiel, in dem der Mensch sich wandeln muss, eine «Rolle» spielt, ist für die Seele heilsam, bringt sie aus dem gewohnten Gleis heraus und verstärkt ihre Freiheit und Anpassungsfähigkeit. Sie wird weniger die Gefangene der eigenen Gewohnheiten. So ist es beim Phantasieren heilsam, sich in eine ganz fremde Rolle einzuleben, womöglich nicht in eine menschliche, oder wenn sie eine menschliche ist, dann soll sie möglichst weder sympathisch noch antipathisch sein: einfach fremd. Vom fremden Standpunkt aus, dem eines Fisches oder einer Eidechse, versuchen wir Geschehnisse, Situationen, Geschichten zu betrachten, ohne die eigenen Interessen,

Gefühle, Sympathien hineinspielen zu lassen. Es kann uns auch ein Romanheld seine Rolle abtreten, es sollte aber eine herausragende Persönlichkeit sein, kein Typ, kein Schema, wie sie es im Krimi sind, sondern ein Charakter von Format, und wir müssen diesen Charakter richtig erfassen.

Die Langsamkeit kann insbesondere auch am Essen und Trinken geübt werden, indem man die Aufmerksamkeit auf Geschmack, Konsistenz, Geruch des Gerichtes oder Getränks konzentriert. Man kann auch die ersten Bissen so «behandeln», man lässt sie ganz langsam durch den Mund gehen und isst dann spontan weiter.

Wenn man die Gefühlsregungen des gewöhnlichen Bewusstseins beobachtet, bemerkt man leicht, dass sie alle ein *passives Subjekt* haben, besser ausgedrückt: das Subjekt, der Mensch selbst wird zu ihrem Objekt, er erleidet sie. Er kann sie nicht hervorrufen und, wenn sie da sind, nicht zum Aufhören bringen. Daher kam die Feststellung: Man kann im Fühlen nicht improvisieren, wie man es im Denken tun muss, wenn es wirklich ein Denken sein soll. Die Gefühle drängen sogar den Menschen in eine Passivität, ja dann sind sie erst recht da. Deshalb ist das *Tun* gegen solche Gefühle nahezu die einzige Möglichkeit, um sie zu schwächen oder zu überwinden. Sie alle *überkommen* den Menschen: Angst, Traurigkeit, Hass, Neid, Eifersucht, Ehrgeiz, Groll. Auch die egoistische Freude ist dieser Art, besonders aber die negativen Gefühle, die von niemandem gewollt sind. Alle stammen aus dem Unterbewussten. Dasselbe kann von den allgemein vertretenen Gewohnheiten behauptet werden: sie sind eine Form der Passivität, wie die Faulheit und Bequemlichkeit – man könnte sie die größten Leidenschaften des Menschen nennen –, aber auch die Vorliebe für Aberglauben und das Festhalten an Dogmen, institutioneller oder ganz privater Art, der Hang, die Sehnsucht nach einer Autorität, die man «anerkennt» und auf die man sich dann «verlässt». Selbst eine Eigenschaft wie Habgier, die oft zu großer Aktivität anspornt, wird als Gefühlsverfassung passiv erlitten: aus dem Ich heraus will man eigentlich nicht habgierig sein.

In der Passivität gegenüber dem Gefühlswesen zeigt sich beim Menschen unserer Zeit auf unzeitgemäße Weise eine Einstellung, die in früheren Epochen die einzig richtige war gegenüber der damals noch vernommenen Sprache der Welt: je weniger der Mensch selbst hereinsprach, umso reiner und umso mehr wurde ihm mitgeteilt. Mit dem Aufkommen der Egoität oder des Vergangenheitsbewusstseins wird die Passivität zunächst der Zugang unterbewusster Impulse in das Verhalten des Menschen.

Viele Menschen leiden unter Passivität gegenüber Gefühlen, von denen sie überfahren werden. Der extreme Fall der manisch-depressiven Erkrankung zeigt uns klar, dass die wechselnden, mehr oder weniger langen Perioden der Niedergeschlagenheit, des «Tiefs» und der Euphorie nicht durch äußere Tatsachen, Geschehnisse oder Umstände bedingt sind, sondern in dem Eigenleben der Seele urständen. Mehr oder weniger gilt das auch für den «Gesunden», man kann auch an sich wechselnde Stimmungen, Launen, Seelenverfassungen bemerken. Was man dagegen tun kann – wir haben ja gesehen, dass nur das Tun aus der Passivität heraushilft –, ist zunächst, dass man den Ausdruck, die Ausdrucksform, das Nach-Außen-Tragen der Gefühle beherrschen lernt. Man verzichtet auf jede *Übertreibung*, zu der man neigt, und gegebenenfalls auf jedes Reden. Je nach Kraft und Möglichkeit redet man zunächst nur zu bestimmten Zeiten und Gelegenheiten, dann dehnt man das Schweigen auf den ganzen Tag aus. Diese Maßnahme hat mehrfache Gründe und Ziele. Das Achten und Achtenkönnen auf Gefühls-regungen ist schon an sich eine Stärkung des autonomen Wesens. Das Abdämpfen und Vermeiden des Ausdrucks von Gefühlen lässt diese sich nicht durch die Resonanz des Ausdrucks verstärken und arbeitet dem Mitgerissenwerden entgegen. Der Verzicht auf das Nach-Außen-Tragen weckt Erkenntniskräfte oder, anders gesagt, wandelt die Gefühls-kräfte wenigstens teilweise in das zurück, was sie ihrem Ursprung nach sind: erkennendes Fühlen. Man wird nach einiger Übung merken, dass dieser Verzicht das Gefühls-leben nicht abstumpft, wie es zunächst manchem scheint. Das Gegenteil ist der Fall, die Empfindlichkeit steigert sich, das Gefühlsleben wird intensiver. Es tritt eine allmähliche Veränderung der Gefühlsfarben ein: sie werden reiner im Sinne der Durchsichtigkeit, es entwickelt sich nach und nach ein erkennendes Fühlen im Inneren, im Herzen der gewöhnlichen Gefühle. Zunächst aber wird man erfahren können, dass der unwillkürliche, «spontane» Ausdruck eines Gefühls immer übertrieben ist und geeignet, das pas-sive Erleiden des Gefühls zu verstärken; der Verzicht darauf steigert die erlebende Empfindlichkeit, nicht die *Macht des Gefühls*, das sonst den Menschen überrumpelt.

Diese Übung zum Gleichmut – Gleichmut nach außen,

beherrschte Intensität der Gefühle im Innern –, hat nichts zu tun mit einer Gefühllosigkeit, Blasiertheit oder mit angeborenem phlegmatischem Temperament. Im Gegenteil: diese sind selber Erkrankungen und durch Maßnahmen und Übungen zu überwinden. Gleichmut im guten Sinne bedeutet ein intensives Gefühlsleben, das aber *erfahren* und nicht *erlitten* wird, deshalb kann es so intensiv sein. Das Ziel ist das Erfahren, nicht das Unterdrücken des Gefühlslebens, auch nicht das Unterdrücken des *entsprechenden* Ausdrucks der Gefühle. Im Ausbilden des inneren Taktes erzieht man sich zu einer «Urteilsfähigkeit» – Urteilsfähigkeit im Gefühlsleben selbst, nicht nur im Gedankenleben, wodurch man empfinden lernt, was das «Entsprechende» im Ausdruck ist, und man lernt dieses auch zu verwirklichen.

Der krankhafte Zustand der Gefühllosigkeit – man spürt weder Leid noch Lust – tritt meistens als Reaktion oder als Abwehr gegen starke Gefühlserlebnisse auf, z.B. bei einem Begräbnis, bei dem man für den doch sehr geliebten Toten nichts mehr empfindet. Dieser Zustand wird ebenso passiv erlitten wie die Gefühle. Daran kann man seinen Charakter und auch eine Richtung zur Heilung erkennen: Man muss etwas *tun*, ein Interesse, eventuell ein geistiges Interesse in sich erwecken oder einfach eine Beobachtung vornehmen, wie sich der Keimling einer Pflanze oder eine Knospe entwickeln und diese Entwicklung durch Zeichnen verfolgen. Eine andere Möglichkeit: Man nimmt eine Persönlichkeit in einem guten Roman und verfolgt mit intensiver Aufmerksamkeit ihre Entwicklung. Man versucht zu verstehen, wie diese Persönlichkeit mit dem, was ihr geschieht, in Zusammenhang zu bringen ist. Das sind nur einige Beispiele für ein sachliches Tun, das man sich auferlegt. Man kann sich auch der Persönlichkeit eines Wissenschaftlers, Künstlers oder Feldherrn widmen und alles Erreichbare über ihn zusammentragen. Oder man befasst sich mit einer Frage, wie z.B.: Woher stammt das Symbolbild der Schlange, die sich in den Schwanz beißt? Das Gefühlsleben erwacht dann als Folge von Interesse-Entwicklung in einer ganz anderen Richtung.

Dass die Passivität im Gefühlsleben heute nicht mehr aktuell ist, zeigt sich an verschiedenen Phänomenen. Außer bei krankhafter Gefühllosigkeit gibt es einen mehr oder weniger klar erfassbaren Seelenzustand, in dem der Mensch die Gelegenheit sucht, ein «Gefühl» auszuleben. Die Gefühlsform ist bereits da, noch bevor sie ein Objekt hat, bevor eine Wahrnehmung oder Vorstellung das Gefühl hat entfachen können. Dies geschieht oft bei der «Liebe» – sie ist bereits da, als Anspruch, als Wunsch, bevor man den Menschen kennen gelernt hat, auf den das schon vorhandene Gefühl übertragen wird. Man sieht daran, wie unpersönlich ein unterbewusster Impuls ist: das Normale wäre ja, dass man jemandem begegnet, ihn kennen lernt und lieb gewinnt. So geht es einem auch mit Gefühlsregungen wie Ärger, Hass, Angst, auch mit der Eifersucht: man sucht Gelegenheiten, sie auszuleben. Das Denken, das autonome Bewusstsein bedient das Unterbewusste: allzu oft können wir diesem Phänomen begegnen. Daran muss durch Maßnahmen gearbeitet werden, wenn der Mensch Mensch bleiben will.

Ein anderes Phänomen ist eher positiv: Der Mensch ist in

bestimmten Fällen fähig, sein Gefühl durch bewusstes Tun zu beeinflussen. Ein Beispiel dafür ist, wenn jemand sich bemüht, sich in einen neuen Kunststil, den er spontan nicht «versteht», nicht «genießen» kann, einzufühlen. Das gelingt sehr oft, und es entsteht durch bewusste Arbeit ein neues Gefühl. Ähnlich geht es Pädagogen und Heilpädagogen: Sie gewinnen oft die schwierigen Kinder lieber, nachdem sie sich mit ihnen intensiv beschäftigen mussten. Das deutet darauf hin, dass, wenn man auch im Gefühlsleben nicht improvisieren kann, es doch möglich ist, positive Gefühle zu wecken. Negative Gefühle werden meist nur auf Objekte bewusst hingelenkt, sofern sie schon unterbewusst in Bereitschaft waren. Also keine Änderung.

Passivität und Bequemlichkeit führen unvermeidlich zur Faulheit. Die Freude an der Aktivität, an der Arbeit hat der moderne Mensch gründlich verlernt. Arbeit: ein unumgängliches Schlimmes; oder Arbeit: eine Heldentat – zwischen diesen beiden extremen Auffassungen, die doch dasselbe sagen, liegt eine *vergessene Gebärde: die Freude am Tun.*

Man kann das Tun nur lieb gewinnen, wenn man es voll und ganz tut. Alles, was mit geteiltem, abgelenktem Interesse getan wird, wird man immer als Last empfinden. Viele Berufe sind heute schon so sinnlos geworden, dass man sich den Aufgaben nicht mehr ganz hingeben kann. In solchen Fällen muss der Mensch zusätzlich zum Beruflichen etwas anderes tun, an das er sich ganz hingeben kann.

Wie man als Pädagoge schwierige Kinder lieb gewinnen kann, wie man sich zum «Verstehen» einer spontan «ungenießbaren» Kunst erziehen kann, so kann man sich dazu erziehen, in der eigenen Aktivität, in der körperlichen oder geistigen Arbeit seine Freude und Befriedigung zu finden. Das ist eine der wichtigsten Aufgaben des modernen Menschen. Von diesem Gesichtspunkt aus sind die passiven Zerstreuungsarten, das Übermaß an passivem Wahrnehmen – Fernsehen! – zu beurteilen. Es überrascht nicht, wenn viele Menschen – und besonders Jugendliche – die Willenlosigkeit oder Willensschwäche für ihr größtes Problem halten. «*Woher* sollen wir den Willen nehmen? Was könnte den Willen impulsieren?», so lautet meistens die Frage. Was darin zum Ausdruck kommt, ist gar nichts Krankhaftes, sondern eine präzise Diagnose der Entwicklungsphase, in der ein großer Teil der Menschheit gegenwärtig steht.

Der menschliche Wille hat heute in der Tat keine äußeren Quellen mehr – im besten Fall. Denn sofern äußere Impulse – unter Umgehung des eigenen Urteils – wirksam sind, handelt es sich um jene Kräfte, die aus dem Unterbewussten kommen oder daran appellieren. Früher konnte der Mensch seine Willensimpulse von «außen» beziehen, von der äußeren geistigen Führung, manchmal aus dem Inneren als Inspiration. Heute dagegen geht alles durch das bewusste Urteil und Entscheiden – oder es sollte wenigstens so sein.

Man kann den Willensimpuls nicht von außen nehmen. Wären solche Impulse in einem Geschäft oder bei einer Behörde zu bekommen, dann könnte man noch immer fragen: Wozu? Wozu hingehen? Wozu so was kaufen oder nur abholen? Man kann und soll diese Situation positiv werten: der Mensch ist jetzt der alleinige Quell seines Willens, er entfaltet ihn ganz von sich aus. Die Leugner der Möglichkeit der

Willensfreiheit mögen sich nur den Willenlosen anschauen. Wenn der Mensch nicht will, sind nur seine unterbewussten Impulse und durch diese die menschenfeindlichen Kräfte wirksam. Was früher eingebauter, gegebener Willensimpuls war, ist heute die Fähigkeit zum Fragen. Die frühere überbewusste Lebensintuition, die ihm Sinn gab, ohne dass der Mensch danach hätte fragen müssen, ist versiegt. Sie hat sich verwandelt in die Fähigkeit des Fragens. Es wird nach dem Sinn des Lebens gefragt, bewusst oder bloß im Gemüt. Die Fähigkeit zum bewussten Formulieren der Frage ist bei jedem halbwegs gesunden Menschen da. Eine Frage, die gestellt wird, birgt bereits die Hälfte der Antwort in sich: man weiß ja bereits, *was* zu *fragen* ist. Was früher als Evidenz (Lebensgrund), institutionell, durch Kirche, durch gesellschaftliche Zusammenhänge, durch Tradition gegeben war, lebt heute in der Fähigkeit, nach all dem zu fragen. Ob man die grundlegenden Fragen stellt, liegt in der Freiheit des einzelnen Menschen. Er steht heute in der vollkommenen Windstille der äußeren Willensimpulse: unter dieser Abgeschirmtheit könnte der Mensch *seine* Anfangskeime setzen, die aus nichts «folgen», denn es *folgt* nichts mehr. Darauf wartet der Mensch vergebens. Diesen Umstand genügend zu verstehen, heißt *Aufbruch*. Der Aufbruch erfolgt nicht, wenn man die Impulslosigkeit nicht als das auffasst, was sie ist, oder sie nur intellektuell und nicht mit dem ganzen Gemüt als einen kosmischen menschheitlichen Nullpunkt erlebt, der die Möglichkeit des menschlichen Anfangs bietet. Je tiefer und schmerzhafter das erlebt wird, umso näher rückt der Mensch zu seinem Aufbruch.

Auch das Nichtstun zu wählen ist eine Wahl. Man fragt, was ist zu tun? Vor allem eins: selbst *erkennen*, was zu tun ist, niemand kann es dir sagen. Dieses Erkennen muss *intuitiv* sein, da das Alltagsbewusstsein offensichtlich den Sinn des Daseins nicht erkennen kann, ja nicht einmal den «Sinn» oder die Funktion eines Kieselsteines. Man muss die größten Fragen stellen und ihnen nachgehen, damit man die kleinen Fragen beantworten kann. Wenn eine große Frage wirklich brennt, ist in ihr die Kraft, die auf den Weg führt, um ihr nachzugehen. Und es könnte sein, dass dieser Weg selbst zum Sinn wird, der den neuen Lebensgrund erschafft.

In den Dialogen des Platon wird die einzigartige menschliche Gestalt des Sokrates dargestellt. Seine Methode, die Menschen zu belehren und zum Denken anzuregen, besteht darin, dass er andauernd Fragen an sie stellt. Er ist der große Meister, das Urbild und der Vorläufer des Menschen, der im Zeitalter der Bewusstseinsseele, also heute, das Fragen als *allgemeine* Fähigkeit entwickelt: das ist *seine Würde*, seine Frag-Würde – durch Sokrates vorgelebt und eingepflanzt.

Das richtige Fragen gehört zur Übung der richtigen Rede, gerade das kann man in den platonischen Dialogen erleben. Das Fragen ist eine ichhafte Seelengebärde, eine Aktivität, die keine andere Quelle haben kann als das Ich. In unserem Zeitalter, in dem diese Gebärde allgemein aktuell wird, tritt zugleich in unerhörtem Maße ihr Gegenteil auf, das Sich-auf-anderes-Verlassen, Autoritätsgläubigkeit, Aberglauben – oft in «wissenschaftlichem» Gewand –, die Suche nach Dogmen, die «sicher» sind. All dies gehört zum Kultus der Passivität und zum möglichen Vermeiden der eigenen Bemühung. Man glaubt, es könnte jemand in wichtigen Fragen Ratschläge erteilen und dadurch könne man sich die eigene Entscheidung, Wahl und Verantwortlichkeit und auch die Erkenntnisarbeit ersparen. Es wird dabei vergessen, dass man den Ratgeber selber wählt, seinen Rat bejaht oder zurückweist, dass man keineswegs der Verantwortung entrinnen, durch kein Manöver in den Fragen des Schicksals, des seelischen oder geistigen Lebens der eigenen Wahl ausweichen kann. Man kann sich nicht um die wichtigen Fragen herumdrücken. Was für den Körper durchaus angebracht ist, z.B. einen Arzt zu befragen, das ist bei Seele und Geist, die Gebiete seiner möglichen Freiheit sind, wo der Mensch im Prinzip autonom ist, Sünde und Irrtum.

Wenn man sich in einer bestimmten Lebenssituation, vor einer Entscheidung an Wahrsager, Seher, Astrologen, Graphologen wendet, dann kann diese Gebärde so übersetzt werden: «Ich gehe in ein Auskunftsbüro, wo man mir sagen wird, wer ich bin und was ich will.»

Man hält sich für ein fertiges Produkt, von dem ein

Außenstehender wissen kann, wie es um es steht. Man gibt die gegenwärtige, beginnende freie Aktivität auf und vergisst dabei, dass das eine Entscheidung ist – und zwar die letzte –, wenn man sich an solche «Auskunftsstellen» wendet. Man schätzt damit das, was an einem *fertig* ist – also Vergangenheit –, höher ein als die mögliche Aktivität, das eigene Erkennen, das Neue, das Improvisieren, die Möglichkeit neuer Intuitionen. Es ist das Gebiet der halbfreien, flatternden Kräfte (Kap. 3.5.), die durch solch eine Haltung – selbst Ausdruck ihres Einflusses – verstärkt werden. Die Gebärde ist widersprüchlich – man wählt doch dabei –, aber gerade das bemerkt man nicht. Man öffnet sich aber damit auch anderen Einflüssen, die durch solche Kräfte auf den Menschen wirken.

Man kann sich natürlich immer mit jemandem beraten und «Experten» befragen. Man soll sich aber dabei bewusst sein, dass man auch auf diese Weise selbst entscheidet und verantwortlich ist. Und man kann sich die Frage stellen: Ist es leichter zu entscheiden, bei *wem* man sich Rat holen soll, wer dazu befugt ist, einen solchen zu geben, wer der verlässliche Experte ist – *woher weiß ich das?* –, als selber in der eigenen Sache einen begründeten Entschluss zu fassen?

4.4. Selbstverwirklichung oder Selbsterkenntnis? Probleme des Ich-Erlebens

Das bereits erwähnte «Auskunftsbüro», in dem man sich nach sich selbst erkundigen kann, ist einerseits ein Symptom der Passivität, andererseits aber auch ein Zeichen mangelnder *Sicherheit*, mangelnden Selbstvertrauens, dass man fähig sei, die eigenen Probleme zu lösen. Es war auch mehrfach von der irrealen Selbsterfahrung die Rede, die die Ursache der Unsicherheit und des Fehlens von Selbstvertrauen ist und die der Mensch in Selbstbestätigung und Erfolgsjagd kompensiert. Eigentlich stammen alle seelischen Probleme aus dieser Quelle. Und Aldous Huxley trifft schon den Nagel auf den Kopf, wenn er schreibt: «Wenn ich nur wüsste, wer ich bin, würde ich aufhören, mich so zu benehmen, wie ich denke, was ich bin; und wenn ich aufhören könnte, mich so zu benehmen, wie ich denke, was ich bin, würde ich wissen, wer ich bin.»

Es ist eine Selbstverriegelung zu bemerken, die ihren Grund darin hat, dass ich *bewusst* normalerweise nur einer bin, *der* sich benimmt, *der* sich erkennen sollte; da kann man fragen: Wer soll wen erkennen?

Man kann einsehen – ich hoffe, dazu beigetragen zu haben –, dass die Egoität etwas Unpraktisches ist, abgesehen davon, dass sie dem Menschen nicht gemäß ist. Aber die Egoität wird leider durch Einsicht noch lange nicht überwunden. Sie ist auch nicht durch Einsicht entstanden, sie ist völlig irrational, wird aus dem Unterbewussten gespeist. Das egoistische Bewusstsein ist das gewöhnliche alltägliche Bewusstsein, das wir auch Vergangenheitsbewusstsein genannt haben. Daher ist es schwierig, oft verhängnisvoll, wenn sich dieses Bewusstsein Vorstellungen macht, wie es sein sollte, wenn die Egoität überwunden sein wird. Die egoistische Seelenverfassung kann keine Vorstellungen von der nicht-egoistischen bilden, sie kann jedoch *Ideen* davon bekommen, denn die Fähigkeit der *Intuition* kann auch in dem egoistischen Alltagsbewusstsein unberührt rein von allen störenden Faktoren gelegentlich funktionieren, so wie auf der Ebene des Vergangenheitsbewusstseins alle Erkenntnisfunktionen normal wirksam sein können. Ihr Funktionieren besteht in dem Herunterholen von Inhalten von höheren, überbewussten Ebenen, ohne diese bewusst erleben zu können.

Das normale Funktionieren der Erkenntniskräfte wird durch die unterbewusste Dynamik der Seelenformen und durch die selbstfühlende Art der halbfreien flatternden Kräfte gestört. Die Störung kehrt die hierarchische Struktur der Seele, des Bewusstseins um: die Inhalte und Bewegungen des Bewusstseins orientieren sich nicht von oben nach unten, sondern in umgekehrter Richtung. In der Wiederherstellung der legitimen Struktur besteht die Heilung der Erkrankungen. Nun funktioniert die Seele im Erkennen – im Denken und besonders im Wahrnehmen – gemäß ihrer gesunden Verfassung; daher bestehen die wiederherstellenden Maßnahmen in der konzentrierten womöglich ungestörten und präzisen Ausübung von Erkenntnisfunktionen.

Die Realität des Ich-Wesens kann im Vergangenheitsbewusstsein nicht erlebt werden. Deshalb ist das Fehlen der Selbstsicherheit dieser Bewusstseinsstufe von Haus aus eigen; das zeigt sich in der direkten Form im so genannten Minderwertigkeitsgefühl. Wie fast alle auf sich weisenden Gefühle hat auch dieses keine äußere Ursache und kann nicht durch äußere Erfolgserlebnisse wirklich geheilt werden. Es hat eine *reale* Ursache, die mit dem, was der Mensch im «Leben» erreicht oder nicht erreicht, meistens sehr wenig zu tun hat. Die innere Ursache ist ein überbewusstes Beurteilen des Unterschiedes: was *könnte* ich sein und was *bin* ich; was wären meine Möglichkeiten, was verwirkliche ich von diesen. Nahezu jeder Mensch ist weit im Rückstand mit der Verwirklichung seiner seelisch-geistigen Fähigkeiten und Möglichkeiten. Das ist der wahre Grund aller Minderwertigkeitsgefühle und der Unzufriedenheit mit sich selbst. Wenn die Psychologie häufig Erfolgserlebnisse als Heilmittel empfiehlt, so ist das eine Symptombehandlung, die bekanntlich ständig wiederholt werden müsste. Sie zielt auf ein Verdecken der wahren Seelensituation hin, die nicht geahnt wird. Zum Verdecken hat der Mensch auch ohne psychologischen Rat große Neigung. Das Suchen nach Selbstbestätigung kann aggressive Formen annehmen, es kann in einen Kultus von Hassgefühlen ausarten, es kann daraus der Intrigantentyp, der Lügner, der Draufgänger und auch der pathologisch Argwöhnische hervorgehen. Das Lampenfieber gehört auch zu diesem Symptomkreis. Die Misserfolge und «Frustrationen» bringen jedes Mal die tiefere Unzufriedenheit dem Bewusstsein näher. Angstzustände können mannigfaltige sekundäre Ursachen haben; im Grunde stammen sie aus der Seins-Unsicherheit. Keine irreale Angst vergeht, wenn die «Ursachen» aufhören, denn die wahre Ursache liegt in der inneren Unsicherheit.

Diese Symptome kann man kaum direkt bekämpfen. Man wird nicht dadurch konzentriert, ernst, gut, klug, dass man sich vorstellt, wie es aussieht, dass man sich konkret im konzentrierten Denken oder Wahrnehmen übt, dass man etwas *mit* Ernst tut; dass man Gutes tut, dass man seine Klugheit an entsprechenden Problemen durch Lernen wachsen lässt.

Wo scheinbar das Selbstvertrauen fehlt, dort ist es in Wirklichkeit um denjenigen Menschen schwach bestellt, *der* und in *den er* Vertrauen haben könnte. Die sind eins. Nicht «Erfolge», gelungene Taten helfen grundsätzlich – vorübergehend können sie heilsam sein –, sondern die sachgemäße Ausbildung der wahren Selbsterfahrung, wie sie im Alltagsbewusstsein nicht gegeben ist.

Anstatt von «Selbstverwirklichung» zu *reden*, muss vor allem derjenige *erzogen* werden, der sich verwirklicht. Ist dieser wirklich da, so hat er sich verwirklicht unabhängig von allem äußeren Tun, Erfolg, Anerkennung. Wer die Selbstverwirklichung als etwas auffasst, das nach außen geschehen sollte, der ist und bleibt vom Urteil anderer Menschen abhängig: er scheint «verwirklicht» zu sein in dem Maße, wie er anerkannt wird. Das ist offensichtlich nur Schein.

Alle bisher erwähnten Maßnahmen und Übungen dienen der wahren «Selbstverwirklichung» in diesem Sinne. Sie ist zugleich die sachliche Selbsterkenntnis. Diese wird nicht erreicht, wenn man nur grübelt, seine Schwächen, Gebrechen, Fehler betrachtet, denn der, der diese mit Berechtigung *unabhängig* und autonom betrachten und erkennen könnte, ist noch nicht genügend seiend, genügend da, hat sich noch nicht genügend unterschieden und getrennt von dem, den er betrachten möchte. Zu dieser Abtrennung des autonom Erkennenden im Menschen führen die angegebenen Übungen und Maßnahmen.

Selbsterkennen bedeutet nicht, dass etwas Statisches, das *ist*, erkannt wird – von wem sollte «ich» erkannt werden? Selbsterkennen ist möglich, wenn das Subjekt, der Mensch, zum Erkennenden wird, d. h. wenn er sich als den Erkennenden, nicht als der Erkannte oder sogar *das* Erkannte erfährt. Diese Erfahrung kann nur bei konzentrierter Erkenntnisaktivität oder bei konzentriertem inneren Tun wie z.B. in der als nächste beschriebenen Übung auftreten. Das Entscheidende dabei ist, dass die *Aktivität* des autonomen Ich-Wesens so stark wird, so stark erlebbar, wie die Sinneswahrnehmungen es sind. Ob das durch Erkenntnis- oder durch Willenstätigkeit erfolgt, hängt davon ab, ob individuell die eine oder die andere Tätigkeit geeignet ist, bis zur erwünschten Intensität gesteigert zu werden. Der allgemeine Weg der Gesundung und Weiterentwicklung besteht darin, dass der Mensch durch die starken Seiten des Ich-Wesens versucht, dieses zur Selbsterfahrung im Erkennen, als erkennendes Wesen zu bringen. Ist diese autonome Instanz erweckt und gestärkt, so kann sie aus ihrer Stärke heraus die schwachen Stellen des Seelenwesens bemerken, anschauen, in ihrer hindernden oder ablenkenden Wirkung beobachten und ihnen dann durch indirekte Auflösungsübungen die Kraft abziehen.

Eine weitere Übung ist die Positivität. Sie ist schwieriger, weil sie aus mehreren Teilen zusammengesetzt ist. Wir werden täglich mit Ereignissen, Tatsachen, Menschen und Situationen konfrontiert, die wir negativ werten bzw. als negativ empfinden. Oft kommt es aber vor, dass sich die zunächst ganz negativ empfundenen Ereignisse später als positiv entpuppen. Die «Übung» – eigentlich ein vernünftiges, praktisches Verhalten – besteht aus zwei Schritten. Als Erstes versuchen wir, an den Geschehnissen, Menschen, Situationen etwas Positives zu entdecken. Diese «Entdeckung» muss eine *Erkenntnis* sein. Es handelt sich keineswegs darum, dass man das Schwarze weiß sieht, das Böse für Gutes erklärt; das wäre keine Übung, sondern Illusion oder Selbstbetrug. Das Positive soll *erkannt* werden, darin besteht die Übung. Wenn man in der Gegenwart nichts Positives findet, was ja vorkommen kann, dann fasse man die realen Möglichkeiten einer positiven Entwicklung ins Auge. Dabei ist jede Phantasterei zu vermeiden: das Positive soll *erkannte* Gründe,

Anlagen in der Gegenwart haben, unbegründete Annahmen sollen vermieden werden. Her zeigt sich die Komplexität der Übung: Es ist zugleich ein scharfes Beobachten und eine ebenso scharfe Unterscheidungsfähigkeit notwendig, um real Mögliches von Illusionen zu unterscheiden – mitunter gar keine einfache Aufgabe.

Ist die erste Hälfte der Aufgabe gelungen, so kann es in das Praktische geführt werden. In Bezug auf die Geschehnisse oder Situationen bedeutet das, dass wir aus dem eventuell Schlechten oder Bösen etwas Gutes zu machen versuchen. Allgemein ausgedrückt: Man lernt an den Gegebenheiten. Dieses Lernen ist am besten so aufzufassen, dass man das Ungute zurückverfolgt bis zu seinen tiefen Wurzeln in *mir.* Die Frage lautet so: *Wann begann* eigentlich die betrachtete Geschichte oder die Situation? Man kann erstaunlich weit die Ursprünge verfolgen. Dann schaut man in die Zukunft: Wie kann das erkannte Positive verwirklicht werden? Wir erinnern daran, dass es sich um eine Übung handelt, d.h. um *einzelne* Situationen oder Geschehnisse; um das ganze Leben so zu durchforschen und danach zu gestalten, reichen die Kräfte selten, denn es geht dabei um vertiefte Erkenntnisse. Doch wirkt der einzelne Fall, wenn er gemäß der Übung behandelt wird, gestaltend auf die ganze Lebensführung.

Es ist ersichtlich, dass diese letzte Übung sehr anspruchs-voll ist: vor allem ist die vielleicht leicht hingenommene Beurteilung «positiv» – «negativ» ein sehr großes Problem; im Hintergrund steht ja eine mehr oder weniger bewusst durchdrungene Weltanschauung. Und auch diese kann sich mit der Zeit ändern. Zunächst handelt es sich darum, dass man durch die Übung eine gewisse Konsequenz in einzelne Lebensereignisse bringt.

Der Beruf eines Menschen ist heutzutage oft eine Quelle von Problemen, auch seelischer Art. Es sind heute, besonders unter Jugendlichen, sehr selten Menschen zu finden, die eine ausgesprochene «Berufung» haben, nur für einen bestimmten Beruf eine Begabung empfinden, eine bedeutend größere als für einen anderen Beruf. Es gibt natürlich Menschen, die nur Pianist oder Arzt sein könnten, aber der größte Teil könnte ebenso gut Maschinenbau-Ingenieur wie Lehrer werden oder Bankangestellter, aber ebenso gut Sportwarenhändler. Die Begabung ist nicht so spezifisch, die Neigung für eine Lebensbahn ist nicht so geprägt, wie es bei älteren Generationen war. Daher ist die Wahl des Berufes schwer, andererseits aber auch die Befriedigung im Beruf sehr selten zu finden. Man hat den Beruf nicht mehr lieb. Dadurch verschiebt sich das Interesse auf den finanziellen oder gesellschaftlichen Erfolg, und das Unbefriedigende bleibt weiterhin bestehen: der Beruf füllt nicht mehr das Leben aus. Dazu kommt, dass der Mensch heute viel mehr Freizeit hat. Er kann jedoch wenig mit ihr anfangen, und deshalb wird sie so voll eingeplant, dass auch sie in Hast und Unruhe verstreicht.

Wenn die Wahl des Berufes schwierig ist, weil keine spezifische Neigung für einen Beruf vorliegt, oder wenn man schon in einem Beruf steht, der einen nicht oder nicht ganz befriedigt, und man auch keinen anderen weiß, der einem besser entsprechen würde, dann ist es an der Zeit, das Schwergewicht des Lebens zu verlegen und die Befriedigung auf einem anderen Gebiet zu suchen. Das ist die Ursache, warum *Hobbys* so verbreitet sind.

Die Menschen, die keinen zu ihnen passenden Beruf finden, sind nicht etwa weniger wertvolle Menschen. Sie haben sicherlich ein Interesse, nur ist dieses meistens verdeckt. Sie selbst können es nicht formulieren, und es ist in dem großen «Angebot» auch kaum zu finden. Einerseits können die Betreffenden es nicht erkennen, andererseits ist etwas, was im Dickicht des «Geschäftes» nicht Geschäft ist, kaum erkennbar. Durch das Ins-Wanken-Geraten der traditionellen Stützen und Regeln für das Leben sind die Menschen verunsichert. Wenn ich eine brennende Unsicherheit – *was ist der Sinn des Ganzen?* – in mir trage, wie könnte mich ein Beruf ganz ausfüllen? Früher haben sich mit solchen Fragen nur einzelne «Auserwählte» befasst. Heute sind sehr viele «auserwählt», ohne es zu erkennen. Es fand eine Bewusstseinsentwicklung besonders stark in der weißen Menschheit statt, mit positiven und negativen Folgen. Viele Menschen sind an Fragen dieser Art interessiert. Das Ideal wäre die sachgemäße Beschäftigung mit solchen Fragen in der Freizeit anstatt eines üblichen Hobbys. Diese Fragen sind die andere Seite der realen Selbsterkenntnis und tragen zu ihr bei. Man durchschaut die Situation der Menschheit und seine eigene besser und kommt zu einer Selbsterfahrung: Man erkennt sich als den Erkennenden, damit ist jede Unsicherheit behoben. Dann kann der an sich nicht befriedigende Beruf aufs beste ausgeübt werden, ohne Nebenziele wie die Selbstbestätigung dabei zu verfolgen. Es ist gut, wenn man Befriedigung im Beruf findet. Wenn diese aber nicht dem sachlichen beruflichen Tun gilt – dem Heilen beim Arzt, dem Unterrichten beim Lehrer, dem Schuh von guter Qualität beim Schuster –, sondern dem «Erfolg», dann ist die Qualität der Arbeit nicht gewährleistet. Es gibt bekanntlich Fälle, wo Erfolg und die Qualität der Arbeit oder Leistung nicht immer Hand in Hand gehen. Bei Menschen, die hier charakterisiert worden sind, ist es an der Zeit, sich mit Fragen allgemein-menschlicher Art zu beschäftigen: Wer ist der Mensch? Was ist Schicksal? Was heißt Weltentwicklung? Was ist Geist? Oder: Was ist die Sprache? Sie werden deshalb im Beruf nicht schlechter dastehen, im Gegenteil.

Zusammenfassend kann gesagt werden: Man mache nicht zu viele Übungen, man treffe nicht zu viele Maßnahmen. Außer der allgemeinen, der richtigen Rede, höchstens noch zwei weitere. Obwohl man sicherlich viele Schwächen hat, viele der beschriebenen an sich erkennt oder erkennen könnte, ist es nicht die Anzahl der Übungen, worauf es ankommt, sondern die Intensität, die Konzentriertheit der wenigen, die man macht. Im Prinzip kann man von allen seinen Schwächen befreit werden.

4.5. Ich und Du

Das Vergangenheitsbewusstsein des Menschen heute ist das egoistische Bewusstsein. Durch das egoistische Bewusstsein wird der Mensch zu *innerer* Einsamkeit verurteilt, weil *zusammen*, in einer Gemeinschaft nur Wesen sein können,

Endlich können wir uns aussprechen!

die *gegenwärtig* sind, die überwiegend in einem Gegen-
wartsbewusstsein leben und nach den «Gesetzen» dieses
Bewusstseins ihr Zusammensein gestalten und pflegen. Die
innere Einsamkeit bedeutet, dass der Mensch sie mit sich
herumträgt. Vergeblich ist er in Gesellschaft, vergeblich ist
er in der nächsten Nähe zu einem anderen Menschen. Das
intimste Gespräch zwischen beiden ist noch immer so, als
ob sie z.B. miteinander telefonieren würden.

So ist es nicht erstaunlich, dass die meisten Menschen ihre
Einsamkeit fühlen und beklagen, auch nicht, dass sie durch
Ersatzmittel und Ersatzhandlungen sie zu durchbrechen
versuchen.

Zugleich mit dem drückenden Gefühl der Einsamkeit ist
die Neigung zur Flucht derselben Menschen zu beobachten; die Flucht aus der Gesellschaft, weg von den anderen
Menschen. Ein Widerspruch, der aber unschwer zu verstehen ist. Er kommt aus Resignation: aus der Erfahrung, dass
das Zusammensein ohnehin nicht gelingen wird. Dann ist es
besser, auch seine äußeren Möglichkeiten zu vermeiden.

Es ist im Lichte der vorangehenden Gedanken unschwer
zu erkennen, dass der Mensch viel mehr – auch im anderen
Sinne als die Tiere – ein gesellschaftliches Wesen ist, und
zwar *durch das Wort*. Dieses hat nur Sinn und Existenz im

Hinblick auf andere Ich-Wesen, setzt diese geradezu voraus. Wenn man spricht, spricht man individuell, aber die Sprache ist Allgemeingut eines Volkes, und das Denken, das hinter der Sprache steht, ist Allgemeingut der ganzen Menschheit. Der Mensch bringt individuell das Allgemeinste hervor: man kann nicht gemeinsam sprechen oder denken.

Die Gemeinschaften heute, große oder kleine, sind selten auf das gemeinsame Wesen, auf das Wort gebaut, auch nicht auf das Denken, das ja ein höheres Wort ist. Die Gemeinschaften sind viel eher auf «Bedürfnisse» und die Befriedigung der Bedürfnisse gegründet, auf Egoität, und damit ist ihr Zerfall schon bei der Geburt gegeben. Ihr Grund sind gemeinsame Interessen, wirtschaftliche oder die der Ansichten, Familienzugehörigkeit – in abnehmendem Maße – oder Anziehung der Geschlechter. In jedem dieser Fälle ist das Motiv, das einen bewegt, ein egoistisches. Man will etwas haben. Das bringt Partner zusammen. Aber durch die ihnen innewohnende Gesetzmäßigkeit der Egoität werden sie durch dasselbe Motiv wieder auseinander gebracht.

Selbst wo eine Beziehung – Liebe, Freundschaft, Familie – aus unegoistischen Motiven *entsteht*, muss sie heute *bewusst* gepflegt werden, damit sie nicht abstirbt, sondern erhalten bleibt. Pflege bedeutet, dass die Beziehung durch intuitiv erfasste Möglichkeiten täglich neue Nahrung bekommt, dass sie nicht zur Gewohnheit wird, dass sie täglich neu geboren wird. Denn das Worthafte und somit auch die menschliche Liebe hat die Eigenschaft, immer sterben und auferstehen zu müssen, um nicht ganz und endgültig zu sterben.

Weil das den meisten Menschen unbekannt ist, gehen so

viele schön beginnende Beziehungen zugrunde: Ehen, Liebesverhältnisse, Freundschaften oder Arbeitsgemeinschaften. Äußere Gefahr, Gegnerschaft, Schwierigkeiten können sie eine Weile am Leben erhalten. Ohne schöpferisches Bemühen verblassen sie früher oder später und vergehen. Dieses Gebiet der Bewusstseinsentwicklung erfordert individuelle Tätigkeit, denn die institutionellen Einrichtungen, wie die kirchlichen oder staatlichen, reichen längst nicht mehr aus.

Damit der Mensch auch nur mit *einem* anderen oder mit mehreren zusammensein kann, muss sowohl die individuelle wie auch alle Gruppenegoität zum Schweigen gebracht oder wenigstens teilweise umgewandelt werden. Eine Gruppe, deren Glieder sich unter Absage von individuellen Egoitäten zusammenschließen, die sich aber als Gruppe von anderen Menschen und Gruppen abschließt oder sich sogar *gegen* andere Menschen, andere Gruppen richtet, ist ebenso dem Zerfall ausgesetzt wie die, die auf individuelle Egoitäten gebaut ist. Die Egoität hat die Eigenschaft, dass sie sich teilt und vermehrt. Zuerst ist die Gruppe nach innen friedlich zusammen, dann entstehen Fraktionen, Parteien, Unterfraktionen, bis es zur völligen Vereinzelung kommt.

Die Übung der Positivität ist hierbei maßgebend: *erkennen*, was im anderen Menschen wertvoll ist, und erkennen, dass *er* dieses Positive ist. Schwächen, Unterbewusstes ist in jedem vorhanden, aber dies ist nicht der Mensch. Das ist gerade das, was ihm entwendet, nicht von ihm geformt und beherrscht ist, obgleich er sich auch mit den Zielsetzungen des Unterbewussten mehr oder weniger identifiziert. Die analytische Psychologie zeigt dem Menschen vor allem, was er *nicht* ist, was nicht *er* ist. Nicht dass man mit den Schwächen eines Menschen nicht rechnen muss – das wäre eine Illusion. Aber wie eine Grippe oder eine Lungenentzündung nicht zum Ansprechbaren in der Persönlichkeit gerechnet wird, so ist auch alles das nicht mit ihm identisch, was dem autonomen Menschen als seelisches Gebilde fremd, widerspenstig, feindlich ist. Es ist natürlich eine schwierige Situation, wenn der Betreffende sich mit seinen Krankheiten identisch fühlt und *erklärt*. Dann kann der Ansprechbare in ihm nur indirekt berührt werden.

Man kann fragen, wodurch der Bereich des Unterbewussten seine Macht über den Menschen, über die Seele hat. Geht man der Frage nach, so findet man «Verlockungen», den Wunsch, sich «etwas Gutes zu tun» im egoistischen Sinne, «Genüsse» verschiedener Art. Ein Teil der Genüsse benutzt den Körper, seine biologischen Funktionen als ihr Mittel. So wird aus der Befriedigung des Durstes Trunksucht, so ist es auch mit dem Rauchen, in dem Geschmack, Geruch und Atem zusammenwirken. Es gibt auch rein seelische Genüsse, wie die Befriedigung der Eitelkeit. Keine Genusssüchtigkeit geht vom Körper aus. Alle sind «Bedürfnisse» der Seele. Dem lebenden Körper sind die Befriedigungen dieser «Bedürfnisse» der Seele mehr oder weniger schädlich. Die seelischen egoistischen «Freuden» sind oft durch eine scheinbar ganz unegoistische Hülle schwer erkennbar gemacht. So kann z.B. jemand einem anderen Menschen materiell, seelisch oder sogar geistig *helfen*, wobei der Helfende eine ganz egoistische Freude dabei erlebt: bis zu dem Fall, wo es ihm wichtiger ist, dass *er* es ist, der hilft, als dass überhaupt geholfen wird. Natürlich wird dadurch auch die Qualität der Hilfe fragwürdig. Befriedigte Eitelkeit, Ehrgeiz, oder einfach «Erfolg» sind Freuden seelischer Art, die keineswegs weniger egoistisch sind als körperliche Freuden.

> «Freude, schöner Götterfunken,
> Tochter aus Elysium …»

Schiller hat sicherlich nicht die bisher charakterisierten «Genüsse» oder Freuden gemeint. Hinter ihnen steht immer eine Begierde, ein Gefühl, das mit einem Willensimpuls verbunden ist: etwas, das man mit Recht «die *Außenseite* des Seelischen» nennt (R. Steiner). Dies wirkt auf den Menschen, weil er sich darin nicht artikulieren, sich damit innerlich nicht identifizieren, es nicht von innen erleben kann, wie etwa einen Gedanken, der ganz «Innenseite» ist, wenn er Gedanke für mich ist und ich ihn, soweit wie möglich, verstehe. Er kann mir nicht eine Außenseite zeigen wie eine Begierde oder ein Gefühl, die auch dann «außen» bleiben, wenn ich mich voll ihrer Befriedigung widme, mich mit ihnen eins fühle: ich erleide sie, ich weiß nicht, woher und warum sie mich überkommen und übermannen – *Nescio!* Der Gedanke hat keine Außenseite. Er ist *Wort.* Die Begierden, Genüsse, Gefühle egoistischer Art sind *Wirkungen.*

Das «Nescio», das Nichtwissen wird durch das Geschäft mit den Genüssen genährt: «Befriedige deine Begierden, damit du sie los wirst» oder «Befriedige sie, damit sie befriedigt werden und sich gleich neu bilden» – das bleibt sich gleich. Die «körperlichen» Begierden, die nie dem Körper dienen, und die «seelischen» Erregungen, die auf das Vorstellungsleben durch Vorstellungsbilder wirken und somit auf das Gefühl, verursachen mehr oder weniger «Lücken» im Bewusstsein, durch die der Mensch den Blick oder den Gesichtspunkt seiner *ganzen* Lebensführung, die Ganzheit seines Lebens teilweise oder völlig verliert. Die «Lücken» weiten sich mit der Zeit aus, falls der Mensch ihnen und ihren Ursachen nicht entgegenwirkt. Man spricht dann von dem «Herunterkommen» des Betreffenden. Dies kann manchmal durchaus auch von einem «Aufstieg» im äußeren Leben begleitet sein.

Das «Entgegenwirken» kann nicht einfach aus Askese, Entwöhnung oder dem Verzicht auf Befriedigung bestehen. Die Kräfte, die in einer menschenwidrigen Form als Sucht, als Begierde, als Leidenschaft gebunden sind, müssen aus dieser Form befreit und dem Ich zugeführt werden. Unsere ganze Hygiene beruht auf diesem Prinzip. *Die* Maßnahmen, welche zum Abbau des Übermaßes an ungesunden Genüssen führen, können unter dem Namen «Reine Wahrnehmung» zusammengefasst werden. Sie ist im Vergleich zu den vorangehend aufgezeigten schwieriger zu verwirklichen. Daher sei hier nur ein Umriss von ihr gegeben, mehr die Richtung andeutend, während eine ausführlichere Beschreibung im nächsten Kapitel folgt.

Am Beispiel der Feinschmeckerei kann festgestellt werden, dass die Empfindungs- und Gefühlserlebnisse, die «Freude» oder Wohlgefühle beim Essen dem Genießenden keine Erkenntnisse – etwa wie die Kunst – vom Gegessenen noch von den Vorgängen selbst bringen. Es bleiben typische selbstfühlende Empfindungen, auch dann, wenn der Feinschmecker über einen «künstlerisch» differenzierten Geschmack verfügt. Es wird nicht das Genossene erkannt, sondern die Geschmacksorgane werden gebraucht, um ein Wohlgefühl seelischer Art zu erleben. Man kann fragen: Was ist daran «schädlich», warum soll das etwas «Schlechtes» sein? *Wenn es doch auf der anderen Seite gerade «gut» ist?* Man muss das Phänomen der Genüsse sehr objektiv anschauen, wenn man entdecken will, warum heute noch viele, vor hundert Jahren fast alle Menschen gefühlsmäßig mindestens das extreme Maß der Genüsse für schädlich gehalten haben und sich ihrer *schämten.*

Man kann manche für alle Genüsse kennzeichnenden Eigenschaften schon bemerken. Der Mensch wird bei diesen Genussarten wie auf einem Punkt gefesselt. Aus der Trunksucht führt kein Weg heraus. Sie ist eine Sackgasse. Das andere Merkmal ist, dass der Mensch bei diesen «Freuden» ganz passiv ist, er lässt das Geschehen über sich ergehen. Das Modell hierzu könnte etwa das Einnehmen von Chemikalien sein, das im Bewusstseinsleben bestimmte Vorgänge auslöst, ohne dass der Mensch die Wirkungsweise verfolgen oder den Wirkungen bewusstseinsmäßig widerstehen kann. Weiterhin sind die Genuss-Erlebnisse eindeutig egoistisch: der Mensch will etwas für sich.

Wenn man diese Erlebnisse einreihen will in das Inventar der Seele, dann muss man sie als *Wahrnehmungen* registrieren. Nur unterscheiden sie sich beträchtlich von den gewöhnlichen Wahrnehmungen. Die Letzteren sind meistens fast frei von Gefühlsgehalt: Es sind nicht die begleitenden, von den Wahrnehmungen verursachten Gefühle gemeint, sondern die im Wahrnehmen selbst erfahrbaren. Auf der anderen Seite von den gewöhnlichen Wahrnehmungen stehen die künstlerischen Wahrnehmungen: fast ganz Gefühl, aber aktiv, unegoistisch; die Gefühle beziehen sich nicht auf den Erlebenden, sondern auf das Erlebte. Genüsse sind solche Wahrnehmungen, die aus ganz aus unterbewussten Gründen aufsteigenden Gefühlen und Empfindungen bestehen. Der Mensch steht den gewöhnlichen Wahrnehmungen als Betrachter gegenüber: das erfahrende Wesen, das Ich wird nicht oder nur wenig einbezogen. Eben dadurch kann es das erfahrende Prinzip sein. Beim Genießen gelangen die «Wahrnehmungen» gar nicht an das Ich heran, sie bleiben im empfindenden Wesen stecken, reißen das Ich mit, so dass der Mensch in diesen Wahrnehmungen wie in einer «wohlschmeckenden» Ohnmacht untergeht. Genüsse sind solche Wahrnehmungen, an die sich das Ich verliert. Damit ist ein weiterer wesentlicher Charakterzug zur Erscheinung gekommen: eine Funktion, eine Kraft – hier das Wahrnehmen – arbeitet eine Ebene tiefer als gewöhnlich. Anstatt zum Ich als Wahrnehmendem zu gelangen, erreicht die Wahrnehmung nur die Empfindsamkeit. Damit verliert die Wahrnehmung ihren Wort-Charakter, der zum Ich gehört. Anstatt Wort zu sein, wird aus ihr *Wirkung*. Nachdem gezeigt wurde, wie das gewöhnliche Gefühl den Menschen in die Passivität lockt und drängt, ist es nicht verwunderlich, dasselbe in Bezug auf die besonders starken Empfindungsgedanken feststellen zu müssen.

Obwohl das Ich bei den Genusserlebnissen sich in einer Art Ohnmacht befindet, können Süchte – Genusssucht – doch nur beim Menschen, bei Ichwesen, nie beim Tier auftreten. Von Haustieren, die durch die Menschennähe in ihrer Empfindungsstruktur gestört sind, soll hierbei abgesehen werden. Zur Sucht ist das Ich notwendig. Doch wird seine Wirksamkeit eben im Genuss ausgeschaltet oder herabgemindert. Die Notwendigkeit und die gleichzeitige Verdrängung des Ich besagt, dass es sich hier nicht um eine gesunde Funktion handelt. Dass sie krankhaft ist, mag heute vielleicht komisch klingen, weil das Krankhafte als das Normale akzeptiert wird. Aber es ist schon zu sehen, dass bei dieser Struktur manches in die Richtung des Tierischen geht: als ob durch das *Abdanken* der ichhaften Funktion ein unterbewusst gebildetes seelisches Tierwesen auf Kosten der Ich-Kräfte sein parasitäres Leben fristen würde. Unterbewusst ist sicherlich die Herkunft, das «Warum?» der Sucht, sowohl der «körperlichen», durch den Organismus bewirkten als auch der seelischen Genüsse.

An dieser Stelle soll die Drogensucht erwähnt werden, die eine besondere Wirkungsweise hat. Es wird auf den physischen Organismus als Bewusstseinsträger oder Bewusstseinsspiegel chemisch-biologisch gewirkt. Die Wirkungsweise bleibt unbewusst, sogar unbekannt. Der «Genuss» ist seelisch, d.h. das Bewusstsein wird entsprechend zwanghaft verändert. Der «Erfahrende», ohnmächtig den Einwirkungen zu widerstehen, ist den nunmehr *seelischen* Erlebnissen ausgeliefert. Diese sind seelisch, denn *geistige* Erlebnisse kann nur der Geist haben. Dieser wurde jedoch durch die

Droge in Ohnmacht gesetzt, in seiner regelmäßigen Verbindung mit dem physischen Träger des Bewusstseins gestört: er kann seine autonome Funktion, das Aufmerksamsein, die Lenkung der Aufmerksamkeit, nicht mehr ausüben.

Die Tendenz des Herabsinkens der Bewusstseinsebene ist allgemein. Das kann auch am Phänomen des verbreiteten Literaturersatzes, an den Krimis, Pornos, Bild-Romanen gesehen werden. Diese alle sind allein auf das Was, nie auf das Wie ausgerichtet. Sie wollen nicht mitteilen, sondern *bewirken:* Erregung im Seelischen, Gefühle der Bosheit, der Grausamkeit, Vorstellungen von Handlungen, die vom Autor und vom Leser scheinbar verurteilt werden, aber durch die Art ihrer Formulierung doch ansteckend wirken – ein alter Trick, erfunden und viel geübt von Marquis de Sade.

Wenn Sie wählen können zwischen einem Thomas Mann oder Musil oder Huxley oder Virginia Woolf oder Proust und einem Krimi, Fernsehfilm, was wählen Sie? Die meisten Menschen antworten: Wenn ich müde bin, den Krimi, den Film. Aber sehr viele Menschen sind *schon immer so müde* oder faul, um so zu wählen: es erfordert viel weniger, fast keine Aktivität.

Jedes Untergehen des Ich-Erlebens unter die ihm entsprechende Ebene, das Aufgeben des *autonom-bewussten* Menschen, wird durch ein speziell gefärbtes Wohlgefühl begleitet. Das ist einer der Charakterzüge bei egoistischen Genüssen. Diese Eigenschaft ist der Widerschein einer anderen Gebärde: das Sich-Aufgeben in der Liebe zu einem anderen Menschen. Zu beiden Gesten ist das Ich notwendig.

Aber einmal geht es unter in seiner Schwäche; einmal *gibt es sich* selbst auf durch Stärke und wird dadurch noch stärker.

Der andere vorwiegende Zug der Genüsse ist das schon erwähnte Sich-selbst-Fühlen. Es ist ein Ersatz für das Ich-Erleben in der Gegenwärtigkeit. Das Selbstfühlen beruht auf dem seelischen Überwuchern des Tastsinns, der das ganze Leben, die empfundene Weltanschauung des modernen Menschen entscheidend bestimmt: als Wirklichkeit wird anerkannt, was tastbar ist – das liegt tief und «handgreiflich» in unserer seelischen Einstellung. Nun funktioniert der Tastsinn so, dass der Mensch durch ihn von der Welt sehr wenig erfährt, eigentlich nur einen Punkt, von dem er weiß, dass er außerhalb seines Körpers liegt oder außerhalb seines tastenden Organs. Zur Gestaltwahrnehmung, zur Glätte oder Härtewahrnehmung gehört noch das Funktionieren anderer Sinne, des Bewegungssinnes, Gleichgewichtssinnes: Mit unbewegter Fingerspitze nimmt man weder Härte, noch Gestalt, noch Rauheit oder Glätte wahr. Was aber der Tastsinn in seiner Funktion zugleich vermittelt, ist das Empfinden der tastenden Körperstelle. Diese Empfindung ist mindestens so intensiv wie das Fühlen des Betasteten und ist die körperliche Grundlage oder die Sinnes-Seite des egoistischen Selbstempfindens. Durch die Notwendigkeit des Selbstempfindens ist der Tast-Charakter jeder Sinnesfunktion beigemischt: ein wenig «tasten» wir auch im Sehen, Hören usw.

In den Genüssen tritt der Tast-Charakter, das Selbstfühlen mit gesteigerter Intensität auf. Schon Buddha spricht in seinen Reden von den Gefahren der «Berührung». Die

«Berührung» ist am stärksten im Sexuellen ausgeprägt. Und das Sexuelle im weitesten Sinne gefasst ist die gefährdetste Stelle beim heutigen Menschen. Warum es so ist, würde sehr weit von unserem Thema wegführen; wir begnügen uns mit der Feststellung einer allgemein bekannten Tatsache. Weil das Sexuelle im Leben der Seele mit Recht oder Unrecht eine zentrale Rolle spielt, wollen wir uns damit befassen.

Obwohl es vielen Menschen einzusehen schwer fällt, liegt die Triebkraft zum Sexuellen nicht in der Sexualität selbst und auch nicht in der Vorstellung eines Genießens, sondern in der Suche nach einem Menschen. Im *Suchen nach einem Menschen*, der die Einsamkeit des Suchenden aufheben kann, der das Gefühl des Alleinseins, der Zusammenhanglosigkeit vertreiben kann. Noch in dem unpersönlichsten Geschlechtsakt ist dieses Motiv zu entdecken. In dieser Beziehung ist das Sexuelle ein Ersatz und unterliegt dem Gesetz des Ersatzes: es befriedigt nie ganz. Der Mensch macht auch die Erfahrung, dass körperliche Nähe die Einsamkeit nicht aufhebt. Diese Enttäuschung kann ihn zum Verächter des Sexuellen machen, von dem er abhängig bleibt, und auch zu jemandem, der nunmehr, verzichtend auf alles, was ihn auf die Suche geschickt hat, nur noch im Akte allein seine vorübergehende Befriedigung sucht. Im Sexuellen spielt das Vorstellungsleben eine sehr starke Rolle. Je weiter sich diese Sphäre von der Fortpflanzung, vom Zeugen von Nachkommen, von ihrer biologischen Funktion entfernt, umso mehr beschäftigt sie das Vorstellungsleben, umso mehr bildet sich um sie herum eine Welt der Selbstzwecke. Dies trifft für jeden Genussbereich zu. Es entsteht eine Welt von Gewohnheiten, auch soziale Formen, und um diese herum eine Reihe von Industriezweigen, die den sozialen Formen dienen. Die Vorstellungswelt wird in dieser Richtung von der Werbung, von Filmen, Theaterstücken, Literatur und Pseudo-Literatur dauernd angesprochen und angeregt. Wenn der «normale» Mensch die Empfindung hat, er sei nicht frei in seinem Willensleben, dann macht er die Erfahrung der Unfreiheit sicherlich auf diesem Gebiet. Diese Erfahrung trägt viel dazu bei, dass der Mensch sich als Mensch aufgibt. Die Versuche, dieses Lebensgebiet vor den erwähnten Gefahren durch Heiligung, durch Sakramente zu schützen, die in jeder Zeitepoche, in jeder Kultur von den Religionen unternommen wurden, haben heute kaum eine Wirkung.

Wir haben im Sexuellen die ausgeprägteste und am meisten hervortretende Form einer Gewohnheitssphäre, die in ihren Motiven und Triebkräften aus dem Unterbewussten herrührt. Jede Begründung, die diesen Trieb aus dem Biologischen zu erklären versucht, ist irreführend. Nicht das Biologische, sondern das Seelische ist ihre Quelle, wie auch die aller «Wünsche»; das Biologische ist des Genießens selber so unfähig wie eine Pflanze und wird nur als Mittel zum Genuss benutzt.

Nun ist es an der Zeit, ganz eindeutig auszusagen: der Autor ist kein Feind des Genießens, kein Asket und predigt auch keinen Asketismus. Nichts wäre vom Gesichtspunkt der Bewusstseinshygiene verfehlter, als auf die Genüsse einfach zu verzichten. Worum es geht – und das mag sehr befremdend klingen –, ist die langsame Ausbildung einer vollständigeren Wahrnehmung, durch die wir eine andere Art von Freude erleben können als durch den gewöhnlichen Genuss.

Genüsse sind sehr unvollkommene Wahrnehmungen, bei denen wir uns selbst bzw. den Genuss empfinden. In den gewöhnlichen alltäglichen Wahrnehmungen vernehmen wir fast keine Gefühls- und Willenskomponente des Wahrgenommenen, obwohl diese da sind, wie die künstlerische Erfahrung es mindestens ahnen lässt. Im Genuss sind diese Komponenten zu nicht-erkennenden Funktionen herabgesunken oder verzerrt. Daher bilden Genüsse ein Gebiet, über das man nicht gern nachdenkt, denn man müsste dadurch Konsequenzen aus dem Nachdenken ziehen. G. B. Shaw sagt darüber einiges in seinem Problemstück «Mensch und Übermensch» aus. In einem Gespräch zwischen Don Juan und dem Komtur im III. Akt heißt es:

Komtur:
«Ich brauche nicht zu begreifen, *warum* ich genieße. Ja, ich ziehe sogar vor, es nicht zu begreifen. Meine Erfahrung lehrt mich, dass unsere Vergnügungen nicht vertragen, dass wir über sie nachdenken.

Don Juan:
«Deshalb ist der Verstand so unbeliebt. Aber dem Leben, der Kraft, die hinter dem Menschen steht, ist der Verstand eine Notwendigkeit, weil der Mensch ohne ihn in den Tod stolpert.»

Der Mensch stolpert sicherlich in den Tod, wenn er sich

auf seine Gefährdung und auf seine positiven Möglichkeiten nicht besinnt und sich in seinem Leben nur durch sein Unterbewusstes leiten lässt. Und es ist nicht schwer zu erkennen, dass durch die Sphäre der Genüsse ein soziales Verhalten bestimmt wird, das den Menschen das Zusammensein miteinander unmöglich macht. Ein Verhalten, eine unbewusste oder halbbewusste Weltanschauung, die auf Genuss und Bequemlichkeit und auf Egoität gegründet ist, verbreitet wiederum Egoität durch Erziehung und durch seine gesamte Lebenspraxis. Damit ist auch die Ausbeutung der Natur und die Ausbeutung des Menschen verbunden, womit nicht nur wirtschaftliche Ausbeutung gemeint ist. Es kann einer seinen Ehepartner benutzen, dann ist das Ausbeutung, ohne jeden wirtschaftlichen Missbrauch und dennoch menschenunwürdig. Egoität kann nicht durch Entschlüsse oder durch Willen oder durch gute Absicht einfach abgelegt oder verwandelt werden. So bleibt einem nichts anderes übrig, als den langen Weg zu betreten, der durch die Schulung des Wahrnehmens zu einer vollständigeren und deshalb Freude bringenden Wahrnehmungsart führt; zu einer Freude, deren Ersatz man in den gewöhnlichen Genüssen hat.

4.6. Die Schulung des Wahrnehmens

Diese Schulung ist für diejenigen Menschen gedacht, die ihre seelischen Probleme weitgehend gelöst haben. Es schadet niemandem, wenn er die angegebenen Versuche und Übungen probiert. Einiges auf diesem Weg erreicht aber nur derjenige, der sonst nicht viele Schwierigkeiten mit sich selbst hat.

Die Sprache, das Sprechen ist zu einem *zweckmäßigen* Tun geworden, obwohl alle bekannten Sprachen nach den heutigen Untersuchungsergebnissen keine auf Zweckmäßigkeit ausgerichteten Gebilde sind, namentlich nicht zu dem Zweck der Mitteilung von Informationen. Sie tragen weitaus mehr Möglichkeiten in sich, als von Sprachkünstlern, Dichtern und Schriftstellern verwendet werden, Möglichkeiten, deren sich in früheren Entwicklungsstufen der Menschheit die Kulte bedienten. Aus ihnen ist die Sprache auch ursprünglich hervorgegangen.

Einen sehr ähnlichen Werdegang hat das Wahrnehmen. Der Erwachsene beschränkt sich heute normalerweise auf ein Informationswahrnehmen. Das heißt, er nimmt nicht mehr wahr, als was ihm gerade wichtig und möglich ist. Wenn die Dinge und Phänomene um ihn herum bekannt sind, dann genügt ein Minimum von Sinnestätigkeit; man muss ein Haus, einen Hund, einen Menschen kaum anblicken, um zu wissen, worum es sich handelt. Es genügt ein ganz oberflächliches Hinblicken, um die entsprechenden Urteile über das Wahrgenommene formulieren zu können.

Vergleicht man mit dieser rein informativen Wahrnehmung die des kleinen Kindes, so kann man einen ungeheuren Unterschied an Intensität im Wahrnehmen feststellen. Beim Kind ist das Wahrnehmen ein Erlebnis mit starken Gefühlsfärbungen; die Gegenstände, die Phänomene der

Wahrnehmungswelt haben Gefühls- und Willenswertigkeiten. Die Dinge «leben», «sagen» etwas, sind geheimnisvoll, freundlich oder drohend. Jede Psychologie und Pädagogik des Kindes weiß um die Wichtigkeit der Wahrnehmung: unter Wahrnehmungsarmut gedeiht das Kind weder geistig noch körperlich – reiche Wahrnehmungsmöglichkeiten lassen es aufblühen.

Dass die kindliche Wahrnehmung von der des Erwachsenen sich unterscheidet, hat mehrere Gründe. Vor allem stützt sich beim Kind das Wahrnehmen viel weniger auf vorgefasste Begrifflichkeiten. Diese müssen erst gebildet werden. Deshalb ist die Tätigkeit der Sinne intensiver, es muss alles gründlich angeschaut, betastet, gehört werden. Andererseits ist die intensive Sinnestätigkeit auch viel lebendiger, gefühlsgesättigter. Die Sinnestätigkeit ist noch eng mit der Gefühlswelt verwachsen, und diese ist noch teilweise erkennend, d.h. wirklich *fühlend*, hinausfühlend, nicht selbstfühlend wie beim Erwachsenen. Die Wunder des Entdeckens sind mit den Wundern des seelischen Erlebens verbunden. Die Hingabefähigkeit des Kindes ist viel größer als die des Erwachsenen; dies in dem Maße, wie das Kind noch nicht egoistisch die Aufmerksamkeit auf sich selbst wendet. Das seelische Erleben ist vielfarbig und vielseitig und kann durchaus bezeichnet werden, und es heißt: Freude, Freude am Wahrnehmen. Diese Freude gilt nicht dem Wahrgenommenen, sondern dem Wahrnehmen selbst. Besser gesagt, das Wahrnehmen ist von seinem Objekt noch nicht so weit getrennt wie später beim Erwachsenen.

Das Wahrnehmen des Kindes steht seinen Lebensprozessen sehr nahe, ist mit diesen bekanntlich eng verbunden. Die Wahrnehmungswelt um das Kind herum beeinflusst tief seine Lebensvorgänge. Dazu kommt, dass diese viel intensiver erlebt werden: das Essen «sagt» dem Kind nicht nur: «es schmeckt» oder «es schmeckt nicht», sondern es dringt mit seinen Qualitäten tief in die Sinnesprozesse ein, nicht nur durch die betätigten Sinne, wie Geschmack, Geruch, Sehsinn usw.

Man kann sofort merken: die Intensität des Wahrnehmens beim Kinde wird beim Erwachsenen durch die Fülle, durch die Menge der Wahrnehmungen ersetzt. Diese sind dann wirklich nur Ersatz: denn die Qualität kann nie durch Quantität ersetzt werden. Im Alltag herrscht das Informationswahrnehmen, das keine Freude bringt. Freude am *Wahrgenommenen* hat der Erwachsene – vom Künstlerischen abgesehen –, wenn er zur Unterhaltung, aus Zeitvertreib «wahrnimmt», nicht aber am Wahrnehmen. Seine «Wahrnehmungsgier» bleibt stets auf der Informationsebene in den passiven Unterhaltungsarten stecken. Er will von Wahrnehmungen überhäuft werden, ohne die Art, die Qualität des Wahrnehmens zu ändern. Die Freude dabei hat auch eine völlig andere Qualität als die beim Kind.

Die Frage ist berechtigt: Wohin verschwindet der Reichtum an Gefühlen, an Willenselementen, wie sie beim Kinde zu finden sind? Man kann diese Elemente in den «Genüssen» wiederfinden, allerdings in stark veränderter Form: die Gefühle sind extrem selbstfühlend, es bleibt extrem wenig «Sagen» dabei, d.h. der Genießende «hört» wenig, vernimmt wenig von dem, was er genießt. So gliedert sich die ganze Symptomatik der Genusssucht in das Problem des Gefühlswesens bzw. der Egoität ein und findet ihre allmähliche Lösung dementsprechend in der Schulung des Wahrnehmens. Diese soll die immer passive – d.h. immer von außen her erwartete, herankommende und somit erlittene – «Freude» in eine aktive, von innen her entstehende, der künstlerischen und schöpferischen nahestehenden Freude, nun wirklich in einen «schönen Götterfunken», verwandeln. Wer sie einmal erfahren hat, weiß, dass selbst die intensivsten Genüsse nur ihr blasser Abglanz, ein wahres Linsengericht des Esau sind, wofür wir unsere größeren Freuden vorzeitig verkaufen. Allerdings ist der Weg zu ihnen weit.

Die Wahrnehmungsschulung beginnt mit sehr einfachen und leichten Übungen – man nennt sie besser Versuche. Diese dienen dazu, Erfahrungen über das Wahrnehmen zu sammeln.

1. Man nehme einen beliebigen Gegenstand, entweder von Menschen gemacht oder von der Natur geschaffen, und schaue ihn gründlich an. Dann versuche man, sich ihn mit geschlossenen Augen oder von ihm abgewandt vorzustellen. Man vergleiche wiederholt die Anschauung und die Vorstellung.

Drei grundlegende Erfahrungen können dabei gemacht werden.

Wir bemerken zunächst, dass wir den Gegenstand im Vorstellen sehr unvollständig reproduzieren können. Das wird besonders auffällig, wenn er ein Naturgegenstand ist, ein einfacher kleiner Kieselstein etwa: seine unregelmäßige Form, sein Geäder, seine Farbe wird im Vorstellungsbild kaum genau erscheinen können. Ähnlich wird es uns mit den einfachsten von Menschen geschaffenen Dingen ergehen. Anders bei einer Kunststoffkugel, die keine Struktur hat. Deshalb ist es besser, etwas zu nehmen, das nicht künstlich hergestellt und unstrukturiert ist, wie Holz, Textil oder Metall.

Das zweite, das uns auffallen kann, ist die Abstraktheit oder das *Gedankliche* unseres Vorstellens. Es werden nicht nur Einzelheiten weggelassen; das Vorstellen orientiert sich meistens nicht an dem, was wir gesehen haben, sondern an dem, was wir darüber wissen. Wir stellen uns einen Teller meistens kreisförmig vor. So sieht man ihn aber nur genau zentral von oben oder von unten. Wir sehen ihn selten kreisförmig und dementsprechend *sehen* wir seine Muster am Rand usw. auch nicht kreisförmig angeordnet oder symmetrisch. Auch die Beleuchtung ist nur sehr selten symmetrisch, und dadurch werden die *wirklich wahrgenommenen Farben unterschiedlich*, obwohl wir wissen, dass sie gleich sind.

Die dritte Erfahrung ist vielleicht die auffälligste. In Bezug auf die Intensität der Vorstellungsbilder sind wir individuell unterschiedlich begabt. Die Bilder werden mehr oder weniger blass. Eines ist in jedem Fall erlebbar: im Wahrnehmen ist etwas da, das auch beim noch so intensiven Vorstellen fehlt.

Versuchen wir dieses Element wiederholt zu erfahren und zu charakterisieren.

Es ist wesentlich, die Erfahrungen wirklich selbst zu machen. Diese Lektüre ersetzt sie nicht. Ähnlich wie mit dem Sehen ist es möglich, mit den übrigen Sinnen zu experimentieren, um dann das Wahrnehmen und das Vorstellen zu vergleichen. Die individuellen Unterschiede in der Vorstellungsfähigkeit im Hören, Tasten, Riechen, Schmecken, Wärmeempfinden sind sehr groß. Beim Hören können wir Klänge – einen Gong oder einen musikalischen Ton – und auch Sprechen zum Thema nehmen. Die Sprechstimme eines Menschen wird im Vorstellen schon eine komplizierte Aufgabe sein, obwohl wir eine Stimme ohne Schwierigkeiten erkennen.

Bei allen Versuchen kann erfahren werden, dass sämtliche Sinnesqualitäten vom Wahrnehmungsgegenstand abgelöst und in das Vorstellen hereingenommen werden können. Was im Vorstellen dem Wahrnehmen gegenüber fehlt, ist etwas anderes. Denn dieses Element fehlt immer, unabhängig von der Intensität, mit der eine Sinnesqualität im Vorstellen reproduziert wird.

Wer diese Übungen macht, wird sich versucht fühlen, dem Vorstellungsvermögen durch «Einprägung», durch beabsichtigtes «Merken» im Wahrnehmen nachzuhelfen. Man soll dieser Versuchung widerstehen und sich nichts «merken» wollen. Denn durch Bewusstseinsgebärden solcher Art leidet nicht nur die Spontaneität und Fülle des Wahrnehmens – man kann sich nur Einzelheiten «merken» –, sondern das Schwergewicht wird auch unversehens in die Richtung des Gedanklichen verschoben, was gerade vermieden werden sollte. Es geht nicht darum, dass das Vorstellen *gelinge* oder dass es präziser sei, es geht nicht um ein *Ergebnis*, besonders nicht auf dem Verstandesweg, sondern darum, die spontane Vorstellungskraft zu üben, weil damit die Intensität des Wahrnehmens gesteigert wird. Also: intensiv wahrnehmen, dann versuchen das Wahrgenommene vorzustellen, ohne darauf bedacht zu sein, inwieweit das gelingt; einfach wiederholt wahrnehmen und vorstellen, unbekümmert um den Erfolg. Das *Tun* ist wichtig, nicht das *Gelingen*.

Alle diese kleinen Experimente haben trotz ihrer Bescheidenheit eine wohltuende Wirkung, nicht nur auf die Sinneswahrnehmung, sondern auf das ganze Innenleben. Und durch ihre relative Anspruchslosigkeit sind sie geeignet, den Menschen an das Üben, auch an die Freude am Üben heranzuführen. Es soll betont werden, dass jedes der Experimente nüchtern, mit Objektivität, unter Vermeidung von Stimmungen, Emotionen und Illusionen ausgeführt werden soll.

2. Das Wahrnehmen wird umso reicher, intensiver, je lebensnaher, je weniger blass das Vorstellungsbild des Wahrgenommenen produziert werden kann. In den Experimenten ist auch eine Konzentrationsübung versteckt. Je mehr die Qualitäten von dem Wahrnehmungsbild abgelöst werden können, je weniger dieses «ertastet» und durch die eingreifende Begrifflichkeit abstrakt bleibt, umso mehr wird nach und nach wahrgenommen. Die zwei Tätigkeiten, Wahrnehmen und Vorstellen, verstärken sich gegenseitig. Der Unterschied – als Abstand aufgefasst – bleibt immer erhalten, seine Qualität ändert sich. Beim Reproduzieren in der Vorstellung geht es allein um das Wie, um die Intensität der Qualitätserlebnisse; nie um das Was der Wahrnehmungen oder seiner Einzelheiten. Daher ist es vorteilhaft, sich

auf die unausdrückbaren Züge zu konzentrieren, auf die unregelmäßige Gestalt, feine Struktur, Oberflächenqualität eines Steines oder eines Pflanzenblattes, wofür es keine Worte, keine festgelegten Begriffe gibt.

Die zweite Art von Wahrnehmungsversuchen besteht in dem Bemerken und Erleben feiner Unterschiede. Zu solchen Versuchen eignet sich z.B. der wolkenlose oder wenig bedeckte Himmel, an dem in den verschiedenen Richtungen voneinander ganz abweichendes Blau zu sehen ist. Ebenso das verschiedene Grün einer Wiese, des Waldes, eines Berghanges. In ähnlicher Weise können die mit der Tageszeit wechselnden Farben genommen werden, beispielsweise an einem See, an einem Fluss oder einfach an einem Baum. Mit Hörqualitäten ist es ebenso: der Wellenschlag des Meeres, das Rauschen der Bäume bei verschiedener Windstärke, das Geräusch eines Baches, eines Wasserfalles kann beobachtet und im Vorstellen reproduziert werden.

Bei all diesen Versuchen ist es ratsam, kleine Pausen einzuhalten. Es ist gut, vor der Wahrnehmungsphase eventuell mit geschlossenen Augen zu warten, um nachher das Wahrnehmen frisch und neu, wie das erste Mal zu erleben.

3. Die Wahrnehmungsversuche wurden bisher nach den einzelnen Sinnen geordnet angegeben. In Wirklichkeit aber nehmen wir nie bloß durch einen Sinn wahr, sondern so, dass ein Sinn beim Wahrnehmen vorherrschend ist und einige andere Sinne noch erfahrbar daran teilnehmen. Alle übrigen nehmen andeutungsweise, wie homöopathisch am Wahrnehmen teil: eigentlich sind immer alle Sinne beschäftigt. Das ist bei künstlerischen Wahrnehmungen am leichtes-

ten zu erfahren. Je vollkommener die Wahrnehmung ist, um so mehr Sinne sind beobachtbar daran beteiligt. Die Beteiligung der begleitenden Sinne unterscheidet sich wesentlich von denen, die vorherrschend wirksam sind.

Daher besteht der nächste Schritt in der Erziehung des Wahrnehmens darin, dass man versucht, auf andere als die vorherrschenden Sinne zu achten. Beispielsweise kann man bei Farbwahrnehmungen sich fragen: Wie riecht es, wie schmeckt es? Oder bei Geschmacks- oder Geruchswahrnehmungen: Was für eine Farbe könnte es sein? Bei Formwahrnehmungen ist auf natürliche Weise der Eigenbewegungssinn mit tätig.* Man kann aber auch bei Farbwahrnehmungen das leise Berührtwerden des Bewegungssinnes noch spüren und durch inneres Fragen in das Bewusstsein heben: Was für eine Bewegung wird durch die Farbe in mir entfacht?

Der Gleichgewichtssinn ist fast an allen Wahrnehmungsgegenständen beteiligt, ebenso der Lebenssinn. Man kann

---

* Die Geisteswissenschaft Rudolf Steiners unterscheidet beim Menschen zwölf Sinne (s. Rudolf Steiner, *Zur Sinneslehre,* Themen aus dem Gesamtwerk, Band 3, ausgewählt und herausgegeben von Chr. Lindenberg, Stuttgart ⁵2004). Diese sind in drei Gruppen unterteilbar. So spricht man von unteren, mittleren und oberen Sinnen. Die unteren Sinne sind: Tastsinn, Lebenssinn, Eigenbewegungssinn und Gleichgewichtssinn. Zum Tastsinn gehört nicht der Wärmesinn; dieser stellt eine besondere *Qualitätsempfindlichkeit* dar. Der Lebenssinn orientiert uns über die Gesamtverfassung unseres körperlichen Lebens, indem wir uns mehr oder weniger wohl fühlen. Der Eigenbewegungssinn steuert unsere Bewegungen. Wir

z.B. beim kombinierten Form- und Farberleben darauf achten, wie das Lebensgefühl, das Gleichgewichtsgefühl und
der Bewegungsimpuls davon berührt werden. Wir schauen
Weiden- und Lindenblätter vergleichend an und versuchen
sie mit den genannten Sinnen nachzuempfinden.

Es ist bei diesen Versuchen wichtige Voraussetzung, dass
wir weder in Spekulationen noch ins Assoziieren hinein-

brauchen nicht hinzuschauen, um zu wissen, was für eine
Form unsere Hand, unser Finger usw. beschreibt. Für gezielte
Bewegungen wäre das Sehen nur nachträglich möglich. Vom
Gleichgewichtssinn weiß auch die Biologie; ebenso vom
Wärmesinn, Geruchssinn, Sehsinn, Geschmacks- und Hör-
sinn. Dass der Mensch Laute oder Worte durch den Lautsinn,
Begriffe und Gedanken durch einen Begriffssinn vernehmen
kann, gehört zu den Lehren der Geisteswissenschaft. Ebenso,
dass die Anwesenheit eines menschlichen Ich durch einen
Ichsinn oder Du-Sinn wahrgenommen wird. «Sinn» wird in
diesem Zusammenhang alles genannt, wodurch der Mensch
ohne Verstandestätigkeit zu Erkenntnissen kommen kann.

kommen: es geht um Erlebnisse oder Erfahrungen, um *Wahrnehmungen,* nicht um Gedanken oder Gedankenfetzen *über* Wahrnehmungen. Diese Wahrnehmungen sind bei den meisten Menschen anfangs sicherlich sehr zart, kaum bemerkbar. Es gilt weiterzuüben, ohne sie zu forcieren, sie zu *wollen.*

Den beschriebenen Versuchen verwandt, für manche vielleicht noch leichter zu verwirklichen, ist das Achten auf das Ausweitungsgefühl oder das Einengungsempfinden, das zu erfahren ist, wenn die Aufmerksamkeit auf ein entferntes oder auf ein nahes Objekt gerichtet wird. Man wird bemerken, wie das In-die-Weite-Schauen mit Einatmen, das In-die-Nähe-Schauen mit Ausatmen verwandt ist. Es ist zu ahnen, dass ein solches Atmen auch im Wahrnehmungsleben normal und gesund ist.

Es ist durch diese Versuche im Wahrnehmen den gewöhnlichen Wahrnehmungen gegenüber eine neue innere Haltung zu gewinnen. Diese besteht darin, dass der Wahrnehmende nichts außer seiner Aufmerksamkeit der Wahrnehmung entgegenbringt und alles von «außen» her erwartet. Das bezieht sich besonders auf die Begrifflichkeit. Trotzdem ist diese Einstellung alles andere als Passivität: die «erwartende», aber nichts Bestimmtes erwartende Aufmerksamkeit ist die größtmögliche Aktivität. Diese Haltung ist ähnlich der, mit der man richtigerweise Musik hört. Der bringt man auch nichts von sich aus entgegen, sondern lässt sie selbst sprechen.

In Bezug auf die Musik ist diese Haltung deshalb leichter zu erreichen, weil man nicht versucht ist, ihr Begriffe,

Worte, fertige Gedankengebärden entgegenzubringen. Die Einstellung aber, die durch die Versuche angestrebt wird, ist der künstlerischen nur verwandt, nicht gleich; sie geht nicht auf das *Schöne*, sondern auf das *Wahre* hinaus. Sie lässt die Wahrnehmungswelt, zunächst besonders die Natur, in die Richtung «aussagen», wo ihr «Sinn», ihre «Bedeutung» liegt. Denn das Zusammenfügen von Wahrnehmung und Begriff ist in Bezug auf Naturphänomene nur *nominalistisch*. In Wirklichkeit wissen wir nicht, was «Nelke» oder «Maikäfer» für einen «Sinn» haben, wie wir es von «Löffel» wissen. Der Sinn der Naturphänomene ist durch das gewöhnliche Denken nicht zu fassen. Schon die Sinnesqualitäten sind Begrifflichkeiten so hoher Art, dass man sie durch gewöhnliche Begriffe und Worte nicht ausdrücken kann. Deshalb kann man einem Blindgeborenen nicht erklären, was Gelb oder was Blau ist. Ebenso wenig kann man ausdrücken, was ein Vogelschrei oder Löwengebrüll «bedeutet».

Die Haltung der Wahrnehmungswelt gegenüber verändert sich langsam, und sie hat ihren Schwerpunkt im Gefühlsleben. Man bekommt eine Empfindung, als ob das Wesen der Wahrnehmungswelt hinter einem Teppich von Gewohnheiten, Erlerntem, einem Begriffsgeflecht verborgen wäre. Ab und zu wird der Teppich ein wenig auseinander gezogen, und das wirkliche Wesen der Welt dämmert gefühlsmäßig herauf. In diesen Augenblicken empfindet der Experimentierende beim Anblick einer Naturszene einfach Sinn, Weisheit, Harmonie:

Ein Blumenglöckchen
vom Boden hervor
war früh gesprossen
in lieblichem Flor;
da kam ein Bienchen
und naschte fein:
die müssen wohl beide
für einander sein.

Goethe, «Gleich und Gleich»

Die alten Inder nannten solche Augenblicke das Sehen von «So-Sein», Thathata.

4. Wenn der Experimentierende spürt, dass er während der Übung eine andere Art von Gefühlen erlebt als sonst, dass das Wahrnehmen durch neue, wenn auch leise Gefühle begleitet wird, dann kann er versuchen, diese Wahrnehmungsart immer nur übungsweise auf kleine unschuldige Genüsse wie Essen, Trinken, Rauchen usw. anzuwenden. Da der Mensch viel mehr in Genüsse verwickelt ist als in andere Wahrnehmungen, wird ihm das schwerer sein, und deshalb ist es ratsam, lange Zeit hindurch mit den leichtesten und unschuldigsten Genussarten zu experimentieren. Die ersten Erfahrungen werden zeigen, dass die Genüsse in diesen Versuchen an Intensität zunehmen. Diese Intensität ist nicht von derselben Art wie früher. Erst erfahre man die Steigerung der Intensität, dann achte man auf ihre neue Qualität. Die Arbeit mit Genüssen soll stets vorsichtig, versuchsartig und spielend bleiben.

Durch das leise, vorsichtige Aufmerksamsein wächst die Intensität der Sinneswahrnehmung. Wenn wir beim Sehen eines Phänomens auf die Geschmacks- oder Geruchsempfindung aufmerksam werden, ohne darüber zu spekulieren oder verstandesmäßig zu versuchen, einen entsprechenden Geschmack zu finden, erstarkt die Geschmacks- bzw. Geruchskomponente der Wahrnehmung, die auch sonst, nur unbemerkt, anwesend ist und das Erleben färbt. Dasselbe Verfahren kann auf Genuss-Wahrnehmungen angewendet werden. Auch das Vorstellen des erlebten Genusses verhilft zur Wandlung seiner Qualität.

Die Änderung unserer Einstellung in Bezug auf die Sphäre der Genüsse ist von grundlegender Bedeutung für die ganze Einrichtung unseres Lebens. Diese richtet sich dann nicht mehr nach dem, was angenehm und bequem ist. Egoismus, der heute den Menschen in seinem Tun, Fühlen, Wollen und nicht selten auch im Denken leitet, kann überwunden werden, indem eine neue Art von Freude in den Bereich des Erlebens tritt. Diese Wandlung ist alles andere als leicht, bequem oder angenehm. Sie führt aber zu größeren Freuden. Man kann sie auch die «reinen Freuden» nennen. Und obwohl dieser Weg schwierig ist, muss er angetreten werden, wenn die Menschheit nicht untergehen soll durch die Folgen eines Lebens, das durch die Egoität bestimmt wird.

5. Aufbau eines Erkenntnisweges*

5.1. Was ist ein Erkenntnisweg?

Ein Erkenntnisweg soll zu einem vollständigeren Erkennen führen. Das erfordert aber die Wandlung des *ganzen* Menschen. Denn die Erkenntnisfähigkeit des Menschen ist von seiner seelischen Verfassung, von seiner seelischen Hygiene sehr abhängig. Ein solcher Weg gehört durchaus in eine seelenhygienische Betrachtung, weil dem heutigen Menschen die zum Erkennen verwendbaren Kräfte einfach zufließen und weil er allein mit ihnen etwas anfangen muss, sonst werden aus ihnen Hindernisse für das Leben: *unter*bewusste seelische Formen.

Das Erkennen hat aber eine bis jetzt kaum bemerkte Bedeutung für das ganze menschliche Leben. Im Allgemeinen geht der Mensch davon aus, dass die Realität fertig und ohne sein Erkennen existiert. Er nimmt sie als ein Gegebenes, das im Nachhinein zu erkennen ist. Er nimmt nicht wahr, dass er es stets mit einem *Bild* der Wirklichkeit zu tun hat, das durch die Ergebnisse seines nicht bewusst erreichten Erkennens bestimmt ist und gerade aus diesem Erkennen

---

* Dieses Kapitel kann überschlagen und später gelesen werden, wenn dafür Interesse erwacht.

besteht, dem er sich nun bewusst in einem zweiten Akt zuwendet. Wie weit das zweite Erkennen in der Auflösung des durch Erziehung, im nichtselbstbewussten Alter gegebenen Weltbildes geht und gehen kann, das wird *die* Wirklichkeit bestimmen, in der dann der Mensch lebt. Wenn wir *unsere* Wirklichkeit anschauen, haben wir allen Grund, mit der Erkenntnisart, durch die sie zustande gekommen ist, nicht zufrieden zu sein.

Wie der Mensch erkennt, so lebt er. Er wird seine Welt, bewusst oder unbewusst, stets nach seinem Erkennen gestalten. So schafft Erkennen Realität – und indem es schaffend ist, bereitet es Moralität vor. Erkennen selbst sagt noch nichts darüber aus, was ich tun soll. Aber es bestimmt und gibt die Wege und Möglichkeiten an, wie etwas zu erreichen oder zu vermeiden ist. Der moralische Akt folgt – normalerweise – auf das Erkennen.

Es ist eine allzu natürliche Frage: Ist jeder für eine solche Schulung geeignet? Man kann die Kriterien der Eignung in zwei Fragen fassen:

1. Woher kommen deine Gedanken? Bildest du sie selbst oder werden sie dir gegeben?

2. Woher kommen deine Wahrnehmungen? Bildest du sie selbst oder werden sie dir gegeben?

Wie auch die Antworten lauten werden – die exakten Antworten sind gar nicht einfach –, der Antwortende ist zu einem solchen Schulungsweg reif, wenn er die Fragen *versteht*. Dann weiß er nämlich, was mit «Gedanken», was mit «Wahrnehmungen» gemeint ist, und dieses zu verstehen bedeutet, dass in ihm die Bewusstseinsseele so weit ausgebildet ist, wie es eine Erkenntnisschulung erfordert. Unreife bezeugt es, wenn in den Antworten auf die Fragen ihr Nichtverstehen zum Ausdruck kommt. Dann kann der Betreffende nicht auf seine Bewusstseinsinhalte schauen, was doch das Kriterium der Bewusstseinsseele ist. Der hier skizzierte Erkenntnisweg gilt für die Weiterbildung der Bewusstseinsseele. Diese ist bei jedem halbwegs «normalen» Menschen, der europäisch-amerikanische Erziehung «genossen» hat, entwickelt. Selbstverständlich wird niemand einen Erkenntnisweg betreten können, der an schweren seelischen Problemen leidet oder eine ihn daran hindernde körperliche Krankheit hat.

In Bezug auf das Alter sind heute kaum einheitliche Kriterien zu geben. Es gibt Zwanzigjährige, die Greise sind, es gibt Neunzigjährige, die jung sind. Viel mehr als das Alter sind die Lebensumstände wichtig. Als Richtlinie kann gesagt werden: Nur wer mitten im Leben steht und eine äußere Existenz hat, sollte sich ernsthaft mit einer Erkenntnisschulung abgeben, und ohne Ernsthaftigkeit sollte sich keiner damit befassen. Die Schulung der Erkenntnisfähigkeit bedeutet die Erziehung und Anerziehung der freien menschlichen Seelen- und Geisteskräfte, die sonst für den Menschen überbewusst bleiben. Und sie bedeutet den Versuch, die Hindernisse zu einer solchen Entwicklung zu beseitigen. Durch sie wird das improvisierende, schöpferische, unfertige – von Gewohnheiten nicht eingeschränkte – Wesen des Menschen, sein autonomes Wesen gestärkt. Wir können auch sagen: Gegenüber dem, was in ihm in weitestem Sinne mechanisch, durch fertige Formen ermöglicht ist, wird in einer Bewusstseinsschulung das worthafte Wesen in seiner Mächtigkeit unterstützt. Der Mensch lernt immer mehr, dem Worte nach zu leben. Es geht nicht nur um Erkenntnisfähigkeiten. Viel mehr sind diese nur ein Weg – allerdings kein Umweg – für die Umwandlung des Menschen zum Menschen, wie er wirklich sein kann.

Der Weg muss mit dem Erziehen des Denkens beginnen, denn wir tun alles durch denkerische Entscheidungen. Selbst wenn wir auf das Denken verzichten wollten, wäre das ein Ziel, das vom Denken erfasst und beschlossen wäre, wie auch die Mittel zu diesem Ziel. Es war zu sehen, wie weit das Denken gewöhnlich im Dienst des Nicht-Denkens der egoistischen Wesenheit steht. Die ersten Schritte auf dem Erkenntnisweg sind Versuche, das Denken aus der Unterjochung durch das unterbewusste Wesen zu befreien.

Ist dieser Schritt einigermaßen vollzogen, dann arbeitet der Mensch an seinem Bewusstsein an den Stellen weiter, an die er durch die menschheitliche Entwicklung herangeführt wurde: an Grenzerfahrungen des Bewusstseins, an den Wurzeln des Denkens, Wahrnehmens, Vorstellens. Diese Wurzeln stehen nach oben, wie im Bild einer umgekehrten Pflanze.

Durch diese Schritte müssen auch die Reste der früheren, nichtbewussten Erziehung, alle Dogmen, Vorurteile, Denk-, Gefühls- und Willensgewohnheiten nach und nach aufgelöst werden, denn sie wirken im Bewusstsein wie Einschlüsse, die den Kreislauf, die Bewegung des Lebensblutes stören und hindern. Hierzu dienen die genannten Auflösungsübungen. *Die Pflege des allen Menschen gemeinsamen über-*

bewussten Elementes, frei von fertigen Gestaltungen, kann das Gewohnheitsmäßige nicht in sich aufnehmen, ohne es aufzulösen und immer wieder neu zu gestalten.

Was als allgemeine Seelenhaltung auf einem Weg der Bewusstseinsentwicklung erforderlich ist, ist eine schwere Aufgabe, weil sie dem alltäglichen Leben so fremd ist. Auch für dieses Leben wäre sie eine ideale Haltung, aber das hat heute einen anderen Stil. Diese Einstellung ist heute im künstlerischen Tun zu finden und dazu ebenso unentbehrlich wie für den Schulungsweg. Man kann sie mit einem Ausdruck von A. Huxley die «aktive Gelassenheit» oder «aktive Gelockertheit» (active relaxation) nennen. Sie ist das Gegenteil von Verkrampfung, Angestrengtheit durch Nervenarbeit, von Stress usw. Man kann mit verkrampften Fingern, mit verkrampfter Hand weder musizieren noch malen. Im Musikunterricht wird viel Arbeit darauf verwendet, die Hand zu lockern, damit sie das künstlerische Tun, gemäß der Inspiration, verrichten kann. Etwas Ähnliches ist zu erreichen in Bezug auf die Bewusstseinsgebärden. Es ist ein Willensproblem. Der Wille, mit dem man nach *außen* arbeitet, ist nicht geeignet, eine Bewusstseinsübung zu vollziehen. Was man gewöhnlich Spontaneität nennt, ist das Gegenteil eines Willensaktes. Die Spontaneität, die in den Übungen zu erlangen ist, ist dem Erwachsenen nicht gegeben, sie ist gewollt, jedoch nicht mit dem gewöhnlichen Willen. Im Osten würde man sagen: ein nicht-wollender Wille. Wir können ihn improvisierenden Willen nennen. Man weiß nicht im Voraus, *was* man improvisieren wird, und doch ist es kein Zufall, nicht richtungslos und nicht sinnlos. Es ist mit dem Spielen stark verwandt und ist auch Spiel. Im Gegensatz zur Passivität ist es eine in Bereitschaft wartende *Aktivität*.

Der Weg fängt mit dem *Studium* an. Dieses dient dazu, Übung in der Beobachtung der Bewusstseinsphänomene zu erwerben; Begriffe von höherer Qualität für die Realitäten zu bilden, durch die die Bewusstseinsphänomene, das Wesen des Menschen und der Welt beschreibbar und verständlich werden; sich eine Art Landkarte zu erwerben, auf der der Weg vorgezeichnet ist, sich über den Aufbau des Menschen und der Welt zu orientieren.

Andererseits ist das Studium notwendig, um Illusionen oder Täuschungen bei den seelischen Erfahrungen zu vermeiden. Denn gegen die Gefahr von Illusionen muss auf diesem Weg sehr viel getan werden. Das kann nur geschehen, wenn das Denken wach, nüchtern und rein ist. Rein von allem, was nicht Denken ist.

Man kann kaum beschreiben, wie man «gut» Klavier spielt. Man kann sehr genau beschreiben, was man dabei *vermeiden* soll. Die Beschreibung von Bewusstseinsübungen ist noch viel heikler, weil jeder selbst sein individueller Flügel, seine individuellen Noten und gleichzeitig der Pianist ist. So möchte man die Beschreibung so geben, dass nach der Schilderung eines Schrittes das Geschilderte wieder aufgelöst und in die eigene individuelle Form übersetzt wird. Das bedeutet, dass hier mit der intensiven Mitarbeit des Lesers gerechnet wird, mit seinem feinen Einfühlen, das notwendig sein wird, um zu verstehen, was mit den hier sicherlich unzulänglichen Worten gemeint ist.

5.2. Das Studium

Das Studium besteht im verstehenden Lesen von Werken, die für den heutigen Menschen, für das heutige Bewusstsein – der Bewusstseinsseele – Beschreibungen über die genannten Themen bieten. Für den Autor dieses Buches sind damit vor allem die Werke, besonders die geschriebenen Werke von Rudolf Steiner gemeint. Rudolf Steiner (1861 – 1925), Begründer der Anthroposophie oder der anthroposophischen Geisteswissenschaft, war Philosoph, vor allem aber Geistesforscher. Sein Ziel war, die früher «okkulten» – d. h. verborgenen – Forschungsgebiete zu einer Art höheren Wissenschaftlichkeit zu verwandeln und so der Allgemeinheit zugänglich zu machen, sofern man das von einer Wissenschaft, z. B. der Mathematik, sagen kann. In seinen Werken hat er versucht, das Wesentliche seiner Forschungsergebnisse von zwei Seiten her darzustellen.

Die Darstellung ist nicht leicht, und die Werke sind alles andere als leicht verständlich. Das ist auf der einen Seite erfreulich, der Leser muss dabei sehr aktiv werden. Andererseits ist vielleicht kein Werk so sehr dem Missverständnis ausgeliefert wie dieses – sehr ähnlich den Evangelien, die das Wesen des Christentums wiedergeben. Für was alles haben sie schon zur Rechtfertigung gedient!

Die Schwierigkeiten des Mitteilens stammen aus dem Umstand, dass es sich nicht um «Informationen» handelt. Über die Bereiche, die hinter der Tatsachenwelt, der Welt der Dinge und der durch Sinne wahrnehmbaren Vorgänge liegen, kann es keine Informationen geben, weil diese die

Welt sind, durch die Tatsachen, Dinge, sinneswahrnehmbare Vorgänge *werden* – die Welt des Werdens. Information heißt: A ist gleich B. So etwas wie «ist» gibt es in der Welt des Geistes nicht. Aber es gibt auch keine im Voraus, vor dem Erkennen festgesetzten Elemente A und B in der geistigen Welt und daher kein Wissen darüber. Die Informationslehre, die sich mit dem Mitteilen und nicht mit dem Entstehen der Informationen befasst, setzt diese Elemente voraus.

Die geistige Welt ist in dauernder Wandlung, und da sie die Welt des *Erkennens*, nicht die geläufige Welt des *Erkannten* ist, wird sie auch durch jedes Erkennen verändert. Das Erkennen ist ein Teil von ihr.

Nun ist unsere Sprache völlig der Mitteilung von Informationen angepasst. Sie kann nicht direkt zur Beschreibung der Geisteswelt verwendet werden. Sie kann aber auf zweierlei Weise indirekt dazu dienen. Einerseits wird sie zur Gestaltung einer Bilderwelt benutzt, die auf die zu beschreibende Geisteswelt *hinweist*, wie das Schriftzeichen auf das, was es bedeutet. «Kuh» – diese drei Buchstaben weisen auf eine Kuh hin, ohne mit ihr die geringste Ähnlichkeit zu haben. Aber auch eine gezeichnete Kuh – wie sie in der Bilderschrift vorkommt –, ist nur andeutungsweise und transformiert dem ähnlich, was sie «darstellt»: klein, zweidimensional, aus Papier, Tinte usw. Der Mensch muss, um zu einem adäquaten Verstehen zu kommen, diese Bilder «lesen» lernen, er muss sie in dem Sinne «als ob» verstehen. Die Bilder geben nicht die unmittelbare Realität wieder, sondern können das seelisch-geistige Erlebnis an der Realität entfachen. Das aber ist dem heutigen Menschen nicht ohne weiteres gegeben. Daher neigt er dazu, sich aus den Bildern eine zweite Vorstellungswelt zu bauen, zu der er weder ein Wahrnehmen noch entsprechende Begriffe hat, wie man sie zu einer Vorstellung normalerweise haben muss.

Die andere Weise des Beschreibens richtet die Aufmerksamkeit des Lesers auf die Bewusstseinsprozesse, genauer gesagt: auf die Vorgänge des Erkennens. Durch die Aufmerksamkeit erstarken die Erkenntnis-Vorgänge, und die Aufmerksamkeit steigert sich selber. Die dem Alltagsbewusstsein sonst verdeckten Zonen des Vor- oder Überbewussten hellen sich auf, weil die Ebene des Bewusstwerdens steigt. So kommt der Übende in die Welt des Erkennens in die geistige Welt. Er macht Erfahrungen im Erkennen, die ihm die Qualität der höheren Begriffe vorzeichnen. Diese müssen intuitiv gebildet werden, um die bildlichen Schilderungen zu verstehen, sie «übersetzen» zu können. Diese Bilder-Welt ist für die Begriffsbildung das, was dem Kind die ihm durch die Sinne *gegebene* Wahrnehmungswelt zur Bildung gewöhnlicher Begriffe ist. Bei eingeschränktem Wahrnehmen bilden sich nur schwer und spärlich oder überhaupt keine Begriffe.

So ergänzen sich die zwei Akte der Forschungsbeschreibung. An den Schilderungen der Bewusstseinsprozesse, die zur inneren Aufmerksamkeit hinleiten, erwacht ein *beobachtendes* Denken, das zunächst die Phänomene des erkennenden Bewusstseins, dann aber auch die Bewusstseinshindernisse des Erkennens beobachtet. In dieser Tätigkeit müssen entsprechende neue Begriffe, Ideen aufblitzen, sonst kann, wie beim gewöhnlichen Wahrnehmen, keine Beobachtung stattfinden. Diese neuen Begriffe, z.B. das «lebendige Denken» im Unterschied zum Gedachten, tragen eine innere Bildhaftigkeit in sich, die nichts zu tun hat mit der Bildhaftigkeit der Sinneswahrnehmungen oder den an diesen gebildeten Vorstellungen. Je mehr *erfahrend* – nicht folgernd – diese «Beobachtungstätigkeit» durch Konzentration ermöglicht wird, umso bildhafter werden die rein im Denken gebildeten Begriffe. Sie entsprechen keinen Gegenständen, sondern Prozessen.

Wenn man nach solcher Übung – denn diese Art von Lesen ist ein Üben – an die bildhaften Schilderungen herangeht, so ist bei diesen die gleiche Art Denken anzuwenden, also nicht ein *vorstellendes*, sondern ein *reines* Denken, rein von Vorstellungen, von Wahrnehmungsresten und natürlich rein auch von Vorurteilen, Erinnerungen, Gewohnheiten. Man versuche den Text so zu lesen, als ob man seine Worte das erste Mal vernehmen würde. Jede Assoziation soll schweigen. Mit der vorher erübten inneren Bildhaftigkeit als Fähigkeit bekommen die Bilder der Schilderungen die Richtung, die sie nehmen sollten, wie sie gemeint sind: sie werden als Symbolzeichen für innere Erlebnisse die notwendigen, entsprechenden Begriffe im Lesenden hervorrufen.

Das Studium ist die Übung und Einübung des reinen Denkens. Dieses wird rein genannt, weil es frei von den Elementen der Sinneswahrnehmung, des Gefühlsmäßigen im gewöhnlichen Sinne, frei von Vorurteilen, von Assoziationen ist. Der Mensch kann heute das reine Denken auf den Gebieten der Mathematik, Logik, Geometrie betätigen. In diesem Studium soll er lernen, diese Fähigkeit auf das Gebiet der Bewusstseinsphänomene auszuweiten. Das bedeutet, dass das reine Denken nun auch sich selbst in die stets innerlicher werdende Beobachtung einbezieht. Dieser Schritt, die Einbeziehung der erkennenden Tätigkeit in die Realität, ist der wichtigste im Gestalten eines neuen Weltbildes.

Im Sinne der vorangehenden Gedanken ist es angebracht, das Studium mit einem Werk zu beginnen, das in der Sprache der Bewusstseinsvorgänge geschrieben ist»*; bei einigem Fortschritt im Erwerben der inneren Beobachtungsfähigkeit dann dazu parallel oder danach ein Werk, das nach der zweiten Art zu lesen ist, z. B. zunächst die *Philosophie der Freiheit*, dann die *Theosophie*. Wie mit diesen Texten umzugehen ist, soll an je einem Beispiel angedeutet werden. Als Erstes soll eine Stelle aus dem 3. Kapitel der *Philosophie der Freiheit* besprochen werden.

«Das ist die eigentümliche Natur des Denkens, dass der Denkende das Denken vergisst, während er es ausübt. Nicht

* In der Sprache der Bewusstseinsphänomene sind ein Teil der grundlegenden Werke von Rudolf Steiner geschrieben: *Grundlinien einer Erkenntnistheorie der Goetheschen Weltanschauung; Wahrheit und Wissenschaft; Die Philosophie der Freiheit; Goethes Weltanschauung; Die Mystik im Aufgange des neuzeitlichen Geisteslebens; Das Christentum als mystische Tatsache; Die Stufen der höheren Erkenntnis; Ein Weg zur Selbsterkenntnis des Menschen; Die Schwelle der geistigen Welt; Vom Menschenrätsel; Von Seelenrätseln; Anthroposophische Leitsätze; Achtzehn Briefe an die Mitglieder.* In dem bildhaften Mitteilungsstil sind gehalten: *Theosophie; Wie erlangt man Erkenntnisse der höheren Welten?; Die Geheimwissenschaft im Umriss; Aus der Akasha-Chronik; Die geistige Führung des Menschen und der Menschheit.*

das Denken beschäftigt ihn, sondern der Gegenstand des Denkens, den er betrachtet.

Die erste Beobachtung, die wir über das Denken machen, ist also die, dass es das unbeobachtete Element unseres gewöhnlichen Geisteslebens ist.

Der Grund, warum wir das Denken im alltäglichen Geistesleben nicht beobachten, ist kein anderer als der, dass es auf unserer eigenen Tätigkeit beruht. Was ich nicht selbst hervorbringe, tritt als ein Gegenständliches in mein Beobachtungsfeld ein. Ich sehe mich ihm als einem ohne mich Zustandegekommenen gegenüber. Es tritt an mich heran. Ich muss es als die Voraussetzung meines Denkprozesses hinnehmen. Während ich über den Gegenstand nachdenke, bin ich mit diesem beschäftigt. Mein Blick ist ihm zugewandt. Diese Beschäftigung ist die denkende Betrachtung. Nicht auf meine Tätigkeit, sondern auf das Objekt dieser Tätigkeit ist meine Aufmerksamkeit gerichtet. Mit anderen Worten: während ich denke, sehe ich nicht auf mein Denken, das ich selbst hervorbringe, sondern auf das Objekt des Denkens, das ich nicht hervorbringe.

Ich bin sogar in demselben Fall, wenn ich den Ausnahmezustand eintreten lasse und über mein Denken selbst nachdenke. Ich kann mein gegenwärtiges Denken nie beobachten, sondern kann nur die Erfahrungen, die ich über meinen Denkprozess gemacht habe, nachher zum Objekt des Denkens machen. Ich müsste mich in zwei Persönlichkeiten spalten, wenn ich mein gegenwärtiges Denken beobachten wollte: in eine, die denkt, und in die andere, welche sich bei diesem Denken selbst zusieht. *Das kann ich nicht.* Ich kann das nur in zwei getrennten Akten ausführen. Das Denken, das beobachtet werden soll, ist nie das dabei in Tätigkeit befindliche, sondern ein anderes. Ob ich zu diesem Zweck meine Beobachtungen an meinem früheren Denken mache, oder ob ich den Gedankenprozess einer anderen Person verfolge, oder ob ich endlich, wie im aufgezeigten Fall mit der Bewegung der Billardkugeln, einen fingierten Gedankenprozess voraussetze, darauf kommt es nicht an.

Zwei Dinge vertragen sich nicht: tätiges Hervorbringen und beschauliches Gegenüberstellen. Das weiß schon das erste Buch Moses. An den ersten sechs Welttagen lässt es Gott die Welt hervorbringen, und erst als sie da ist, ist die Möglichkeit vorhanden, sie zu beschauen: ‹Und Gott sah an alles, was er gemacht hatte; und siehe da, es war sehr gut.› (So ist es auch mit unserem Denken. Es muss erst da sein, wenn wir es beobachten wollen.»

Indem man die im Text beschriebenen Beobachtungen nachvollzieht, erfährt man viel mehr, als in ihm ausgesagt wird. «Die eigentümliche Natur des Denkens» scheint im Vergleich mit der der anderen Bewusstseinstätigkeiten gar nicht bloß das Denken zu charakterisieren: das Sehen, das Schmecken, das Vorstellen vergessen wir auch, wenn sie tätig sind; sie sind mit ihrem Objekt beschäftigt und wir auch. Ihr Unterschied aber zum Denken besteht darin – das ist die nächstliegende Beobachtung –, dass sie sich gar nicht beobachten, selbst wahrnehmen können. Wenn wir die Wahrnehmungsarten, das Vorstellen «beobachten», so geschieht das mit Hilfe des Denkens; wenn wir über sie nachsinnen, ist es auch das Denken, das dabei tätig ist. Da zeigt sich ein Bündel von neuen Erfahrungen: wir beobachten alle Bewusstseinsphänomene durch das Denken; dieses ist es, welches über alle Aussagen macht. Und womit wird das Denken – das vergangene – beobachtet? Mit dem Denken selbst. Es denkt über das Gedachte nach. Dieses «Nachdenken» kann zweifaches bedeuten: Es kann sich auf den Inhalt des Gedachten beziehen oder auf das Tun bzw. auf das Getane, wodurch der Inhalt zum Vorschein gekommen ist. Ist hier die Rede von der Beobachtung des Denkens, dann ist die zweite Bedeutung gemeint. Was kann in diesem Sinne beobachtet werden?

Wenn man auf die innere Form eines Gedankenganges schaut, so sieht man die Spuren einer sinnvollen und zielbewussten Tätigkeit. Das ist umso auffälliger, je neuer, geistreicher oder einen neuen Begriff bildend der Gedanke ist. Da ist kein Zeichen von einem «Probieren» – als ob «jemand» genau gewusst hätte, wie «man es macht», als ob der Gedankengang von Schritt zu Schritt geführt worden wäre. Es gibt dazu offensichtlich kein Vorbild, kein Muster, keine Norm. Und selbst wenn es solche geben würde, müsste die Instanz, die das Denken führt, im Voraus das richtige Vorbild wählen können. Dieses Denken produziert Zusammenhänge, Verhältnisse, die früher nicht da oder verborgen waren.

Man kann auch beobachten, dass unter «Denken» eine Vielfalt von formal ähnlichen Tätigkeiten verstanden wird: das einfache Wiederholen eines Gedankens; die Kombination, das In-ein-Verhältnis-Bringen von mehreren Gedanken und das Erzeugen von ganz neuen Ideen. Das fertige, bewusstgewordene Denken hat eine sprachliche Form. Und sobald ein Denken in Worten einer Sprache da ist, ist es vergangen. Wenn man die Entstehung der sprachlichen Form beobachtet, kann man feststellen, dass sie nicht bewusst hervorgebracht wurde; nicht nur wurde auf Satzbau, Grammatik nicht geachtet, sondern man kennt diese meistens gar nicht, und keinesfalls spricht man die Muttersprache nach grammatikalischen Kenntnissen. Man kann sich auch nachträglich meistens keine Rechenschaft über das Wie der Gedankenformulierung geben. Die Führung, die das Denken in seinem Gang lenkt, ist auch in der sprachlichen Gestaltung tätig. Bewusst wird das Denken in der Sprache, obwohl diese Form ebenso vorbewusst oder überbewusst gestaltet wird wie der Gedanke selbst: auf einer höheren Ebene muss sie sich einer Instanz im Voraus bewusst sein – *vor* der sprachlichen Form, die ich gegebenenfalls wählen kann: sage ich es deutsch oder englisch?

Die «eigentümliche Natur» des Denkens, wie sie «im gewöhnlichen Geistesleben» erscheint, ist eben in dieser Betrachtung aufgehoben. Das bedeutet, dass sie aufgehoben werden kann: ein «Ausnahmezustand». Das kleine Kind ist dazu nicht fähig, nur der Erwachsene kann auf das vergangene Denken «schauen», durch ein neues Denken. Die Instanz, die das schaut, kann selbst nicht in der Vergangenheit liegen, dann könnte sie ja auf diese nicht blicken. Sie könnte überhaupt nicht «blicken», als Vergangenes. Die schauende Instanz ist außerhalb des vergangenen Denkens, in der Gegenwärtigkeit. Wenn das Denken aber seine Gegenwart ergreifen will, kommt es immer zu spät, sie ist schon vorbei.

Man empfindet das Denken als die eigenste Bewusstseins-tätigkeit, hinter der man ganz da ist. Die Aufmerksamkeit muss sich und kann sich ganz in das Denken hineinschmiegen. Und doch kann man nicht sagen, *wie* man denkt. «Es muss erst da sein, wenn wir es beobachten wollen.» Das Denken ist selbstwahrnehmend: wenigstens nachträglich, es weiß immer, was es gedacht hat. «Meine Gedanken wahrnehmen» ist gleichbedeutend mit «denken» oder gedacht zu haben. Der, der weiß, was er gedacht hat, muss auch in der Gegenwärtigkeit des Denkens anwesend sein, sonst müsste er einen hervorgebrachten Gedanken wieder denken, um zu wissen, was er bedeutet. Das Wieder-Denken nähme gar kein Ende. Aber damit das Denken bewusst wird, d.h. die Gedanken wahrgenommen werden, muss es vergangen, in Worten gestaltet sein. Das Wie des Denkens ist ebenso wenig bewusst wie das Wie des Sprechens. Deshalb muss das Denken und Sprechen erst da sein, um ihr Wie von außen her zu ermitteln, zu beobachten. Ihr Ursprung *in mir* ist und bleibt überbewusst. Diese ihre überbewusste Phase ist ihre Gegenwärtigkeit.

Es sind *Beobachtungen*, die man macht, nicht etwa logische Folgerungen. Je weniger diese hereinspielen, umso mehr dämmert eine neue Bildhaftigkeit auf, besonders bei der Betrachtung der Gedankenformen. Sie ist erst vielleicht grau bzw. schwarz-weiß, aber bald wird man Farbiges empfinden, den Gedankengängen entsprechend. Weder die Formen noch die Farben sind Erinnerungen an Sinneswahr-nehmungen, und doch kann man diese Erfahrungen kaum anders als durch Ausdrücke, die sich an Sinnesqualitäten anlehnen, formulieren. Man denkt nicht, sondern beobachtet, schaut, sieht – mit einem *schauenden Denken*. Dieses ist eine neue Errungenschaft des Übenden.

Das Beschriebene ist eine der unzähligen Arten, wie der angeführte Text verarbeitet werden kann. Es ist auch klar, dass Ähnliches beim ersten Lesen von Anfängern kaum hervorgebracht werden kann. Das Beispiel soll die Richtung, die Art und Weise verdeutlichen, wie der Lesende mit diesen Texten arbeiten kann.

Als Beispiel für bildhafte Beschreibungen der Forschungsergebnisse soll ein kurzer Text aus dem Werk *Theosophie*, Kapitel «Leib, Seele und Geist» dienen.

«Die Äußerungen der Lebenskraft nimmt der Mensch durch die gewöhnlichen Sinne nicht wahr. Er *sieht* die Farben der Pflanze, er *riecht* ihren Duft; die Lebenskraft bleibt *dieser* Beobachtung verborgen. Aber sowenig der Blindgeborene mit Recht die Farben ableugnet, so wenig dürfen die gewöhnlichen Sinne die Lebenskraft ableugnen. Die Farben sind für den Blindgeborenen da, sobald er operiert worden ist; ebenso sind für den Menschen die mannigfaltigen, durch die Lebenskraft geschaffenen *Arten* der Pflanzen und Tiere, nicht bloß die *Individuen*, auch als Wahrnehmung vorhanden, wenn sich ihm das Organ dafür erschließt. Eine ganz neue Welt geht dem Menschen durch die Erschließung dieses Organs auf. Er nimmt nun nicht mehr bloß die Farben, Gerüche usw. der Lebewesen, sondern das Leben *dieser Lebewesen selbst* wahr. In jeder Pflanze, in jedem Tier empfindet er außer der physischen Gestalt noch die *lebenerfüllte Geistgestalt*. Um einen Ausdruck dafür zu haben, sei diese Geistgestalt der *Ätherleib* oder *Lebensleib* genannt.»

Dem Leser kann es auffallen, wie sehr dieser Text – übrigens das ganze Werk *Theosophie* – wahrnehmungsorientiert ist. Die Gleichnisse zur Erklärung des Lebensleibes sind dem Gebiet der Sinneswahrnehmungen entnommen. «Lebenskraft» – wie kann man eine Kraft wahrnehmen? Durch gewöhnliche Sinne ist das nicht möglich; man nimmt nur die Wirkungen der Kräfte auf wahrnehmbare Dinge wahr, auch wenn es sich z. B. um Elektrizität handelt. Die Lebenskraft äußert sich auch im Wahrnehmbaren: sie *bildet* aus mineralischen Bestandteilen die lebendige Gestalt der Lebewesen. Man kann fragen: Ist das die einzige Offenbarung dieser Kräfte? Die lebendige Gestalt ist nicht ein *Etwas*, sie kann durch gewöhnliche Sinne oder durch physikalische Apparate nicht wahrgenommen werden. Denn die Lebensgestalt oder Lebensform – im Text wird sie Geistgestalt genannt – der Pflanze z.B. ist ein Inbegriff des Kreislaufes von Samen, Keimling, Wachsen, Knospen, Blühen, Frucht, Samen; aber auch die möglichen Variationen der Pflanzenart nach der Beschaffenheit des Bodens, der Wasserversorgung, des Wetters usw. sind in der Idee dieser Geistgestalt enthalten. Sie ist prozesshaft und lässt in der Erscheinungswelt verschiedene Möglichkeiten zu, die nur durch die Artbeständigkeit begrenzt sind: Hahnenfuß bleibt Hahnenfuß unter allen Umständen. Diese Geistgestalt ist also für das Auge – oder für einen Apparat – nicht sichtbar, doch eine Realität, sogar eine viel stärkere als die sichtbare Pflanze, denn diese ist eine sich verändernde und vergehende individuelle Gestalt, während in der «Geistgestalt» sowohl die Veränderungen im Jahreskreislauf als auch das Überindividuelle mit einbegriffen sind; es gibt ja nur Pflanzen*arten*, nie so etwas wie *ein* einziges Exemplar.

Wenn man die Aufmerksamkeit auf die Idee der sich stets wandelnden Lebens-«Gestalt» der Pflanze lenkt und diese rein gedanklich als die mächtigere Realität gegenüber der Erscheinung anerkennt, so kann man sich klar machen, dass sie «Gestalt» in einem ganz anderen Sinne genannt wird, als wir es gewohnt sind; sie wird wegen ihrer Bestimmtheit so bezeichnet, und diese fällt zusammen mit der Artbestimmtheit. Ob aus einem Samen, durch seine eigene Beschaffenheit und durch die Umstände – Boden, Wetter usw. – eine kleine, verkümmerte oder eine gesunde, kräftige Pflanze hervorgeht, die Art ist bestimmt. Damit rechnet jeder Gärtner, jeder Bauer. Die *Art* ist für unser gewöhnliches Denken eine Abstraktion – Zusammenfassung der Individuen, die zur *Art* gehören – eine nicht humorlose Formulierung. Wir haben aber gesehen, dass diese artbestimmende Geistgestalt die mächtigere Realität gegenüber den Individuen ist: diese entstehen und vergehen, während die Art durch viele Individuen hindurchgehend bleibt und sich darlebt.

Die Art oder die Geistgestalt ist demnach eine Idee, aber eine lebendige und lebenbewirkende. Sie ist «bestimmt», soweit eine Pflanzenart bestimmt ist, sie enthält die Mannigfaltigkeit der Erscheinungsformen in den Individuen. Diese «Gestalt» ist kein gewöhnliches Bild, ist daher auch nicht nach dem Muster unserer Wahrnehmungsvorstellungen vorstellbar. Wer aber die beschriebene Arbeit mit dem Text aus der *Philosophie der Freiheit* nachvollzogen hat, wird die Verwandtschaft mit der dort erfahrbaren neuen Bildhaftigkeit empfinden. Die bei der Betrachtung des Denkens aufdämmernde Bildhaftigkeit ist geeignet, die Geistgestalt des Lebensleibes zu erfassen.

Nun kann der Mensch auf diese Weise mehrere Pflanzenarten betrachten, d. h. mehrere bestimmte Geistgestalten anschauen. Das bedeutet aber, dass er die *Fähigkeit* in sich trägt oder entwickeln kann, lebendige Ideen zu «denken» oder Lebens-Geistgestalten «wahrzunehmen». Das kann nur sein, wenn ihm das, woraus solche Lebenskraftgebilde bestehen, in freier Form zur Verfügung steht. Er kann im Prinzip Beliebiges, beliebige Ideen denken; die Idee einer Pflanzenart ist bestimmt. Die Bildekräfte, die eine bestimmte Geistgestalt aufbauen, sind im Menschen, außer der gestalteten Form seines bestimmten Ätherleibes, auch noch in freier Form anwesend: dadurch ist er Mensch, *unter anderem*. Lebendiges oder gegenwärtiges «Denken» ist eine Tätigkeit in und mit Lebenskräften. Wenn diese gestaltgebunden sind, dann sprechen wir vom Äther-Leib; wenn sie frei sind, können sie im Erkennen vorübergehend jede Gestalt annehmen, und dann können sie Erkenntniskräfte genannt werden. In jedem Fall sind sie gestaltbildend, im Gegensatz zu den physikalischen Kräften.

Es ist ersichtlich, dass hier das Bildliche im Text zunächst mit dem reinen Denken, *ohne Vorstellen* gedacht wurde. Ein Vorstellen würde den Weg zu einer neuen Bildhaftigkeit verschütten. Das Gleiche bezieht sich auf andere Bilder, Farben, Töne usw.: sie deuten nicht auf gewöhnliche Vorstellungs-

bilder und sollen analog dem Beispiel transformiert, zurück-
übersetzt werden in die Erfahrung, aus der sie stammen und
die durch sie beschrieben wird.

Eine besondere Aufmerksamkeit soll auf das *Wie* der
Beschreibungen gelenkt werden, denn darin ist meistens das
Wesen der Erfahrung, mehr als im *Was*, ausgedrückt.

Es wird von Rudolf Steiner oft betont: Man kann seine
Erfahrungen, die dargestellt sind, nicht leicht nachvollzie-
hen, aber mit einem unvoreingenommenen, gesunden Menschenverstand sind die Darstellungen zu verstehen. Diese
Aussage wird die Leser dieses Buches weniger irreführen als
andere, denn wir haben gesehen, wie selten der *gesunde* Verstand ist. Derselben Meinung war auch Steiner: «Aber dieser gesunde Menschenverstand, der muss erst unter Mühe
erworben werden, der ist heute nämlich nicht da, der muss
erst wiederum erworben werden dadurch, dass man dasjenige, was frühere Zeiten atavistisch noch hatten, den Zusammenhang mit der geistigen Welt, was heute nicht atavistisch
da ist, nun erst auf Wegen, die die Anthroposophie angibt,
gewinnt.»* Wer interessiert ist, kann sich orientieren, welch
hohe Anforderungen Steiner unter dem «gesunden Menschenverstand» versteht.**

Wer sich nur ein wenig eingelebt hat in das Wesen der
«richtigen Rede», wird sich hüten, über Studienlektüre
leichthin zu reden, ohne zu beachten, dass es sich da nie um
Inhalte, Wissen, Informationen handelt.

* R. Steiner, GA 176, 26. 06. 1917.
** Vgl. G. Kühlewind, *Die Wahrheit tun*, Kap.: «Das geisteswissenschaftliche Studium», Stuttgart, 2. Auflage 1982.

Alle Übungen und Experimente, die im 4. Kapitel beschrieben sind, können und sollten vor Beginn des Studiums gemacht werden; d.h. vor allem das Üben des richtigen Redens und eine Art Konzentrationsübung, um die zum Beobachten des Bewusstseins und zum Nachsinnen notwendige innere Ruhe und Konzentriertheit zu sichern. Diese Übungen können auch parallel mit dem Studium fortgesetzt werden. Die in den nächsten Kapiteln mitgeteilten dagegen erst dann, wenn der Leser im Studium so weit ist, dass er die Bewusstseinsphänomene selbstständig beobachten kann und in ihm ein Bild vom Wesen des Menschen und seines Bewusstseins entstanden ist.

Das Studium hört nie auf. In den späteren Phasen des Schulungsweges wird es zum meditativen Lesen, und man bezieht dauernd Stoff für das Meditieren aus den Mitteilungen des Geistesforschers. Wie dieser das Studium gemeint hat, soll durch seine eigenen Worte dargestellt werden: «Das Studium ist nicht das Lernen, wie es gewöhnlich geschieht, sondern man muss darauf kommen, dass es für den Menschen ein Denken gibt, welches noch ein flüssiges, wirkliches Denken ist, wobei der Mensch alle sinnlichen Wahrnehmungen um sich herum ausschließt ... Der Mensch muss lernen, alles zu vergessen, von allem absehen, was äußerlich auf die Sinne wirkt, ohne jedoch leeres Gefäß zu bleiben. Das ist möglich, wenn man sich in einen reinen, sinnlichkeitsfreien Gedankeninhalt vertieft, wie er in den Mitteilungen des Geistesforschers enthalten ist, und über das, was sich fortspinnt, sinnt. Ich habe in meinen Schriften diesen Weg verfolgt, ich habe sie so niedergeschrieben, dass, wie bei einem lebendigen Wesen ein Glied aus dem anderen herauswächst, ein Gedanke aus dem anderen organisch herauskommt ... Wer höher hinauf will, muss geisteswissenschaftliche Mitteilungen so lesen. Wer nicht höher hinauf will, der kann sie wie ein gewöhnliches Buch lesen.»[*]

Dieser Text selbst kann Thema des Studiums sein.

5.3. Konzentrationsübungen

Denkkonzentration

In Kapitel 4 wurden schon elementare Konzentrationsübungen angegeben, die zur Stärkung der Autonomie des Ich dienen. Die Aufmerksamkeit wird konzentriert, und diese ist das Maß der Autonomie. Denkt man einen leicht überschaubaren von Menschen geschaffenen Gegenstand, dann macht man zugleich bedeutsame Erfahrungen über das Denken selbst und über seine Hindernisse, die es in seinem Strömen beeinflussen oder ablenken oder einschläfern. Je konzentrierter man einen Gegenstand denkt, und je unbedeutender, uninteressanter dieser ist, umso wacher wird das Denken. Diese Wachheit gilt gewöhnlich – beim konzentrierten Lesen, bei wissenschaftlicher, handwerklicher oder künstlerischer Arbeit usw. – dem Gegenstand. Wird das Konzentriertsein als l'art pour l'art an einem unin-

[*] R. Steiner, GA 97, 22. 02. 1907.

teressanten Gegenstand geübt, so weitet sich die gesteigerte Wachheit vom Gegenstand oder Thema auch auf die Tätigkeit, das Denken, das Bewusstsein aus, *ohne* vom Thema abgelenkt zu werden. Anhand dieses Vorganges kommt der Übende zu der Erfahrung, dass das Thema, z. B. ein Löffel, ein Gedachtes ist. Was er über den Gegenstand, um ihn herum denken und vorstellen kann, das Gedachte und Vorgestellte, ist entstanden und entsteht durch seine Tätigkeit, seien es erwägende oder beschreibende Gedanken, seien es Erinnerungsbilder vom Gegenstand. Man denkt über ein Gedachtes nach, man denkt ein Gedachtes, der «wirkliche» Löffel kommt ja nicht ins Bewusstsein hinein.

Ist man zum Aufleuchten dieser Wirklichkeit gelangt, dann sieht man sofort, dass der vom Menschen geschaffene Gegenstand durch einen Gedanken, aus einer Idee entstanden ist; sonst könnte man ihn nicht denken. Diese Idee ist das Funktionieren des Gegenstandes und nicht bloß die Funktion des einen, der zum Thema wurde, sondern die von allen ähnlichen Gegenständen. Alle Löffel verwirklichen das gleiche Prinzip, tun den gleichen Dienst. Diese Idee ist kein Vorstellungsbild, denn man kann immer nur *einen* Löffel vorstellen, einen gesehenen oder fantasierten. Sie ist auch kein Wort, wie «Löffel», denn wer die Funktion «Löffel» nicht kennt, wird sie aus dem Wort «Löffel» nicht erfahren. Gerade diese wortlose und bildlose Idee hatte der Erfinder des Löffels – er konnte sich ja nicht an einen erinnern, auch wusste er das Wort dafür nicht. Diese Idee haben wir als Kind überbewusst in uns aufgenommen, daher erkennen wir alle Löffel, unabhängig von Größe, Stoff, Farbe, Gestalt usw.

Wir können jetzt diese *Idee* zum Thema der Konzentrationsübung machen, oder die Funktion des Gegenstandes. Zunächst geht das gar nicht, wir stellen uns stets einen bestimmten Gegenstand funktionierend vor (einen Löffel, womit Suppe gelöffelt wird) oder wir versuchen eine gedankliche Formulierung der Funktion. Keines von beiden ist die Idee. Wir können den Übergang zu ihr dadurch erleichtern, dass wir uns eine Reihe der entsprechenden Gegenstände funktionierend vorstellen (kleine, große, Schöpflöffel usw.) und dann versuchen, das Gemeinsame in ihnen zu sehen – zu denken.

Das erfordert ein reines Denken. Denn die Idee, die Funktion ist kein Bild, kein Wort; diese sollen daher nicht im Bewusstsein sein, und dieses muss doch wach bleiben, nun ohne bildlichen und gedachten Inhalt. Es ist für das gewöhnliche Bewusstsein ein Nichts, auf das man sich nun konzentriert, und es kann doch gelingen, das zu denken, ohne dass es zu einem Etwas, zu einem Gedachten wird. In der Tat kann eine Idee oder eine Funktion nur im stetigen Denken, nie als Gedachtes existieren. Daher darf das Denken nie aus seinem Vorgang herausfallen, wie es gewöhnlich in jedem Augenblick, auch beim intensiven Denken geschieht. Was im Bewusstsein ist, kann ein inneres Lichterlebnis sein, oder auch ein Schattenerlebnis im Licht, oder eine Farbe, ein Geruch usw. Meistens geht dem die Erfahrung voraus, dass man selbst zu dem Gegenstand, zur Funktion wird.

Ist die Konzentrationsübung bei dieser Phase, der Ideenkonzentration, angelangt, was organisch aus dem Üben, aus dem Tun hervorgehen muss, so ist der Übende zunächst noch immer mit dem «Gegenstand» beschäftigt. Er will ja die «Idee» denken, er will, dass die Idee erscheint, aufgeht, aufblitzt. Gelingt das und kann er dabei verweilen, d. h. ist das nicht *nur* ein Aufblitzen, wie es anfänglich meistens geschieht, dann wird die Ausbreitung der Wachheit über die Bewusstseinstätigkeit an Intensität jede frühere Erfahrung übertreffen. Denn beim «Denken» der Idee sind die Tätigkeit und das «Objekt» ganz eins: die Idee existiert nicht außerhalb der Tätigkeit, die sie denkt, es gibt keine Erinnerung an sie, sie wird nie «ausgedacht». Man kann es auch so ausdrücken: Jetzt weiß man, was das Wort «Löffel» bedeutet. Das Selbstwahrnehmen des Denkens hat sich aus dem Vergangenheitsbewusstsein in die Gegenwärtigkeit erhoben.

Die Idee – auch von den einfachsten Gegenständen – ist kein «Etwas», sondern *Geschehen*. Dieses Geschehen erfahren wir gewöhnlich in seinen Ergebnissen, z. B. wenn uns *durch Intuition* eine Idee aufblitzt, oder ein Verstehen. Wir nennen sowohl das Geschehen als auch sein Ergebnis «Intuition». In der Übung versuchen wir im Geschehen der Intuition zu bleiben, zu verweilen. Je mehr das gelingt, umso stärker dämmert diejenige Bildhaftigkeit auf, der wir im Studium begegnet sind.

Diese Erfahrung ist ein reines Denken höherer Art, ein Verweilen im lebendigen Denken, bei der zeitlosen Geburt einer Idee. Da hier die Tätigkeit des Übenden und das Geschehen der Idee dieselbe Realität sind, umfasst das Bewusstseinslicht seine eigene Tätigkeit und damit auch den Tätigen, das reale Ich. *Diese Ich-Erfahrung ist es, die dem Menschen Sicherheit und Festigkeit verleiht, die jedes seelische Problem heilt,* weil sie *Erfahrung* ist. Der Mensch braucht keine «Beweise», keine Bestätigungen oder Selbstbestätigungen für seine Existenz. Man kann diese Erfahrung das Grunderlebnis des Geistes nennen. Es wird in ihr erlebt, wie man ohne die Worte einer Sprache bewusst sein, «denken», erkennen kann.

In jeder Übungsart kommt es verhältnismäßig leicht zu einem ersten Gelingen. Das *zweite Mal* erreicht man das in der Regel viel schwerer. Das wird dadurch verursacht, dass nach dem ersten Gelingen der Übende sich fast unwillkürlich eine Erinnerung, eine Vorstellung vom Erleben bildet, die er dann erwartet. Diese Vorstellung muss überwunden werden, denn in der geistigen Erfahrung wiederholt sich nichts. Das zweite, dritte Erleben wird sich immer vom vorangehenden unterscheiden.[*]

In der Konzentrationsübung wird die Aufmerksamkeit auf zwei dem Alltagsbewusstsein nicht bekannte Phänomene gelenkt. Das eine ist, dass in der Idee ein *Geschehen* wahrgenommen wird. Dieses ist zunächst wie das Geschehen des Leuchtens oder Aufleuchtens ein Lichterlebnis, inneres Licht – eine Stufe tiefer nennen wir es «das Verstehen». Bei weiteren Versuchen können wir dieses Licht überhaupt als das Licht im Bewusstsein erkennen; was im Bewusstsein klar, beobachtbar, sogar empfindbar ist, besteht aus diesem

[*] Siehe zu diesem Thema eventuell auch: G. Kühlewind, *Bewusstseinsstufen,* Kapitel «Das Grunderlebnis des Geistes» und «Konzentration und Kontemplation», 3. Auflage, Stuttgart 1993.

Licht. Die zweite Erfahrung liegt im näheren Kennenlernen dieses Lichtes. Es ist nicht das physische oder optische Licht, das einen Gegenstand von außen beleuchtet, selber aber keine Form, Gestalt, kein «Wort» hat. Das Bewusstseinslicht ist Wort-Licht, es sagt etwas aus. Der bildhafte Ausdruck dafür ist, dass die Idee selbst das Licht ist, von ihr geht das sie beleuchtende Licht aus, weil sie selbst Lichtgestalt ist und sich in diesem Licht ausspricht. Es ist ein Sprechen ohne Worte – ohne Worte einer Wortsprache. Das Geschehen, das Leuchten wird zum *Sagen* durch das Licht. Durch dieses Sagen verstärkt sich der Charakter der Innerlichkeit in diesem Bewusstseinsvorgang. Denn das «Sagen» ist zugleich ein «Hören», ein Vernehmen. Zurückblickend bemerken wir, dass es im Alltag auch so ist: Wir hören, wir sehen immer das, was wir hören, was wir sehen. Von einem naiven Realismus kann keine Rede sein. Die Dinge, die *vor* dem Erkennen zu existieren scheinen, sind Ergebnisse eines seiner selbst noch nicht bewussten Erkennens, das der Mensch gewöhnlich verschläft; aus dem Schlaf wacht er erst auf, wenn die Produkte des Erkennens schon da sind. Erfährt der Mensch die Worthaftigkeit der Wahrnehmungswelt, so wird die empfindungsmäßige Prägung der Seele, wonach die Welt vor dem Erkennen schon fertig und ebenso wie nach dem Erkennen da ist, dadurch verwandelt.

Durch jede Konzentriertheit auf ein Objekt wird Licht auf das tätige Bewusstsein geworfen; dieses Bewusstseinslicht oder Wortlicht verbindet durch seine Einheits-Natur – Leuchten-Sehen, Sagen-Hören – Objekt und Subjekt, sie werden in ihm eins. Durch das Wort-Licht gewinnt das Erleben Innerlichkeit, Empfindungscharakter, indem vor der Aufmerksamkeit der Innenpol der Einheit «Offenbaren-Vernehmen» Gewicht gewinnt. Man könnte sagen: Das Wort-Licht leuchtet innen. Die Idee ist in mir, ich bin die Idee. So kommt der Übende zum Ich-Erleben. Durch das Denken-Wollen-Schauen der Idee wird er – seine Aufmerksamkeit – in die Gegenwärtigkeit gehoben, wo das reale Ich-Erleben stattfinden kann.

Wir sehen hier die Bedeutung der Wahrnehmungsversuche, die im vierten, therapeutischen Kapitel beschrieben wurden: Im Vorstellen des Wahrgenommenen können sämtliche Sinnesqualitäten von dem Wahrnehmungsobjekt abgehoben werden. Der Grund dafür wird in der Idee des Wort-Lichtes gegeben: Die Sinnesqualitäten sind Stücke des Wort-Lichtes, aus dem das Objekt besteht und in die das Objekt durch die erkennende menschliche Seele eingekleidet wird. Keiner dieser Halbsätze stellt für sich eine Wahrheit dar.

Wahrnehmungskonzentration

Konzentrationsübungen im *Wahrnehmen* wurden in Kapitel 4.6 beschrieben. Dieselben werden zur Grundlegung des erweiterten Wahrnehmens dienen, indem die Betonung nun mehr auf der Konzentriertheit liegt. Es ist ratsam, erst durch die Palette der Sinnesqualitäten zu gehen, Farbe, Geschmack, Geruch, Töne usw. zum Thema zu wählen. Dann vergleichen: die Farbe einer Blume oder das Grün einer Pflanze, eines Blattes, mit von Menschen hergestellten Farben und auch mit den Farben eines Minerals. Nach einiger Übung kann dazu der Vergleich der Aggregatzustände treten: Festes, Flüssiges, Gasförmiges. Später kann man auch versuchen, das Gasförmige weiter aufzulösen in Wärmeartiges, wobei man keine Vorstellung der gewöhnlichen Wärme, des alltäglichen Wärmeempfindens in das Üben hereintrage.

Nach dem Bereich der Sinnesqualitäten kann man sich der Beobachtung von Lebenszuständen zuwenden: Man beobachte das *Sprießen* von Knospen oder Blättern oder Keimlingen, das *Blühen*, das *Welken*, die *Reife* der Früchte usw., also Vorgänge, die mit den Lebensphasen der Pflanze zu tun haben. Hinzu können allgemeine *Naturgeschehnisse* kommen, Sonnenauf- und -untergang, Bäume und Wasser in Wind und Windstille usw. In der nächsten Übungsphase vergleiche man Töne: Töne der leblosen Natur mit Tönen von Tieren. Man halte sich dabei wenn möglich an wildlebende Tiere.

Nach diesen Vorübungen versuche man an Pflanzen ihr Leben, ihren «Stil», ihre Art *zu empfinden*; dasselbe kann mit Tieren geübt werden, indem man sie womöglich in ihrer Bewegung beobachtet. In allen Übungen versuche man auf die verschiedenen Sinne zu achten, wie es in Kapitel 4.6. beschrieben wurde. In Bezug auf das Wahrnehmen fehlt die Stufe, die in den Denkübungen als das «Denken» der Idee vertreten wird. Denn wir «kennen» die Ideen der Naturdinge nicht, und von Menschen geschaffene Dinge, deren Funktion uns nicht bekannt ist, verraten diese nicht dem Wahrnehmen, sondern eventuell dem kombinierenden Denken. Deshalb fehlt im Wahrnehmen die Zwischenstufe zwischen Konzentration und Meditation, die für das Denken als Ideen-Konzentration aus der Gegenstandskonzentration folgt.

In allen Wahrnehmungsübungen ist die Bestrebung wichtig, das Denken so wenig wie möglich zu betätigen. Auch in diesen Übungen wirkt die Konzentriertheit steigernd auf die Wachheit in der Richtung des Bewusstseins.

Nach der Übung mit Pflanzenarten kann man versuchen, Tierarten zu beobachten. Da ist man weitgehend von Assoziationen und vorgefassten, auch unbewusst wirkenden Vorstellungen belastet; all dies darf in der Übung nicht zur Geltung kommen. Am schwierigsten sind die Übungen mit Mineralien; ihre Begrifflichkeit oder Idee ist die höchste unter den Naturreichen.

Vorstellungskonzentration

Das konzentrierte Vorstellen soll, wie schon erwähnt, an Themen geübt werden, die an sich uninteressant, nicht aufregend oder erregend sind. Sonst kann alles als Objekt dienen. Die Übung ist richtig, wenn der Übende sich dabei vergessen kann, ebenso wie in der ersten Phase der gedanklichen oder wahrnehmenden Konzentration. Da wird das Alltags-Ich «vergessen», damit das wahre Ich zur Selbsterfahrung kommen kann. In dem Vergessen wird der Übende eins mit dem Thema, er *wird* es. Das ist beim Vorstellen am schwierigsten, weil es eine zweifache Tätigkeit des Menschen erfordert: Erinnern in Bild und Begrifflichkeit.

Das Vorstellen spielt auch im Denken eines von Menschenhand geschaffenen Gegenstandes eine Rolle. Man kann in Gedanken, auch in Worten formuliert den Gegenstand beschreibend denken, Gedanken um ihn herum haben, und man kann ihn vorstellen bzw. um ihn herum Vorstellungen bilden. Beides soll geübt werden; den Gegenstand anzuschauen während des Übens wäre völlig falsch, denn man kann nicht konzentriert denken und zugleich sehen.

Wenn man die Übungen regelmäßig, ein- bis zweimal täglich macht, taucht bald die Frage auf, ob man das Thema wechseln soll und wie oft. Diese Frage hängt damit zusammen, dass beim Üben Langeweile auftritt, die man durch ein neues Thema zu beseitigen hofft. Das Wechseln des Themas hilft aber nur vorübergehend; die Langeweile tritt ein, weil man nicht konzentriert genug übt bzw. *nichts* tut; wenn man etwas wirklich tut, kann ja Langeweile nicht auftreten; beim konzentrierten Tun hat sie keinen «Platz» im Bewusstsein, sofern dieses ganz von dem Thema erfüllt ist. Meistens stört der Gedanke oder die Beobachtung: «Dasselbe habe ich auch gestern gedacht.» Wenn dieser Gedanke auftritt, bedeutet es, dass man außer dem Thema auch noch für diesen Gedanken einen Blick, eine Möglichkeit im Bewusstsein gehabt hat; es war demnach nicht genügend auf das Thema gerichtet. Ob man «dasselbe» denkt oder vorstellt, wie in einer früheren Übung, hat mit der Intensität des Tuns gar keinen Zusammenhang; man darf im Prinzip keinen Seitenblick dafür haben, ob das Gedachte «dasselbe» ist. Das Denken und Vorstellen soll ja kein Erinnern sein an ein früher Getanes, sondern aktuelles Geschehen.

An diesem Punkt kann es einem aufgehen, wie weitgehend das Konzentriertsein eine moralische Frage ist. Kann man sich einem Thema ganz hingeben, oder hat man Neben- und Hintergedanken? Konzentriertheit bedeutet in diesem Sinne zugleich Improvisation. Denn im konzentrierten Denken hat man keine Möglichkeit zum Erinnern, keine Möglichkeit dazu, in ein «Notizbuch» zu schielen, um von dort aus den folgenden Gedanken abzulesen; das Denken ist völlig auf sein gegenwärtiges Tun angewiesen, es kann nur improvisieren. *Konzentriertheit bedeutet also Improvisation.*

Denk-, Vorstellungs- und Wahrnehmungskonzentration sollen auf dem Schulungsweg parallel oder alternativ geübt werden, je nach Zeit und Kraft des Übenden; aber es ist wichtig, dass alle drei Tätigkeiten bewusst gemacht und bewusst verwirklicht werden.

Es ist von Bedeutung, wann man Übungen macht. Es sollen geeignete ruhige Zeiten am Tag dazu verwendet werden, wenn möglich rhythmisch, d.h. immer zur selben Zeit. Zu Beginn der Übung ist es angebracht, eine gewisse innere Ruhe herzustellen; man könnte sagen, den Platz für die Übung freizumachen.

5.4. Meditation

Durch die Konzentrationsübungen wird versucht, das Bewusstsein in seinen Funktionen – Denken, Wahrnehmen, Vorstellen – zu intensivieren, dadurch dass die Aufmerksamkeit ausschließlich auf das Thema gerichtet wird. Durch die Konzentriertheit ändert sich das Bewusstsein in seiner *Durchleuchtetheit*, und dadurch wird wieder das Thema verändert: die Bewusstseinstätigkeit und das Thema kommen einander näher. Die Veränderung des Themas ist in der Denkkonzentration am besten beschreibbar: Sie geht von dem einzelnen von Menschenhand geschaffenen Gegenstand aus und gelangt zu seiner Idee.

Die Idee ist durch das Vergangenheitsbewusstsein nicht zu fassen, sie gehört zur intuitiven Sphäre. Die Idee zu konzentrieren ist eine beabsichtigte Intuition. Das Verweilen in ihr ist dem gewöhnlichen Bewusstseinsleben nicht bekannt.

Die «Absichtlichkeit» der Intuition in Bezug auf die Idee eines Gegenstandes, dessen Funktion uns bekannt ist, hat seine «Berechtigung» und Stützen darin, dass wir diese Idee überbewusst in der Kindheit «erlernt» haben, meistens zusammen mit der Sprache, die ja auch überbewusst erworben wird. Und auch die später «hinzugelernten» Ideen gehen einen ähnlichen Weg: ihre *Urbedeutung* wird nie bewusst, weil sie in das gewöhnliche Bewusstsein gar nicht eingeht. So ist es auch mit vielen nicht-gegenständlichen Begrifflichkeiten, wie z.B. «Anfang», «aus», «Schlag» usw. All diese Ideenhaftigkeiten werden von uns ohne Schwierigkeit und ohne uns auf sie zu besinnen, *verwendet;* wir sagen «Anfang» im verschiedensten zeitlichen, räumlichen, «abstrakten» Sinne, weil die Uridee, die uns überbewusst «bekannt» ist, es ermöglicht.

Wenn ein geistiger Zusammenhang ausgedrückt werden soll, ist die Sprache dazu nur indirekt verwendbar. Wird eine

Wahrheit, die sich auf die Welt des Geistes bezieht – auf die höheren Ebenen des Erkennens oder auf die entsprechenden Realitäten der Welt –, in Worten ausgedrückt, so können uns die überbewusst erworbenen Begriffe und Ideen im Verstehen eines solchen Textes nicht mehr helfen. Ein gewöhnlicher Satz wird durch eine überbewusste Bewegung des Verstehens von Wort zu Wort verstanden; die Worte dürfen weder vergessen noch auf gewohnte Weise erinnert werden, sonst kommt kein Verstehen zustande. Wir sehen von den einzelnen Worten ab, um den Satz zu verstehen zwischen den Worten. Sonst bleiben wir an den Worten haften, wie das Kind in einer Phase des Lesenlernens, in der es die Worte fließend liest, den Satz aber nicht versteht. Bei einem meditativen Satz ist die Gebärde des Absehens von den Worten zugleich auf den ganzen Satz auszudehnen, denn in ihm sind die Worte nicht auf gewöhnliche Weise gebraucht. Ihre Bedeutung wird vom Sinn des Satzes aus bestimmt. Der Sinn eines solchen Satzes ist wie der eines Worträtsels, nur ist die Lösung des Rätsels in der Alltagssprache überhaupt nicht ausdrückbar. Daher ist die Methode seines Verstehens dem Verweilen in der Idee ähnlich, nur dass wir *dieser* Idee nicht einmal überbewusst begegnet sind. Die Intuition ist hier ohne jegliche Stütze zu verwirklichen, und die Idee ist von höherer Qualität als die uns bekannten.

Man kann solche Ideen als Texte, als Sätze ausgedrückt finden oder als symbolische Bilder, Figuren; beide stammen aus geistiger Erfahrung einzelner Menschen. Aber die ganze Natur besteht auch aus «Bildern», die höhere Ideen ausdrücken; deswegen können wir die Naturphänomene in ihrer

Funktion oder Ideenhaftigkeit gewöhnlicherweise nicht verstehen, wir gehen mit ihnen nominalistisch um. Wir haben Namen und keine Ideen. Dementsprechend können die Naturphänomene Themen für Wahrnehmungsmeditationen werden. Es werden im folgenden Denk-, Bild- oder Vorstellungs- und Wahrnehmungsmeditationen besprochen.

Denkmeditation

Wird das konzentrierte Denken intensiv genug, so ist bemerkbar, dass die Worte weniger wichtig und auch *weniger* werden. Das Verstehen ist ein Kontinuum und das konzentrierte Denken nähert sich dem kontinuierlichen Verstehen, je dichter, je konzentrierter es wird. Die Sprache bringt das kontinuierliche Verstehen in eine diskontinuierliche Form: Die Worte bedeuten ein relatives *Herausfallen* aus oder ein *Steckenbleiben* in dem Strömen des Verstehens. Sie regen das wiederholte Sich-Erheben des Bewusstseins beim Hören oder Lesen in dem überbewussten Strom an. Daher ist die Sprache, sind die Worte besonders geeignet, um an ihnen die wichtige Zwischenstufe zwischen konzentriertem Denken und Meditieren, das *Sinnen* zu üben.

Das *Sinnen* ist konzentriertes Denken, das begonnen hat, auf die Worte nach und nach zu verzichten. Das Thema wird durch eine lockere, aber sehr intensive Aufmerksamkeit verfolgt. Auch die Ergebnisse sind nicht gut in Worte zu fassen. Man nehme z. B. das Wörtchen «aus» und verfolge seinen Anwendungsbereich. *Aus* bedeutet Räumlichkeit,

Zeitlichkeit und Außerräumliches, Außerzeitliches. Es hat eine Doppeldeutigkeit, die im «heraus» und «hinaus» sich offenbart, aber auch ohne «her» und «hin». *Aus* heißt zugleich woher und wohin: Ausdünstung, Auskriechen und Ausblick, Ausdehnen und auch Ausgleich usw. «Es ist aus» – das bedeutet ein Ende, während *aus* auch Anfang bedeuten kann – «ausgehen» ist doppeldeutig. Man wird die Doppel- und Mehrdeutigkeit bei vielen Präpositionen und Worten finden. Für das Sinnen wird «aus» zu einer Bewegung, «Von-innen-nach-außen»-Gebärde, und es ist nützlich und nicht schwer, das Wort nun in ein *Zeitwort* zu verwandeln, wie man es auch tut, wenn man es, etwas grob, als Imperativ benutzt: «Aus!» «Hinaus!» Im Sinnen versucht man dann die Vieldeutigkeit des Wortes *zugleich*, in *einer* Bewusstseinsgebärde zu «denken», locker, nicht assoziativ, damit das Wie des Denkens, seine innere Evidenz in erhöhter Form zur Geltung kommt. Es ist offensichtlich, dass durch das gewöhnliche Denken eine Vielfalt von Bedeutungen, darunter gegensätzliche, nicht gefasst werden kann; das Sinnen berührt mindestens eine Bewusstseinssphäre, wo Vieldeutigkeit, Gegensätzlichkeit zu *einem* Sinn wird. Trotz der Vieldeutigkeit ist der Sinn, z. B. des Wörtchens «aus», bestimmt; wie eine Pflanzenart trotz der unzähligen Variationsmöglichkeiten in Zeit und Raum ganz bestimmt ist. Sinnen ist über nicht-technische Worte möglich. Verhältnisworte wie «obwohl», «oder», «jedoch» usw. sind besonders geeignet.

Im Sinnen konkretisiert sich eine heute allgemein werdende Fähigkeit des erwachsenen Menschen: dass er wort los zu denken vermag. Das Denken, im Kindesalter eine Einheit mit dem Sprechen, emanzipiert sich von diesem; daher kommt die Möglichkeit des Übersetzens, des bewussten Lügens, des Computers usw. Daher aber auch das Allgemeinwerden der Fähigkeit des Meditierens. Denn die Meditation von Sätzen, Worten, Texten kann als wortloses Denken charakterisiert werden.

Der Mensch denkt immer wortlos, wenn er wirklich, d. h. Neues denkt. Zuerst hat er etwas «zu sagen», danach kommt es unmittelbar in die Worte. Was *vor* den Worten da ist, steht dem am nächsten, was wir Funktionen, Verben, besonders aber *Prädikate* nennen. In vielen Sprachen können Prädikate nicht nur Zeitwörter sein. Von dieser Beobachtung kann die «Technik» des bewussten wortlosen Denkens ausgehen. Das soll an einem Beispiel verdeutlicht werden.

Zunächst sind als Themen solche empfohlen, die über das Bewusstsein oder sein Verhältnis zur Welt etwas aussagen. Solche sind: «Die Weisheit lebt im Lichte»; «Ich empfinde mich denkend eins mit dem Strom des Weltgeschehens» (von R. Steiner); «Im Anfang war das Wort»; «Im Worte wacht der Mensch auf». Es ist von Bedeutung, dass der Satz, das Thema für das gewöhnliche Bewusstsein verständlich ist, sonst hat das Konzentrieren beim modernen Menschen überhaupt keinen Angriffspunkt. Worte in einer Sprache, die man nicht versteht, bringen das Denken naturgemäß nicht in Bewegung; statt Konzentriertheit tritt ihr Gegenteil als Bewusstseinszustand auf: Dösen, Assoziieren, Halbschlaf.

Die Sätze sind für das Alltagsbewusstsein formal «verständlich»; dieses könnte sie formal in eine andere Sprache übersetzen. Ihr Sinn ist aber völlig verborgen, ihn zu erfassen ist das Alltagsbewusstsein nicht fähig; sonst wäre der Text für das Meditieren gar nicht geeignet. Das Bewusstsein muss sich dazu erhöhen; wie die Worte eines gewöhnlichen Satzes es dazu zwingen, zwischen den Worten ihre Verbindung zu verstehen, die für die Sinne nicht erscheint, indem das Bewusstsein sich erhebt und die Ebene des lebendigen Denkens berührt, so «zwingt» ein Meditationssatz es, den ganzen Satz zugleich zu verstehen. Das Verstehen von Wort zu Wort bleibt hier formal, der Mensch muss aus dem Satz ein einziges «Wort» bilden, eines, das natürlich in keiner Sprache gegeben sein kann. Die Worte des Satzes sind nur scheinbar im gewöhnlichen Sinne verwendet. Die Transformation zu *dem* einen Wort kann durch Zwischenstufen geführt und erleichtert werden. Wir nehmen den Satz: «Wir leben stets im Lichte.» Zunächst können die Worte des Satzes und er selbst zu Themen des Sinnens werden. Man kommt sofort darauf, dass man eigentlich kein einziges Wort versteht. Was heißt «wir», «leben», «im Lichte» und «stets»? Man sucht den Ursinn der Worte und das heißt, dass man versucht, sie in Zeitwortform zu denken. Beim Wort «wir» gelangt man bald zur Einsicht, dass es sich auf Ich-Wesen bezieht, die voneinander wissen. «Leben» kann sich nicht auf Biologisches beziehen, denn das biologische Leben ist unbewusst, keine Erfahrung in direktem Sinne. Dieses Leben erlebt sich nicht. Außerdem hat in diesem Fall der Satz sicherlich keinen Sinn, das biologische Leben verläuft nicht stets im Lichte, am wenigsten im Bewusstseinslicht. Das Leben des Bewusstseins, das «wir» und «wir leben» sagt, ist zunächst gewöhnlich auch überbewusst. Wenn «wir leben» sich auf das Leben des Bewusstseins bezieht, muss «wir leben» *verwirklicht werden*, es ist keine Information. Kein Meditationssatz ist informativ, ein jeder erfordert seine Verwirklichung. Seine Verwirklichung ist das Meditieren selbst, dem der Satz als Thema dient.

«Wir leben» ist das bewusste Erleben des Bewusstseinsgeschehens und das Bewusstseinsgeschehen ist «wir leben». Nun ist eigentlich «im Lichte» auch schon licht. Wir hätten aber auch ausgehen können vom Wort «Licht». Dann sagt das Sinnen, dass auch ein äußeres Licht nur für das Bewusstseinslicht da ist: *dieses* ist gemeint; dieses aber ist Geschehen, wie jedes Verstehen, in dem das Bewusstsein auflebt und hell wird, Bewegung und Leben ist. Und dieses Geschehen des Lichtes ist ein Gemeinsames unter den Menschen. Es kann nun auch dem «im» nachgesonnen werden: in etwas sein, drinnen sein, räumlich, zeitlich, aber auch «im Leben» sein, überräumlich, überzeitlich; zugleich auch «ganz das sein». «Im Lichte leben» heißt im lebendigen Bewusstsein ganz Licht werden, stets *werden*, nie statisch *sein*. «Stets» könnte auch Ausgangspunkt sein. Ohne Unterbrechung und immer, kontinuierlich von «stets» wissen: das ist gerade «stets im Lichte lebend». All dies ist Sinnen. Meditieren heißt, den Satz selbst zu verwirklichen, und das bedeutet ihn als Erfahrung zu erleben, zum Satz selbst zu werden. Dieser ist dann ein Wort, ein höheres natürlich.

Es ist ersichtlich, dass im Sinnen jedes Wort zum Prädikat umgeformt wird, womit man zu seiner Urbedeutung gelangt. Diese enthält das Bewusstwerden des Erlebens, worauf das Wort deutet. *Wort* bedeutet Bewusstwerden. «Haus» ist nicht nur ein Ding, eine Funktion, sondern auch das Bewusstwerden von «ihr» – in Anführungszeichen, weil nachträglich die Erfahrung da ist, dass *sie*, die Bedeutung durch und für das Bewusstsein, durch Bewusstwerden «ist», d.h. wird. Wer seine Funktion nicht «kennt», weil sie ihm nicht bewusst wird, der *sieht* auch nicht das Haus – er sieht vielleicht Wände und Fenster, falls diese, als Begriffe, ihm bewusst werden.

Es ist offensichtlich, dass, wenn es gelingt, ein Wort des Satzes wirklich zu *erleben*, erlebend zurückzuverfolgen zu seiner Urbedeutung, sich die anderen Worte des Satzes auch auflösen, hinein in das betrachtete Wort. «Wir» – im Bewusstseinslicht erlebt, als Kontinuum – ist schon «stets» und «leben» und «im» und «im Lichte», ebenso ist es mit «stets». Es scheinen die anderen Worte überflüssig zu sein. Das ist aber nicht so, denn sie bestimmen den Gang des Sinnens mit. Als Probe können Sie versuchen: «Ich lebe stets im Lichte», angefangen mit «Licht» oder «stets». Sie werden auch erfahren, warum im Meditationssatz «wir» steht.

Weder den Worten nachzusinnen noch z. B. den hier *als Beispiel* gegebenen Prozess des Sinnens verstehend oder sinnend zu verfolgen ist Meditieren, obwohl das oft so genannt wird; vielleicht auch nicht ganz zu Unrecht, denn es ist jedenfalls eine Vorstufe der Meditation. Doch ist es nützlich, zwischen dieser Vorstufe und dem wirklichen Meditieren zu unterscheiden. Das Meditieren bedeutet, den gegebenen Satz *produzieren* zu können, d. h. die Erfahrung, aus der er stammt, wirklich zu machen, auch in dem Sinne: zur Wirklichkeit zu machen. Das Sinnen ist nur ein Hilfsmittel. Hat man den Satz, seine Worte durch Sinnen zu einem tieferen Verstehen gebracht, dann versuche man ihn zu meditieren, d.h. ihn zu «denken» ohne Worte. Als Treppe kann dazu dienen, dass man ihn in weniger Worte, letztlich in ein Wort verdichtet; dazu ist das Sinnen sehr hilfreich. In diesem ist erlebbar, dass dieses letzte Wort jedes einzelne im Satz sein kann. Endlich lassen wir auch das letzte Wort los. *Wer artikuliert wortlos denken kann, der meditiert.*

Wahrscheinlich haben Sie bemerkt, dass das Erleben der einzelnen Worte dem nahe kommt, wie ein Kind seine ersten Worte erlebt. In diesen ist auch viel mehr lebendiger Sinn verdichtet, als in ihnen später für den Erwachsenen bleibt. Die allgemeine Regel beim Meditieren ist, dass man alles Gewohnte, Bedeutungen, Erinnerungen, Assoziationen, auch assoziierte Stimmungen ablegt. Dazu verhilft das Konzentriertsein, das das isolierte Zusammensein mit dem Thema sichert: deshalb ist das Erlernen der Konzentration eine Vorbedingung zum Meditieren. Es bleibt die konzentrierte Improvisation, nun im wortlosen Denken, das der Übende in der Ideenkonzentration kennen gelernt und betätigt hat.

Es ist aus dem Mitgeteilten klar, dass einen Meditationssatz *vorzustellen*, in Vorstellungsbilder zu bringen, völlig verkehrt wäre. Das wäre eine Aktivität oder Gebärde des Vergangenheitsbewusstseins, das in der Meditation zu überwinden, daher zum Schweigen zu bringen ist und keineswegs betätigt werden darf. Schon im Sinnen ist seine Tätigkeit auf kurze Perioden eingeschränkt.

Meditation ist das Erleben des Themas. Am Anfang gelingt das selten, auch nicht in vielen Versuchen. Das soll keinen abschrecken. Auch die nicht-gelungenen Versuche sind wertvolle Schritte, wenn man die Erfahrungen dabei sorgfältig rekonstruiert und bedenkt.

Man kann die Meditation als ein Suchen eines «Inhaltes» höherer Art, als ein Rätsel auffassen, dessen Lösung nicht auf der Ebene des gespiegelten Bewusstseins liegt. Das «Suchen» ist natürlich auch nicht eine Gebärde des Alltagsbewusstseins. Und die «Lösung» ist kein Aufblitzen eines Verstehens mit dem Zurückfallen ins «nun hab' ich es» des Vergangenheitsbewusstseins, sondern eine Verwirklichung, genauer gesagt: ein Verwirklichen, ein Verweilen im Element, aus dem sonst nur Blitze nachträglich registriert werden. Meditation ist, als ob ein «Einfallen» andauern würde. Zu alldem müssen die Kräfte der Aufmerksamkeit, die gewöhnlich im Empfinden des Körpers gebunden sind, befreit und vom Ich *beherrscht* werden. Beides wird durch die Konzentrationsübungen und durch die Meditation selbst bewirkt, das Befreien zudem noch durch die bewusste Auflösung von Gewohnheiten durch die beschriebenen Auflösungsübungen (s. Kap. 5.5).

Das Gelingen einer Meditation ist ein Innenerlebnis des Verstehens: es versteht sich selbst. Schon die Idee eines von Menschen geschaffenen Gegenstandes besteht aus nichts anderem als aus der wollenden menschlichen Aufmerksamkeit. In der Meditation ist die Idee «vorher» auch überbewusst nicht gegeben: der «Inhalt» *wird* in der Meditation verwirklicht und weil hinter dem Meditationssatz ein *lebendiger* Sinn steht, *wird* der Inhalt in jeder Meditation ein «anderer». Die Anführungszeichen sollen auf ein innerlich strukturiertes Kontinuum hinweisen, in dem so ein Wort wie «anderer» eben innerhalb des Kontinuums zu verstehen ist.

Das Vorstellen des Themas ist auch deswegen zu vermeiden, weil das die Entstehung der neuen Bildhaftigkeit – wie sie in Bezug auf das Studium im Kapitel 5.2 beschrieben wurde – hindert. Wenn man einen Satz ohne Worte einer Sprache, in einer höheren Worthaftigkeit «denkt», dann ist das doch eine strukturierte Tätigkeit und ist kein abstraktes Denken. Wie man bei der einfachsten Beobachtung des Denkens eine Struktur, Formen, Gliederung beobachtet, eine vorher unbekannte Bildhaftigkeit, so tritt diese im Meditieren als Tätigkeit, als Aktivität auf. *Womit* man den Satz nun ohne Worte «denkt», das ist diese Tätigkeit.

Eine geistige Wahrheit, d. h. eine, die sich sowohl auf das Erkennen als auch auf sein «geistiges Objekt» bezieht, ist am schwersten durch die Worte einer Wortsprache auszudrücken. Die Form ändert sich gemäß der betreffenden Sprache und daher auch das Sinnen. Für eine weniger analytische Sprache als die deutsche ist der Satz «Wir leben stets im Lichte» anders aufgebaut und muss anders im Sinnen behandelt werden; so z. B. kann das Wort «wir» oder «im» fehlen, da sie in der Konjugation und Deklination enthalten sind, und natürlich kann auch die Wortfolge anders sein.

Leichter als durch Worte wird eine übersinnliche Idee durch Bilder oder Figuren oder auch Zahlen dargestellt. Übersinnliche Wahrheiten sind immer «Ideen», wenn auch von höherer Realität als die uns «bekannten», d.h. überbewusst bekannten. Diese Bilder können Symbolbilder genannt werden. Was sie bedeuten, ist ebenso wenig dialektisch anzugeben wie die Bedeutung der Meditationssätze. Nichtsdestoweniger sind sie doch «Worte», sagend und zwar in solcher «Vieldeutigkeit», dass die Bedeutung auch schon deswegen durch keinen dialektischen Text wiederzugeben ist. Und doch sind diese Bilder genau «bestimmt».

Die Bilder haben das Charakteristikum, dass sie keine Wahrnehmung abbilden, wenn sie auch aus Wahrnehmungselementen bestehen. So der Ouroboros (griechisch: die sich in den Schwanz beißende Schlange), das Rosenkreuz, d.h. ein schwarzes Kreuz mit sieben roten Rosen, die im Kreis um den Kreuzungspunkt herum angeordnet sind, oder die Bilder der Propheten im Alten Testament und diejenigen in der Apokalypse des Johannes, wie das Himmlische Jerusalem mit seiner durchsichtigen Kubusgestalt. Im «Enträtseln» des Bildes, im Innewerden seines Sinnes besteht die Meditation.

Dazu muss das Bild erst vorgestellt werden, als Phantasiebild – man kann sich ja aus dem Wahrnehmungsleben heraus nicht daran erinnern. Es ist auch besser, wenn man ihm abgebildet nicht begegnet, denn dann muss man von der erinnerten Abbildung bewusst abkommen. Da das Bild unwirklich ist, keine Sinnesrealität abbildet, ist das realistische Vorstellen nur insofern von Bedeutung, dass dadurch eine anfängliche Konzentriertheit gesichert wird. Steht das Bild vor dem inneren Blick, so kann seine Betrachtung Kontemplation beginnen, sofern man mit dem «Halten» des Bildes keine Mühe hat, mit ihm nicht beschäftigt ist. Man kann innerlich stillewerden und das Bild sich aussprechen lassen, ähnlich, wie man es mit einem Wahrnehmungsbild tut. Meistens ist uns ein vorbereitender Gedankengang notwendig, um anzugeben, in welcher Richtung der Sinn des Bildes liegt. Ein solcher Gedankengang befindet sich z.B. für das Rosenkreuz in Rudolf Steiners *Geheimwissenschaft*, Kap. «Die Erkenntnis der höheren Welten». Dieser Gedankengang entspricht dem «Sinnen»; ist er nicht gegeben, so kann er von uns selbst produziert werden, mit derselben inneren Haltung, die in Bezug auf das Besinnen eines Meditationssatzes beschrieben wurde.

Als Beispiel diene nun das Bild des Ouroboros. Wir stellen uns eine Schlange vor, die einen Teil ihres Schwanzes in ihrem Maul hat. Das Bild muss womöglich mit der Intensität einer Wahrnehmung vor dem inneren Auge stehen. Ist das erreicht, kann sinnend gefragt werden: Wo ist dieses Bild eine Realität? Keine Schlange tut, was das Bild zeigt. Lässt man das Bild zu einem Geschehen, zu einer Bewegung werden, so kann man beispielsweise das Bild sich so vorstellen, dass die Schlange zunächst ihren Schwanz verfolgt. Ändern sich die Verhältnisse nicht, wird sie ihren Schwanz nie erreichen, er wird ihr stets ein wenig voraus sein. Damit sie in Berührung kommen, muss sich der Bogen des Schlangenkörpers ändern. Die Verfolgung selbst nützt nichts; nimmt die Geschwindigkeit des Kopfes zu, so flieht auch der Schwanz geschwinder. Kommen sie in Verbindung, dann kann man das Bild anders betrachten. Anfang und Ende eines Wesens oder eines Geschehens berühren sich, sie bringen einander sogar hervor. Bringt das Maul den Schwanz und nach und nach den übrigen Körper hervor, etwa in dem er ihn aussagt? Dann kommt als letztes, als Ende des Körpers der Kopf und das Maul; ein Widerspruch, denn daraus geht alles hervor. Ist der Schwanz und der Körper der Anfang, bringen diese den Kopf hervor, so kann der Kopf unmöglich den Schwanz einholen, dieser geht ihm stets voraus. In beiden Fällen muss zwischen Schwanz und Kopf eine qualitative Verwandlung geschehen: der Kopf kann den Schwanz sehen und aussagen, dann ist ein solcher Unterschied da; oder bringt der Körper den Kopf hervor, der diesen dann frisst? Auch so ein ähnlicher Unterschied, der aber zur Selbstvernichtung führt. Von einem Unterschied aber sagt das Bild nichts. Liest man es abstrakt, dann heißt es: Das Verursachte bringt die Ursache hervor, oder das Verursachte hebt die Ursache auf, oder Ursache und Verursachtes sind eins: auf der Ebene der Sinneswelt ist all dies ein circulus vitiosus oder eine Tat von Münchhausen, der sich beim Schopf aus dem Wasser zieht. Bezieht man das Bild auf das Bewusstsein, auf sein Leben, denn hebt sich der Widerspruch auf und auch die vom Bild aus nicht begründete Notwendigkeit, eine qualitative Veränderung annehmen zu müssen. Das Bewusstsein bringt etwas hervor und «sieht» es, und das Hervorgebrachte *ist* das Bewusstsein – wir haben gelernt, dass es kein leeres Gefäß ist. Das Selbstbewusstsein steht im Bild vor uns, wie es sich verwirklicht, zu Beginn und dann essentiell. Man könnte das Bild auf das Bewusstsein bezogen in einen Meditationssatz übersetzen: «Die Intuition versteht sich selbst» oder «Die Intuition ist sie selbst». Das gilt aber nur auf das Bewusstsein bezogen. Das Bild dieser Schlange bedeutet unendlich viel mehr.

Das Sinnen ist auch hier noch keine Meditation. In der Meditation *verwirklicht* sich das Bild oder der Satz und wird Erfahrung. Dann aber wird auch *erlebt*, dass der Sinn viel weiter reicht, als es eben beispielsweise beschrieben wurde.

Das Aufbauen des Bildes und das Konzentrieren darauf ist eine vorbereitende Phase der Meditation. Nicht das Vorstellungsbild wird meditiert, sondern das, was sein Sinn ist; das Vorstellungsbild ist nur Schriftzeichen, das auf das Wesen hindeutet. Es ist mit Worten nicht zu sagen, was diese Schlange, der Ouroboros, ist, noch was ein Rosenkreuz ist. Das Vorstellbare ist es nicht. Eben das Suchen und Finden des Sinnes ist die Meditation.

Vorstellungsmeditationen können anstatt mit Bildern auch mit geometrischen Gebilden als Thema vollzogen werden, z.B. mit einem Dreieck (gleichseitig oder gleichschenklig), Viereck, Fünfeck usw., mit einem Fünfstern, Sechsstern, Kreis, wobei alle Figuren einen Mittelpunkt haben können oder auch nicht. Ohne dazugehörige Angaben, die den Übenden auf jene Wirklichkeitssphäre hin orientieren, auf die die Figur bezogen werden soll, sind solche Meditationen für den Anfänger – und Anfänger sind wir lange – zu «groß», d.h. sie sind von solcher universellen Bedeutung, dass der Mensch von heute kaum mit ihnen leben kann. Früher begegnete er ihnen innerhalb einer geistigen Tradition, einer Lehre, die ihm dabei behilflich war. Das bedeutet nicht, dass er mit solchen Bildern nicht arbeiten könnte. Nur ist heute dazu eine Anleitung notwendig. Er kann die Kreisgestalt, ohne und mit Mittelpunkt, als Meditationsthema, zunächst auf den menschlichen Seelenbereich bezogen, versuchen. Er sinne nach: Was ist die Peripherie der Seele, was ihr Mittelpunkt? Welches von beiden bestimmt das andere? Kann sich die Peripherie zusammenziehen, der Mittelpunkt ausdehnen?

Wahrnehmungsmeditation

Die *Meditation im Wahrnehmen* ist die schwierigste von den drei Arten des Meditierens, weil die Natur ein Ideennetz bildet, dessen Glieder selbst weit höhere Bewusstseinsstufen erfordern, als sie dem Menschen gewöhnlich gegeben sind, und weil dieses Ideennetz in einer einzigen großen Idee zusammenläuft, die zu «verstehen» gleichbedeutend mit dem Begreifen der ganzen Welt und des Menschen in ihrem gegenseitigen Verhältnis ist: eine nicht so bald lösbare Aufgabe. Damit soll auf die zusammenhängende Sinnstruktur der Natur hingewiesen werden: letzten Endes wird eine Einzelheit in ihr nur «verstanden», wenn man das Ganze versteht, denn von diesem aus wird die Funktion der Einzelheit bestimmt.

Das beeinträchtigt die Möglichkeit der Wahrnehmungsmeditation nicht, nur setzt es ihr ein relativ bescheidenes Ziel. Als Thema können die Wesen, die Phänomene, Dinge, die Sinnesqualitäten, Vorgänge, Zustände der Natur dienen. Die Wahrnehmungskonzentration soll die Meditation einführen, und die Themen sind in derselben Weise zu ordnen wie zur Konzentration. Das erste Ziel ist, dass das Thema zu einem *Geschehen* werde. Es ist selbstverständlich kein Sinnesgeschehen gemeint, wie z. B. die Bewegung des Wassers im Wind; unter Geschehen wird hier eine Erkenntnisqualität verstanden, so wie davon in Bezug auf die Idee schon die Rede war. Ist das Thema des Wahrnehmens eine Farbe, so wird sie zum Geschehen, wenn sie anfängt zu «farben», d.h. wenn ihr Bestehen oder ihre Existenz in dem Leuchten oder Sich-Geben oder im «Gesehen-Werden» ist, anstatt die Oberflächeneigenschaft eines Dinges zu *sein*. Man kann dasselbe Erkenntnisphänomen auch als das *Abheben* oder Abgehobenwerden der Farbe von dem Ding beschreiben, wie es im Vorstellen immer vor sich geht, nun aber ist es im Wahrnehmen. In dem Augenblick, wo eine Farbe sich abhebt oder zum Geschehen wird, bekommt sie eine innere Struktur, auch wenn das gewöhnliche Schauen sie als eine völlig gleichmäßige Oberflächenqualität sieht; dem tragen die Maler Rechnung, indem sie nie, nicht einmal die kleinste Fläche ohne Strukturiertheit durch Pinseltechnik auf die Leinwand bringen.

Wie eine Farbe «abgehoben» und zum Geschehen wird, so kann es mit allen, auch zusammengesetzten Wahrnehmungsbildern werden. So z.B. mit dem Bild des Goethe-

Gedichtes «Gleich und Gleich», des Blumenglöckchens und Bienchens – an sich schon physisch ein Geschehen. Her kann die ganze Konstellation, Zusammengehörigkeit, Frühling, Blühen und Summen «abgehoben» werden, und erst jetzt ist es das gemeinte Geschehen, das Sosein, das sich aussagt. Die ganze Situation «leuchtet auf», im Sehen natürlich, wie es für Goethe geschah.

Und sie leuchtet ein – ein Stück «Sinnhaftigkeit». Wieder ist es nicht die «praktische» Seite, «wie weise ist doch die Natur: so wird die Blüte befruchtet, und zugleich findet die Biene ihren Honig», gemeint, sondern dass das Sinnvolle, das sich in der Szene nur zeigt, ausdrückt, dass ein Sinn hinter der Erscheinung ist.

Was tut der Meditierende, damit das Wahrnehmungsbild zum Geschehen wird? Er versucht eigentlich dasselbe, was er mit allen Meditationsthemen tut, indem er ihnen konzentriert mit fragender Innengebärde entgegentritt: «Was will es mir sagen?» Die Frage ist nicht nur intellektuell formuliert – so nützt sie nichts –, sondern sie ist innere Haltung. Gleichbedeutend ist damit, dass jede Verstandesklugheit, jede kombinierende Bewegung zum Stillstand gebracht wird. Dieses Schweigen zustande zu bringen ist nur fähig, wer es gelernt hat, sein Denken von dem Gedachtwerden zurückzuhalten, d. h. im «flüssigen, wirklichen Denken» im lebendigen Denken zu *bleiben*. Zu diesem Bleiben tritt in der Wahrnehmungsmeditation das gleichzeitige Wahrnehmen hinzu: als ob man das Bild das erste Mal sehen würde. Man sieht es in der Tat das erste Mal. Der Übende «vergisst», was das Phänomen ist, wie es heißt, was er alles darüber weiß: er schaut nur – das kann auch Hören oder Riechen usw. sein, vor allem aber Sehen und Hören.

Wird das konzentrierte Entgegenschweigen verwirklicht, so treten ohne bewusste Absicht auch andere Erfahrungen auf. Das «Abheben» beginnt in dem Augenblick, in dem man das «Erste Mal» verwirklichen kann: ähnlich nimmt das kleine Kind wahr. Damit *wird* man die Wahrnehmung: der Vorgang und sein Thema und ich werden eins, ein Ein-Geschehen. Zugleich oder dem vorausgehend wird ein Fühlen bemerkbar, das gewöhnlich nicht bekannt ist: die Wahrnehmung fühlt sich, lässt sich fühlen. Es ist ein erkennendes Fühlen, zunächst noch ahnungsvoll, weil nicht ganz im reinen Zustand: *dieses* Fühlen fühlt sich zunächst als sein eigener Widerhall am Spiegel des gewöhnlichen Gefühls; das letztere wird noch leise miterregt. Beim weiteren Üben wird das gewöhnliche Gefühl ganz still, und jetzt fühlt sich der Übende in die Wahrnehmung ein, das neue Fühlen wird immer sagender: es sagt im Fühlen immer klarer aus. Es ist das kein künstlerisches Fühlen, es sagt nicht «schön-unschön», sondern «so», wie wenn das Thema beginnen würde, seine *Qualität* in einem Riesenbegriff auszusprechen.

Daran kann man eine weitere spezifische Schwierigkeit der Wahrnehmungsmeditation erkennen. Bei den anderen Meditationsarten ist das Thema schon abgegrenzt, konturiert gegeben, der Satz, das Bild oder das Zeichen. Im alltäglichen Wahrnehmen wissen wir durch den Begriff, wo ein Gegenstand seine Grenzen hat – das ist das Problem des Wahrnehmens bei einem Automaten. Wenn wir ein Stück Natur zum Thema der Meditation wählen, sind wir in einer ähnlichen Schwierigkeit wie einer, der für das Wahrnehmen keine entsprechenden Begriffe hat: er kann nicht wissen, wo etwas Sinnvolles anfängt und endet. So muss innerhalb der Meditation der Ausschnitt in dem Bild gefunden, durch behutsames Einfühlen erraten werden, der *Sinn* hat, der abgehoben werden kann, der «sprechen» und sagen kann: das eigentliche Thema. Fast besteht die Wahrnehmungsmeditation in diesem «Finden». Es handelt sich natürlich weder unbedingt um eine räumliche Begrenzung, noch muss die Begrenzung bleiben, d.h. sie kann sich verschieben und damit kann sich der «Sinn» ändern oder auch nicht. Man könnte sagen: wenn man «weiß», was wahrzunehmen ist, dann meditiert man schon. Es ist mit «was» nichts gemeint, das man durch alltägliches Wahrnehmen erfassen könnte. Wieder sind die erkennende Tätigkeit und ihr «Objekt» eins: die Tätigkeit schafft es. Ein Vergleich kann zum genaueren Verständnis beitragen: ein Schüler spielt dem Klavierlehrer vor. Der sagt: nicht so, ich zeige es dir; und spielt das Stück nun selber. Wenn es nicht um grobe Unterschiede geht, kann es fraglich sein, ob der Schüler das, was der Lehrer zeigen wollte, hört. Es könnte sein, er hört keinen Unterschied zwischen dem eigenen Spielen und dem des Lehrers. Er muss es aktiv heraushören, d.h. das entsprechende musikalische Ideenbild erfassen, in diesem Fall: hören lernen.

Das Abheben oder Zum-Geschehen-werden-Lassen kann erst an Sinnes-Qualitäten – Farben, Tönen – geübt werden. Dem entspricht etwa in der Denkmeditation, dass man z.B. «aus» meditiert. Dann nimmt man stufenweise mehr zusammengesetzte Themen: erst Rot, dann eine rote Blume, zunächst die Blüte, dann die ganze Pflanze, dann eventuell die Umgebung dazu. In allen diesen Fällen, auch in den einfachsten, ist zu finden, was eigentlich das Thema ist.

Ebenso ist es, wenn wir dann versuchen uns in die Art – Pflanzenart, Tierart – einzufühlen, in den «Stil» des Themas: diese sind auch nicht gegeben, weder als Begriff noch als Wahrnehmungsobjekt; das «Finden» geschieht durch ein «Suchen» – Offensein, Schweigen, Warten – ohne im Voraus zu wissen, was man sucht; wie man in der Denk- und Vorstellungsmeditation den Sinn, die Lösung des Rätsels «sucht».

Die Vorübungen für das Wahrnehmen (Kapitel 4.6), mit mehreren Sinnen erübt, tragen jetzt ihre Früchte. Denn je mehr Sinne in ihrer sonst unbemerkten Tätigkeit bewusst werden oder in die Nähe der Bewusstseinsgrenze rücken, umso mehr geht das Abheben oder das Finden dessen vor sich, *was* sich abhebt, *was* zum Geschehen wird. Dieser Prozess könnte eine «reale Abstraktion» genannt werden (R. Steiner), weil hier das scheinbar Abstrakte, die Art z. B., aber auch die hohe Worthaftigkeit, die sich in einer Farbe offenbart, aus dem Erscheinenden oder in ihm herausgefunden wird.

Von dem Augenblick an, in dem der Übende mit dem Wahrnehmen identisch wird, geht eine Verinnerlichung des Geschehens vor sich. In der Wahrnehmungsmeditation fängt das mit einem Fühlen an, dann dringt verschleiert eine Ideenhaftigkeit durch; in der Denkmeditation ist es umgekehrt; in der Vorstellungsmeditation ist es individuell, nach Persönlichkeit und Thema. Ein Lebensgefühl der Idee meldet sich an. Gewöhnlich gibt das Lebensgefühl dem Menschen von dem körperlich-vitalen Zustand Auskunft, wie er sich im Körper mehr oder weniger wohl fühlt. Dieser Sinneseindruck vergeistigt sich und lässt die Gefühlswolke des Themas durch, mit dem jetzt der Mensch identisch geworden ist. Das Ich begibt sich aus dem Körper in das Thema: die Aufmerksamkeit wechselt ihre Richtung.

Das Geschehen – das abgehobene, gefundene Thema im Thema – wird innerliches Geschehen, weil für die Aufmerksamkeit und den Aufmerksamen nun das Thema die Rolle spielt, die sonst dem Körper zukommt. Das innerliche Geschehen hat zunächst Gefühlscharakter. Steigert und klärt sich dieses Fühlen, dann verschiebt sich das Wahrnehmen vom *Sehen* in die Richtung des *Hörens*. Das ist auch in dem Fall zu sagen, in dem das primäre Wahrnehmen ein Hören ist. Es wird jetzt zu einem inneren Hören. Damit beginnt die Idee sich zu geben. Man könnte diese Erfahrung durch eine Denkmeditation wiedergeben: «Blau sehen – Blau hören». Im gewöhnlichen Geistesleben hat diese Realität ihr Spiegelbild darin, dass man ohne Begrifflichkeit nichts wahrnehmen kann; selbst für die Sinnesqualitäten, z.B. Farben, müssen Begriffe aufgehen, in diesem Fall aus dem Wahrnehmen selbst. Dieses Aufgehen hat eine leise Hörqualität.

Durch die Konzentriertheit wird die Wahrnehmung zum Geschehen. Das Geschehen ist aus der primären Wahrnehmung abgehobener Sinngehalt, eine Ideenhaftigkeit im Wahrnehmungskleid. Mit dem Geschehen wird der Übende identisch; das innerliche Geschehen fängt an zu klingen, zu sagen: für das geistige Ich. Das «Geschehen» wird in der Gegenwärtigkeit, spricht in der freien Empfindsamkeit, für das Ich.

Was durch das Ich als Idee erfahren wird, kann am meisten mit einem Stil, einem Wie verglichen werden; aber, im Gegensatz zum gewöhnlichen Erleben, ist der Stil, das Wie die primäre und mächtigere Realität.

Jede durchgehaltene Meditation verändert das Realitätsempfinden des Übenden. Es wird *Erfahrung*, nicht bloß Einsicht, dass die Erkenntnisfunktionen Wirklichkeit sind, und diese Erfahrung bildet das Empfinden um. Die Wahrnehmungskonzentration ist von diesem Gesichtspunkt aus gesehen dadurch ausgezeichnet, dass der Übende auch die Wirklichkeit, die hinter den Erscheinungen für das Alltagsbewusstsein wirkt, als solche entdeckt; er erlebt, dass die Wahrnehmungswelt *existiert:* eine Erfahrung, die der Mensch sonst nicht macht; denn unmittelbar hat man nur die Evidenz des eigenen Seins, sofern man sich mit dem eigenen Körper identisch fühlt. Alles andere Sein wird gewöhnlich nur als Bild erlebt. In der Wahrnehmungsmeditation erlebt der Mensch seine Identität mit der Wahrnehmung, und so entsteht in ihm die Evidenz und die Qualität seines Seins, die er vorher nicht geahnt hat, eines stärkeren und reineren Seins, als das eigene sonst ist.

Dem Leser kann es auffallen, dass in der Beschreibung der Wahrnehmungskonzentration das Sinnen nicht erwähnt wird. Was über die Natur gesagt wurde, macht es verständlich, dass ein Sinnen in Bezug auf sie auf die beschriebene Weise nicht möglich ist; es setzt spezielle Kenntnisse über das

Thema voraus, besonders Beobachtungen, die sich vergleichend und morphologisch auf das Thema beziehen, wie sie z. B. in Goethes *Metamorphose der Pflanzen* zu finden sind.

In dem Vorangehenden wurde die *erste Stufe* des Meditierens beschrieben, wie es durch Denken, Vorstellen, Wahrnehmen geschehen kann. Die zweite Stufe, die besonders in der Beschreibung der Wahrnehmungsmeditation gestreift wurde, arbeitet mit dem erkennenden Fühlen, die dritte mit dem erkennenden Willen. Wenn der Übende so weit ist, dass ihm diese Stufen aktuell werden, wird er die entsprechenden Anweisungen sicherlich finden, im Werk von Rudolf Steiner oder z. B. auf diesem fußend, in den Büchern des Autors (Die Wahrheit tun; Die Diener des Logos).

Bevor zur zweiten Stufe geschritten wird, kann der Übende schon erleben, dass er Werke, die über Erfahrungen geistiger Art berichten, anders als vorher zu lesen beginnt. Er wird auf individuelle Weise das meditative Lesen, das meditative Zuhören, später auch das meditative Sprechen – den Vollzug der «richtigen Rede» – kennen lernen.

Er wird auch bemerken, dass viele Texte sich ihm so erst erschließen. So z. B. das Alte und Neue Testament und ganz besonders die Schriften des Evangelisten Johannes. Die ersten 14 Verse seines Evangeliums, der Prolog, gehört zu den ewig aktuellen und universellsten Meditationstexten, da sie das Werden des Menschen und der Welt und ihre Zukunftsperspektiven in einer gewaltigen Meditation verfolgen. Der Prolog ist eine verdichtete Aussage über das Wesen des Christentums.

Zum Schluss dieses Kapitels eine Meditation, die man

«Gemütsmeditation» nennen könnte. Sie stammt von Massimo Scaligero, einem noch nicht lange verstorbenen italienischen Anthroposophen; daher wird sie auch in der ursprünglichen Sprache angeführt.

Conosci la pura gioia? Conoscerai il divino.
Kennst du die reine Freude? Göttlichkeit wird dir offenbar.

Man kann aber auch einfach nur *Reine Freude* meditieren.

5.5. Die Auflösung des Gewohnheitsmenschen

Es ist dem heutigen Menschen nicht leicht, festzustellen, ob er etwas versteht oder nicht. Die Schwierigkeit stammt aus dem gewohnheitsmäßigen Denken, das eigentlich keines ist, weil es nur formal, der Außenseite nach Denken ist und weil fremde Gedanken auf dieselbe Weise entgegengenommen werden. Es ist eine Anspruchslosigkeit im «Verstehen» zu beobachten, gepaart mit der Neigung, womöglich mühelos vorgehen zu können, auf dem leichtesten Weg. Gerade in Bezug auf geisteswissenschaftliche Mitteilungen ist diese Haltung völlig unsachgemäß und irreführend, wie das im Kap. 5.2 (Studium) beschrieben worden ist. Schon aus dieser Ursache heraus erscheint es angebracht, eine gründliche Revision all der Bewusstseinsgewohnheiten durchzuführen, die unser Leben mit einem Netz, einer Struktur durchziehen.

Wir haben andererseits gesehen, wie der Gewohnheits-mensch in uns das Konzentriertsein, das Improvisierende verhindert. Es ist bei vielen Menschen so, dass die Kon-zentration nicht ohne Übung erreicht wird, die der Auf-lösung von Gewohnheitsmäßigem *dient*. Am Beispiel der allgemeinsten Übung, der richtigen Rede, konnte gezeigt werden, dass die Auflösungsübungen sehr weit, ja immer weiter vertieft werden können. Zugleich kann bemerkt werden, dass die «Gewohnheiten» dem Leben eine gewisse Gestalt, Struktur, gewisse Anhaltspunkte geben, auf die zu verzichten nicht ohne weiteres, nicht ohne die Gefahr einer Seelenlabilität möglich ist, wenn nicht gleichzeitig für die Stärkung des autonomen Ich-Wesens gesorgt wird. Daher müssen die Revision der Gewohnheiten und die Konzen-trationsübungen Hand in Hand gehen. Die so genannten «Gefahren» einer Bewusstseinsschulung stammen aus der unausgewogenen Pflege dieser zwei Übungsarten.

Was unser Leben bestimmt, ist unsere Erkenntnisart und unsere Tätigkeiten, die entweder vom Leben gefordert sind oder unserem Eigenwesen, seinen «Instinkten», seinem genussorientierten Handeln entsprechen. Die Revision betrifft diese lebensbestimmenden Tätigkeiten, die man durch eine Anzahl von Übungsformen erfassen kann. Diese sind teils traditionell gegeben, teils speziell für den moder-nen Menschen gestaltet. Die einzelnen Formen, die Auftei-lung des Lebens – immer handelt es sich um das gesamte Leben – sind nicht von ausschlaggebender Wichtigkeit, weil die Arbeit auf *einem* Gebiet, an *einer* Gewohnheit immer auch andere berührt, ihr Auflösen bewirkt.

Die Konzentrations- und Meditationsübungen als *allgemeine* hygienische bzw. Erkenntnisübungen sind Ausdruck einer Forderung des Zeitalters, in dem wir leben: dass der Mensch sein Bewusstseinsleben selber gestalte, weiterbilde. Die Auflösungsübungen stellen eine andere durch das Zeitalter bedingte Notwendigkeit dar: die bewusste Revision der ausgebildeten Gewohnheiten, vor allem der Bewusstseinsgewohnheiten. Das Ideal ist das intuitive Leben, auf jedem Gebiet. Das Intuitive sollte anstatt des Gewohnheitsmäßigen jene Formen gestalten und beherrschen, aus denen unser Leben besteht. Die Stabilität des Lebens wird durch die Geistesgegenwart anstelle von Gewohnheiten gesichert. Geistesgegenwart bedeutet intuitives Erkennen und intuitives Handeln zugleich.

Für den modernen Menschen und besonders für den, der sich mit geisteswissenschaftlichen Studien befasst, hat das *Lesen* einen bedeutenden Anteil an seinem geistigen Leben. Das ist früheren Epochen gegenüber neu. Deswegen beginnen wir die Revision der Gewohnheiten mit der Übung des *richtigen Lesens*. Wie die Korrektur der anderen Bewusstseinstätigkeiten in Kürze zusammengefasst wird, so soll auch über das Lesen eine kurze Anweisung gegeben werden.

Das richtige Lesen

Das Lesen dient nicht dem Sammeln von Informationen, sondern dazu, dass du das *Lesen* lernst und übst, in jedem Sinne. Lies an einem Tag nicht mehr, als das, womit du dich bis zum nächsten Lesen innerlich beschäftigen kannst. Je langsamer du liest, umso größer wird die Möglichkeit, dass dabei in dir etwas geschieht, etwas aufgeht. Lerne beim Lesen darauf zu achten, was du nicht verstehst: dieses ist das Tor, durch das du weiterschreiten kannst – ein heiliges Tor. Nicht nur menschengeschriebene Texte gibt es.

Diese Übung bezieht sich vorwiegend auf Lektüre, die man im Sinne des Studiums vornimmt. Vieles lenkt von dem richtigen Lesen ab: das Lesen aus Neugierde, auf ein vorgesehenes tägliches Pensum hin, auf «Leistung», auf «Wissen» usw. Man hüte sich wirklich, intuitive Texte oder meditative Texte «zusammenzufassen», zu «referieren», Auszüge aus ihnen zu machen, sie zu analysieren; denn all dies kann im Sinne des in Kap. 5.2 (Studium) Gesagten nicht vor sich gehen ohne wesentliche Verzerrung, ohne dass man gerade am Wesen der Mitteilung vorbeigeht. Das Lesen ist als Gespräch mit dem Autor aufzufassen, und daher sind darauf die «Regeln» der richtigen Rede anzuwenden. Man soll nie, auch bei anderen Lektüren, schneller lesen, als man sprechen würde. So schwer das bei der heutigen lawinenartig wachsenden Fachliteratur und auch Belletristik ist: es ist nicht wichtig, dass man *alles* liest; das kann man sowieso nicht.

Wenn man Berichte der Geistesforschung liest, ist eine starke Neigung da, sich das Gelesene vorzustellen; die kommt daher, dass man den Text nicht versteht und das Verstehen durch Vorstellen ersetzen oder ergänzen möchte. Es war schon die Rede davon, warum diese Neigung ungut ist. Wenn man andere Literatur liest, einen Roman z.B., bei dem man keine Verständnisschwierigkeiten hat, tritt das Vorstellen in den Hintergrund; dann ist die Neigung da, nur inhaltlich zu verstehen, ohne sich das Gelesene in Bildern vorzustellen. Gerade da müsste sich das Vorstellen betätigen, was ja nur beim langsamen Lesen möglich ist.

Das langsame Lesen ist in gesteigertem Maße bei geisteswissenschaftlichen Schriften zu empfehlen. Natürlich kann nur der langsam lesen, der *ganz* oder tief liest. Besonders diese Art von Schriften sind vielschichtig: sie können auf verschiedenen Ebenen verstanden werden. Es ist wie beim Ackern: es kann nur die oberste Schicht des Bodens berühren oder es kann sehr tief gehen. Wenn es tief geht, ist die Arbeit größer. Daher wird das Lesen langsamer; als ob es alle die Gedanken des Autors, die um das Mitgeteilte herum geahnt werden, auch mitdenken würde und mit dem meditativen Lesen bis zur Wurzel der Gedankengänge dringen würde. Es ist eine Frage der Konzentriertheit: je weniger konzentriert man liest, umso schneller geht es. Ein Absatz aus Steiners *Die Schwelle der geistigen Welt* kann stundenlang, ja, wiederholt tagelang «gelesen» werden. Wer nicht langsam, konzentriert genug lesen kann, dem kann empfohlen werden, solche Texte in Handschrift völlig abzuschreiben. Das Emblem des Studiums und des ihm entsprechenden Lesens könnte das Bild des Dominikus sein, das Fra Angelico gemalt hat: der Heilige liest ein Buch, aber er blickt nicht in das Buch, das er in seinen Händen hält, sondern an ihm vorbei. Er sinnt den eigenen Gedanken nach, die an der Lektüre entfacht worden sind.

Es ist nicht leicht, *die* Bücher zu finden, die einem wichtig sind. Wer sich aber aus innerem Anspruch in einem Streben befindet, der kann mit Recht das Vertrauen haben, dass er alles findet, was ihm auf seinem Weg helfend sein wird: die Bücher, die Menschen, den Beruf und auch die Schwierigkeiten, die Probleme, die Schicksalswendungen, als Möglichkeiten, die er braucht, auch dann braucht, wenn er sie zunächst als ungünstig, hindernd empfindet. In diesem Finden braucht nichts Mystisches gesehen zu werden, denn wer mit innerlichem Ernst «sucht» oder «strebt», der kann, außer seine bewussten Fähigkeiten zu gebrauchen, auch auf seine zunächst überbewusste Empfindlichkeit bauen, die durch anfängliches Üben mobilisiert oder von Hindernissen befreit wird und im Suchen mitwirkt. Der Strebende wird aus kleinen Zeichen zwischen den Zeilen des Lebens empfinden, was ihm Not tut; aus Zeichen, an denen er, würde er nicht einen Schulungsweg verfolgen, vorbeigegangen wäre. Man kann auch sagen, er wird durch eine freigelegte höhere Instinkthaftigkeit geführt.

Die Auflösungsübungen können in zwei Gruppen geordnet werden. Die eine Gruppe, mit sechs Übungen, wurde von Steiner seinerzeit «Nebenübungen» genannt – die Hauptübungen waren Meditationen. Diese Übungen fördern mehr allgemeine Kräfteströme der Seele, die konkretere Seelenvorgänge, z.B. die acht der anderen Gruppe – traditionell der Achtgliedrige Pfad genannt –, überhaupt ermöglichen. Die «Nebenübungen» können mit dem Atemstrom, die anderen acht mit der Lautbildung verglichen werden; ohne Atem kann man nicht Laute artikulieren. Die beiden Gruppen durchsetzen einander harmonisch, sie bilden eigentlich das Gefüge, das die Gewohnheiten ersetzt und dem Menschen die Lebens- und Seelenstabilität durch Geistesgegenwart möglich macht.

Die so genannten Nebenübungen sind folgende:

1. Das kontrollierte (konzentrierte) Denken.
2. Die Willensinitiative.
3. Gleichmut.
4. Positivität.
5. Unvoreingenommenheit.
6. Versöhnlichkeit.

Die acht, mehr auf konkrete Tätigkeiten weisenden Übungen stammen ursprünglich von Buddha, von ihm stammt auch ihr Name. Der Achtgliedrige Pfad enthält folgende Übungen:

1. Die richtige Vorstellung oder die richtige Meinung.
2. Der richtige Entschluss oder das richtige Urteil.
3. Die richtige Rede oder das richtige Wort.
4. Die richtige Tat.
5. Die Einrichtung des Lebens oder der richtige Standpunkt.
6. Das richtige Streben.
7. Die richtige Erinnerung.
8. Zusammenfassung oder die richtige Beschaulichkeit.

Der Leser wird bemerken können, dass einige dieser Übungen schon eingehend besprochen worden sind; so z.B. «Das konzentrierte Denken» und die «Willensinitiative» in Kap. 4.3; die «Positivität» in Kap. 4.4 und «Die richtige Rede» in Kap. 4.2 Diese Übungen, besonders die Denkkonzentration und die richtige Rede, haben heutzutage eine andere Rolle bekommen, als sie etwa vor 80 Jahren gehabt haben. Die allgemeine Bewusstseinserkrankung, die eingehend beschrieben worden ist, hat ihnen ein anderes und besonderes Gewicht verliehen. Trotzdem sollen im folgenden alle Übungen in kurzer meditierbarer Form zusammengefasst und mit manchen Bemerkungen begleitet werden. Dabei werden zum Teil Formulierungen von Steiner *(Wie erlangt man Erkenntnisse der höheren Welten? Die Geheimwissenschaft im Umriss)* verwendet.

1. Das kontrollierte Denken

Der Übende soll auf die Regelung seines Gedankenablaufes achten lernen. Dieser soll innerlich beherrscht sein. Irrlichtelierende Gedanken, die nicht in sinngemäßer, logischer Weise, sondern zufällig, assoziativ aneinander gefügt sind, sollen vermieden werden. Je mehr ein Gedanke aus dem anderen folgt, je mehr allem Unlogischen aus dem Weg gegangen wird, desto mehr wird die erkennende Empfindlichkeit wachsen. Hört man unlogische Gedanken, bestrebe man sich, die richtigen zu denken. Man soll sich nicht lieblos einer vielleicht unlogischen Umgebung entziehen, um seine Entwicklung zu fördern. Man soll auch nicht den Drang in sich fühlen, alles Unlogische in seiner Umgebung sofort zu korrigieren. Vielmehr soll man ganz still in seinem Inneren die von außen auf einen einstürmenden Gedanken in eine logische, sinngemäße Richtung bringen und bestrebt sein, in den eigenen Gedanken überall diese Richtung einzuhalten.

Man kann bemerken, dass das Gewicht hier – und so wird es bei den anderen schon bekannten Übungen sein – ein wenig anders liegt als bei der Denkkonzentration, wie sie beschrieben worden ist: im Grunde genommen laufen die Beschreibungen auf dasselbe Ziel hinaus. Um zu erreichen, dass man Herr in seiner Gedankenwelt wird, dient die Denkkonzentrationsübung. Auf eine kurze Zeitspanne konzentriert, wird sie zu diesem Ziele verhelfen, ohne dass man die Spontaneität und das Phantasievolle des Bewusstseinslebens einbüßt. Jede Assoziation, zu der man durch ein Wohlgefühl, das sie begleitet, verlockt wird, ist «Gegenübung»: sie stärkt die unterbewusste Macht in der Seele. Trotzdem sollte man außer der Übungszeit nur sehr sachte in die Spontaneität des Seelenlebens eingreifen, auch wenn Assoziieren auftritt. Je mehr *geistiges* Leben sich im Menschen abspielt, umso weniger Platz und Zeit und Neigung bleibt in ihm zum Assoziieren. Seine Stelle wird durch die intuitive schöpferische Phantasie eingenommen.

2. Die Willensinitiative

Folgerichtigkeit im Gedankenleben soll durch Folgerichtigkeit im Handeln ergänzt werden. Alle Unbeständigkeit, Disharmonie im Handeln beeinträchtigt die feine erkennende Empfindlichkeit, die sich durch die Übungen bildet. Hat man etwas getan, so soll das folgende Handeln danach eingerichtet sein, dass es in logischer Art aus dem ersten folgt. Wer heute im anderen Sinn handelt als gestern, bringt ebenso das Unlogische, Unworthafte in sein Seelenleben wie der, der nicht logisch «denkt».

Das dem Sinn nach folgerichtige Handeln kann durch die Übung des Willens erreicht werden, durch das «überflüssige Tun» (Kap. 4.3), das aus nichts «folgt», nur aus dem ganz ursprünglichen, unbedingten Willen des Übenden. Wie man sich das assoziative Denken abgewöhnen soll, so auch das «assoziative», durch nicht-bewusste Impulse veranlasste Handeln. Mit «nicht-bewusst» ist wieder nicht der Inhalt des Impulses, sondern sein Ursprung gemeint. Damit die höhere, intuitive Spontaneität sich im Handeln verwirklichen kann, muss das Willensleben erst unter die Kontrolle des autonomen Ich-Wesens kommen. Dann, befreit von dem Unterbewussten, können in ihm die Intuitionen aus dem Überbewussten sich verkörpern.

Die Willensübung kann beispielsweise folgendermaßen ausgeführt werden. Wir entschließen uns, für eine Zeit – ein bis zwei Wochen – eine sehr einfache überflüssige Handlung, womöglich, aber nicht unbedingt, zu einem bestimmten Zeitpunkt, zu vollziehen, z. B. einen Knopf auf- und wieder zuzuknöpfen. Das Ausführen beginnt damit, dass wir alles andere Tun entschieden unterbrechen. Wir bleiben still stehen und sammeln alle unsere Kräfte, um ganz und ausschließlich auf unsere Bewegung zu achten, die wir in der vorgenommenen Handlung ausführen werden.

Der Augenblick des Beginnens soll von allem anderen in unserem Gedankenleben und auch von der Umgebung des Tageslebens so vollständig isoliert sein, als ob wir mit unserem ganzen Wesen in einen luftleeren Raum treten würden: wir erleben die Totalität unseres anfangsetzenden *Wollens* im Beginn dieses Tuns, wie sie in die Bewegungen hineinströmt.

Das Berühren des Knopfes, sein Bewegen und alles weitere soll ganz langsam geschehen, damit das Handeln in jedem Augenblick vom Willen durchströmt werden muss. Keine Einzelheit daran soll von der schlafenden Gewohnheit der Bewegung, vom Automatismus durchdrungen sein, und es soll auch keine Phase des Vollziehens durch «Geschicklichkeit» schwungvoll übersprungen werden. Es soll das Gefühl in uns entstehen, dass die kleinsten Einzelheiten der Handlung *jetzt*, zum allerersten Mal ermittelt werden müssen. Wir tauchen in das Wie dieses sonst leichten und oberflächlich erlebten Tuns ganz ein, bestrebt, Meister zu werden in der gegenseitigen verfeinerten Berührung von Fingern und Gegenstand, in der Bewegung des Armes, in der ausgebreiteten Zeitspanne des Darauf-Achtens. Der Entschluss zum Handeln fließt durch die Resultanten des Wollens und des ihn durchwebenden Denkens in die Landkarte des Vollziehens. Das Beendetwerden des Handelns soll in klarer, konzentrierter Aufmerksamkeit erfasst werden. Eventuell kann im Denken der Anfang, das Tun, das Beenden wieder durchlebt werden, als ob diese drei Phasen *ein* Akt, *ein* Impuls wären.

Die ersten zwei «Nebenübungen» veranlassen den Übenden, etwas Neues zu tun, eine neue Tätigkeit auszuführen. Die weiteren bestehen mehr in inneren Verhaltensweisen und im Achten auf das innere Verhalten. Während die ersten zwei sich als Übungen auf eine begrenzte Zeitspanne beschränken, sind die weiteren viel mehr allgemeine Forderungen, die aber auch konzentriert zu gewissen, vorausgesehenen Anlässen verwirklicht werden können. Zum Beispiel können wir uns vornehmen, unseren Gleichmut zu bewahren in einem voraussichtlich «schwierigen» Gespräch.

3. Gleichmut

Die dritte Übung besteht in der Ausbildung einer gewissen Stabilität gegenüber Schwankungen von Lust und Leid, Freude und Schmerz. Das «Himmelhoch jauchzend, zu Tode betrübt» soll mit Bewusstsein durch eine gleichmäßige Stimmung ersetzt werden. Man gibt auf sich acht, dass keine Freude mit einem durchgehe, kein Schmerz einen zu Boden drücke, keine Erfahrung einen zu maßlosem Zorn und Ärger hinreiße, keine Erwartung einen mit Ängstlichkeit oder Furcht erfülle, keine Situation einen fassungslos mache usw. Die Gefühle sollen erlebt werden. Ein Erfreuliches *soll* die Seele erfreuen, ein Trauriges *soll* sie schmerzen. Sie soll nur dazu gelangen, den *Ausdruck* von diesen Gefühlen zu beherrschen. Strebt man *dieses* an, so wird man alsbald bemerken, dass man nicht stumpfer, sondern im Gegenteil, empfänglicher wird für alles Erfreuliche und Schmerzhafte der Umgebung, als man früher war.

In einem etwas anderen Zusammenhang wurde das Grundmotiv dieser Übung in Kapitel 4.3 beschrieben. Ihre Frucht besteht in einer inneren Ruhe, die von Zeit zu Zeit spontan auftritt. Dieses ist für den ganzen Schulungsweg das, was das Fundament für ein Gebäude ist. Ein angeborener oder im Alltagsleben ausgebildeter Gleichmut ersetzt den durch Übung erworbenen nicht. Einerseits sichert die Gelassenheit im Alltagsleben überhaupt nicht, dass man beim Aufsteigen in lebendigere Bewusstseinsebenen oder in höhere Welten nicht sein Gleichgewicht verliert. Andererseits bildet sich eine nicht bewusst erworbene Gelassenheit fast immer auf Kosten der Empfindlichkeit, die für das Erkennen notwendig ist.

Im Einzelnen richtet diese Übung die Aufmerksamkeit auf die Gefühlsstürme, die aufgrund von unangenehmen oder angenehmen Erlebnissen entstehen. So reißt z.B. ein tiefer Schmerz die sonst im Erfahren der Umgebung tätigen Seelenkräfte knotenartig zusammen und stellt sie in seinen eigenen Dienst. Die Kraft, die üblicherweise im Achten auf die nähere oder entferntere Umgebung lebt, verliert ihre Autonomie. Das Achten auf den Schmerz wird nicht durch den Willen gelenkt, der sonst in der Aufmerksamkeit lebt, die Aufmerksamkeit *ist* ein leerer Wille. Die Aufmerksamkeit bleibt meisterlos und ohnmächtig: dadurch wird die Empfindung des Schmerzes gesteigert und übertrieben, auch durch die Empfindung der Ohnmacht. Es kann so weit gehen, dass die Seele ihre Verbindung mit der Willensbewegung, durch die die Aufmerksamkeit gelenkt wird, ganz verliert: dann treten nervöse Erkrankungen auf. Die Ohnmacht kann auch in die Sphäre des nicht-bewussten Willens übergreifen, der die spontane Harmonie der Lebensprozesse steuert: so entstehen Krankheiten im physischen Organismus.

Wenn durch einen Schmerz solcher Zusammenbruch erfolgt, sollen nicht einfach seine äußeren Zeichen unterdrückt werden. Die konzentrierte Aufmerksamkeit soll das meisterlose, ohnmächtige, bewegungsunfähige Gefühl des Schmerzes aufsuchen, das sich in einen fast körperlich spürbaren Punkt zusammengezogen hat. Dieses Aufsuchen geschieht durch die Konzentration auf die Tatsache, die den Schmerz verursacht, durch willentliches Denken an sie. Dann soll durch denselben Willen das verursachte Gefühl aufgesucht werden: Wir wollen üblicherweise den Schmerz vermeiden; in dieser Übung tun wir das Gegenteil davon: wir suchen sein Wesen auf. Die Entdeckung des schmerzlichen Gefühls – von einer Tatsache ausgelöst – in der zweiten Phase der Konzentration, die jetzt nicht auf die Tatsache, sondern auf das Gefühl gerichtet ist, bedeutet, dass das Gefühl jetzt von einer Wiege, von einer streichelnden Hand umgeben ist – der Aufmerksamkeit –, in der ganz sicherlich nichts von jenem Schmerz zu finden ist. Das Gefühl, in die Aufmerksamkeit gebettet, verliert seinen zusammengezogenen, schmerzenden punktuellen Charakter. Es löst sich und löst sich auf und lebt weiter in der Seele mit dem Charakter der unerschütterlichen Ruhe, die den ganzen Menschen in sich fasst.

Auch ein überschwängliches Gefühl der Freude kann die in dem Erfahren der Umgebung tätigen Seelenkräfte, den Willen, die Aufmerksamkeit in ihr Gegenteil verkehren. Der Mensch empfindet sich so, als ob er über seine Leibesgrenzen hinaustreten würde, als ob die Gliedmaßen ihm nur «nachfolgen» würden. Es können auch seine Worte unbedacht den Gedanken vorauseilen, er «verzeiht» alles, es berührt ihn nichts, worauf er sonst empfindlich reagiert.

Dieses Überschlagen steigert und übertreibt die Freude, die durch eine angenehme Tatsache verursacht wurde. Die Freude rührt daher, dass der Mensch herausschlüpft aus seiner bisherigen Empfindlichkeit. Das Herausschlüpfen ist passiv «erreicht», so reicht es nicht aus, die Freude dauerhaft und zur Erfahrung zu machen. Der Wille des Erfahrens ist im Erlebnis nicht anwesend, so reicht es nicht zum Sich-Erheben der Seele. Das Überschlagen wird durch ein verborgenes Gefühl der Angst, dass die Freude verloren geht, gesteigert. Das Sich-Empfinden in einem ausgeweiteten Dasein ist nämlich keine Wirklichkeit: es kann aufgrund eines nachfolgenden Erlebnisses in jedem Augenblick zusammenstürzen wie ein Luftschloss.

Die gute Laune kann Wirklichkeit und keine Gleichgewichtsstörung sein, wenn sie nicht durch das Verlorengehen des Willens entsteht und sich steigert. Wenn sie durch Gleichgewichtsstörung entstanden ist oder sich entwickelt hat, kann das Gemütsleben durch eine nächste, unangenehme Einwirkung unter die Ebene des normalen Zustandes sinken und depressiv werden. Oft ist dazu gar kein neueres Erlebnis notwendig, es fällt durch seine Ohnmächtigkeit, durch Willensmangel unter den Pegel der mehr kontrollierten Gefühle.

Das Gefühlsleben ist umso mehr das Opfer von Katastrophen, je weniger wir es erfahrend erleben wollen. Das Umkippen ist das Überspringen der Aufmerksamkeitskräfte in eine Zone, in der das Erfahren dem Menschen nicht möglich ist. Diese verborgene Absicht wird nicht von dem hellen Willen eingegeben. Das Überschlagen hat oft die Freude als Mittel. Es wurde zur allgemeinen Meinung, dass richtige Freude nur durch ein Überschlagen in einen Rausch entstehen kann, in dem in der Seele die Aufmerksamkeit breitspurig ausgelöscht wird.

Wenn die Kraft der Konzentration in dem angenehmen Erlebnis beim Gefühl bleibt und dieses nicht als Sprungbrett des Überschlagens benutzt wird, so dass die Kraft *wohnen* kann im Gefühl, dann verliert die Freude ihren Oberflächencharakter und wird zu einem ruhigen innerlichen Erleben. Gelegentlich kann sie dem Erfahrenden dazu verhelfen, dass er verzeihe, dass er seine Selbstempfindlichkeit und Verletzlichkeit abbaue.

4. Positivität

Die Pflege der Kraft, die im Denken wirkt, der das Denken seine reine, selbstlose Anpassungsfähigkeit an Umstände, Fragen, Probleme verdankt, der Liebe geistiger Art, heißt Positivität. Man kann diese Seelenhaltung durch eine von Goethe angegebene persische Legende über Jesus Christus gut verstehen. «Der Herr geht mit anderen Personen an einem verwesenden toten Hund vorbei. Während die anderen sich geekelt abwenden, spricht er mit Bewunderung von den schönen Zähnen des Kadavers.» Diese Seelenverfassung ist die Positivität. Das Ungute, das Hässliche, der Irrtum soll den Menschen nicht abhalten, das Gute, das Schöne und das Wahre überall zu suchen und zu bemerken, wo es vorhanden ist. Das bedeutet weder Kritiklosigkeit noch ein Verschließen der Augen vor dem Negativen. Wer die schönen Zähne des Tierleichnams bewundert, sieht *auch* die Verwesung. Das hält ihn nicht ab, das Schöne zu bemerken. Das Schlechte soll man nicht gut, das Schwarze nicht weiß nennen, aber das Schlechte soll uns nicht abhalten, das Gute zu entdecken.

Diese Seelenverfassung wird uns belehren, den Standpunkt zu finden, aus dem heraus sich der Mensch liebevoll verstehend in ihm fremde Phänomene und Wesen versetzen kann und, anstatt sie zu verurteilen, sich fragt: Wie kommt das andere dazu, so zu sein, so zu tun? Aus dieser Haltung stammt das wahre Mitleid und das Bestreben zu helfen, wo man kann, und auch die Urteilskraft, zu entscheiden, ob man helfen kann und wie man das am besten tut.

Die Empfindlichkeit gegenüber dem, was in der Umgebung vorgeht, öffnet sich und wächst über das Eigenwesen durch diese Übung hinaus. Man merkt vieles in der Umgebung, was einem früher entgangen ist. Positivität kann aufgefasst werden als ein Mittel zur Wandlung der in jedem Menschen vorhandenen Unaufmerksamkeit. Die Umgebung wird etwas, was zu einem selbst gehört. Die Konzentriertheit ist eine Vorbedingung dieser Übung. Alles Stürmische, Leidenschaftliche, Affektvolle, wodurch das

Bewusstsein überschwemmt wird, wirkt vernichtend auf diese neue, nach außen gerichtete Empfindlichkeit.

Die Übung der Positivität wurde in Kap. 4.4 einleitend beschrieben. Die hier gegebenen Formulierungen dienen zur meditativen Vertiefung.

5. Unvoreingenommenheit

Das improvisierende Bewusstsein, in dem der Denkwille reifen soll, darf niemals die Unbefangenheit und Empfänglichkeit für neue Erlebnisse durch schon Erlebtes und Erfahrenes verlieren. Das Niegehörte, Niegesehene soll freudig entgegengenommen, nie abgewiesen werden. Alles kann dem Menschen immer etwas Neues sagen. Diese Seelenverfassung bedeutet nicht, dass man am Erlebten nichts lernt. Nur soll das schon Erlebte kein Maß für Neues sein, und man soll sich stets die Möglichkeit offen halten, dass neue Erfahrungen den alten widersprechen können. So erwacht ein Vertrauen oder ein «Glauben», dass der Übende durch seine Fähigkeiten alles Neue, wenigstens bis zum notwendigen Maße, verstehen, meistern, alle Probleme lösen kann. Er klammert sich nicht an alte Meinungen, Erfahrungen, sondern vertraut seiner Intuition und verspürt die Möglichkeit, seine Ansichten, Meinungen zu ändern und zu berichtigen. Das Vertrauen zu seinem neuen Erkennen wandelt sich zu einem Vertrauen zu seinem neuen Tun. Er kann seine Unternehmungen, seine Absichten mit einem Vertrauen in diese verfolgen. Misserfolge und Hindernisse lassen ihn nicht verzagen, sondern entfachen in ihm neue Kräfte, um diese zu überwinden.

Je weniger der Mensch durch seine Vergangenheit in seinen Meinungen, Ansichten, Gewohnheiten fest geprägt ist, je mehr ihn seine vergangenen Erfahrungen und Erlebnisse an *Fähigkeiten* reich gemacht haben, umso leichter wird er Neues richtig aufnehmen können. Die Erfahrungen auf höheren Bewusstseinsstufen sind jedem Menschen neu, sie wiederholen sich nicht und weichen von den Erlebnissen des gewöhnlichen Lebens in ihrer Art vollständig ab. Es ist wieder die Empfindlichkeit, die durch das Achten auf die Unvoreingenommenheit wie aus dem Gewohnten herauswachsend den neuen Erlebnissen entgegentastet.

Die gewöhnliche Verkehrsform des Bewusstseins mit der Welt besteht im Ertasten der eigenen Grenzen, wo an diese ein Wesen, ein Ding, ein Geschehen heranbrandet. Diese Tastbewegung krümmt sich zurück in die Richtung des Selbstempfindens, weil die Bewusstseinstätigkeit an den Grenzen keinen *Übergang* findet bzw. den Berührungspunkt nicht neutralisieren, von dem Charakter der Selbstempfindung nicht befreien kann. Diese Empfindung der Grenze steigert sich und überschwemmt teils oder ganz die Begegnung mit dem Wesen, mit dem Geschehen.

Die Übung ist eigentlich die Neutralisierung der Bewusstseinsgrenzpunkte, ihre teilweise Auflösung. Im Augenblick des Bemerkens, Begegnens, Geschehens wacht meistens ein Gedanke, ein Gefühl von selbst auf, oder es bildet sich eine zusammenhängende Gedankenkette oder ein Urteil in Bezug auf die Sache. Die Übung der Unvoreingenommenheit geht der Erweckung des Gedankens oder Urteils voraus oder lockert sie, weicht sie willentlich auf, wenn sie schon erschienen sind, und zerrüttet jede vorcilige Schlussfolgerung, jedes rasche Urteil. «So ist es», «jetzt ist es so» – das wird gedacht. Dieser Schritt bedeutet ein aktives Erwarten, das bewusste Entleeren der Seelenstelle, wo wir sonst die Gefangenen unserer Denk- oder Gefühlsgewohnheiten sind. Wenn es gelingt, diese Haltung einzunehmen, beginnt das Fühlen fast gleichzeitig seine Härte, seine abweisende Kante, durch die die Grenzen des Bewusstseins bisher gepflegt und aufrechterhalten wurden, zu glätten, zu mildern. Der Berührungspunkt mit dem Neuen – Geschehen, Wesen, Ding – wird so neutralisiert, verliert die automatische Funktion der abweisenden Grenze, die die bloße Information durchlässt, und es tritt die Erfahrung des Stils in dieser Berührung in den Vordergrund. Die Begegnung mit dem Neuen – und *alles* wird ein Neues – wird nicht an einem Punkt, sondern auf einer ganzen Linie, einer ganzen Fläche, in einem ganzen Raum vor sich gehen, der den Erfahrenden, die Erfahrung, das Geschehen, das Ding oder das Wesen zusammen in einer Einheit ohne Grenzen umfängt.

6. Versöhnlichkeit

Durch die regelmäßige Abwechslung der fünf beschriebenen Übungen bildet sich ein Gleichgewicht in der Seele aus. Unzufriedenheiten mit der Erscheinung und dem Wesen der Welt schwinden hin. Eine *versöhnliche* Stimmung erwacht nach und nach, die das Gegenteil von Gleichgültigkeit ist; vielmehr befähigt sie, sachlich verbessernd und am Fortschritt der Welt zu arbeiten. Ein ruhiges Verständnis von Dingen eröffnet sich, das früher der Seele verschlossen war. Damit wird eine Duldsamkeit, Toleranz gegenüber Menschen, anderen Wesen und Tatsachen erwachen. Der Übende vermeidet alles *Überflüssige*, Selbstgefällige, Kritik am Unvollkommenen, Bösen, Schlechten, versucht diese vielmehr zu begreifen. Er entzieht ihnen nicht die verständnisvolle Anteilnahme, sondern versucht sich in die Lage des anderen zu versetzen, um zu ermitteln, wie ihm zu helfen ist.

Durch die regelmäßige Pflege der 6. Übung kommt die Seele mit einer Kraft in Berührung, die auf etwas wie die Aufmerksamkeit «gerichtet» werden kann. Dadurch baut die Seele ihre Unabhängigkeit vom psychischen Reagieren auf.

Das Reagieren ist kein Element der Gegenwärtigkeit, es entsteht nicht in der Gegenwart des Willens, sondern ist eine ergänzende Bewegung zum sofortigen Vergehen, zum Vergangenheitscharakter der Geschehnisse und Gedanken: ein Zurück-Wirken. Der sich verstärkende Wille, gemäß der 5. Übung, ist gegenwärtig, ein Wille der menschlichen Gegenwart.

Das bedeutet, dass die Empfindsamkeit zu einem die Welt ertastenden Sinnesorgan entwickelt wird; denn die Natur der richtbaren Kraft ist solcher Art, dass durch ihr Erscheinen der Zusammenhang hergestellt wird mit alldem, von dem sich die Seele in ihrer egoistischen Empfindsamkeit abgewendet hat, das sie abgewiesen hat, das sie nicht in sich aufnehmen konnte.

Durch die 6. Übung ist der Mensch bestrebt, das Bewusstsein gemäß der Natur der richtbaren Kraft in Wirksamkeit zu bringen. Das Denken wird bereit sein, sich von den konkret scheinenden Kenntnissen zu lösen, sich weiter zu differenzieren und sich in der Richtung von bisher nicht geahnten Zusammenhängen bilden zu lassen, wie diese es erfordern. Es wird bereit sein, sich andauernd aufzulockern und weiterzuweben. Nichts geht ihm verloren, alles wird wertvoll im Denken, nichts gering geschätzt, nichts zurückgewiesen. Das Gefühlsleben ändert sich dementsprechend: in dem Maße, wie es unabhängig wird vom psychischen Reagieren, baut es ein neues Sinnesorgansystem auf, durch dessen Empfindlichkeit die Seele auch mit der ihr bisher entfernten Umgebung zusammengewoben wird.

Die Seele wirft willentlich die jahrtausendalten Gefühlsgewohnheiten ab – Eitelkeit, Eifersucht, Rachsucht usw. Es wird durch zähe Arbeit das wirkliche menschliche Lächeln geboren, als die erste Stufe der Weisheit. Die Seele sieht die Welt in neuen Farben – sie nimmt willentlich Teil am Zustandekommen der Dinge, Geschehnisse, Tatsachen, und die Früchte dieser Tätigkeit strahlen weit sichtbar ihr reifes Rot aus.

Die Seelenkräfte, die Arten der Seelenverfassung, die durch die sechs «Nebenübungen» herausplastiziert werden, sind wie die Kette in einem Gewebe. Dem Schuss entsprechen die Seelentätigkeiten des Achtgliedrigen Pfades. Für den modernen Menschen wurden diese Übungen durch Rudolf Steiner formuliert.* Sie scheinen Verhaltensweisen nahezulegen, die eigentlich für jeden Kulturmenschen selbstverständlich sind. Ihre strenge Verwirklichung wird aber ohne Übung kaum, heute weniger denn je, gelingen. Die Beschreibungen, die der Darstellung Steiners folgen, sollen als Skizzen aufgefasst werden, deren individuelles Gestalten der erste Schritt des Übens ist.

1. Die richtige Vorstellung oder die richtige Meinung

Die erste Übung besteht darin, dass wir Aufmerksamkeit und Sorgfalt auf unsere Vorstellungen, auf die Art und Weise ihrer Bildung wenden. Gewöhnlich verlässt sich der Mensch diesbezüglich ganz auf den Zufall. Er hört, er sieht dieses oder jenes, und es bildet sich in ihm dementsprechend eine Vorstellung. So kann sich sein Erkennen nicht entwickeln; er muss sich in dieser Richtung erziehen. Er muss auf seine Vorstellungen achten lernen, in ihnen eine Nachricht der Außenwelt sehen; er darf sich mit Vorstellungen, die nicht diese Bedeutung haben, nicht zufrieden geben. Er soll seine ganze Begriffswelt so ausbilden, dass sie ein treuer Spiegel der Außenwelt werde, und danach streben, unrichtige Vorstellungen aus der Seele zu entfernen. Er bemühe sich, allmählich das Wesentliche

* Vgl. G. Kühlewind, *Die Diener des Logos,* Anhang; Stuttgart 1981.

vom Unwesentlichen, das Vergängliche vom Ewigen, die Wahrheit von der bloßen Meinung im Gedankenleben zu unterscheiden. Er versuche, beim Anhören der Rede anderer innerlich ganz still zu werden und auf jegliche Zustimmung, namentlich aber auf jedes abfällige Urteilen, jede Kritik, auch in Gedanken und im Gefühl zu verzichten.

Der Mensch ist nicht gewohnt, seine Vorstellungen auf ihre Richtigkeit hin zu untersuchen, obwohl sie oft voreilig und unter Einfluss von Sympathien und Antipathien entstehen. Die Denkkonzentration lehrt uns die Möglichkeit, Vorstellungen allein willentlich zu bilden. Beim Vorstellungsbilden unter einem Eindruck muss das nicht-bewusste, spontane Hervorgehen ebenso ausgeschlossen werden wie in der Konzentrationsübung. Wenn ich zu der richtigen Vorstellung von einer Sache gelange, entsteht ein Gefühl: dass ich mit der Wahrheit, die sich auf die Sache bezieht, mit ihrem Entdecken, mit ihrem Sein identisch werde. Ist die gebildete Vorstellung falsch, dann entsteht zwischen der Tatsache und der Vorstellung eine andauernde, unangenehme, energieverbrauchende Auseinandersetzung und Spannung, solange die Tatsache nicht ganz in das falsche Bild eingeschlossen wird. Darauf baut sich dann eine Reihe weiterer falscher Vorstellungen auf.

Die Forderung, das Ewige vom Vergänglichen, die Wahrheit von der subjektiven Meinung zu unterscheiden, scheint zunächst eine sehr hochgestellte Anforderung zu sein. Die tiefe Lebensbewegung der Seele hat aber eine Neigung zu dieser Unterscheidung, denn es ist für sie Arznei und Balsam, sie zu treffen.

Die *Bildung* einer Meinung oder Vorstellung soll nicht von Gefühlen begleitet sein. Die Vorstellungen, die unabhängig von spontanen Gefühlen gebildet werden, entfachen dann die richtigen, entsprechenden Gefühle, die in Einklang und Identität mit der Wahrheit sind. Eigentlich sollte nur die Wahrheit Gefühle erwecken: *die Harmonie der Gefühle mit der Wahrheit führt zur Heilung aller Krankheiten und Leiden, die den Menschen plagen und belasten.*

2. Der richtige Entschluss oder das richtige Urteil

Der zweite Seelenvorgang, an dem zu arbeiten ist, ist das Sich-Entschließen. Man soll sich auch zum Unbedeutenden nur aus Überlegung entschließen. Alles gedankenlose Tun, alles bedeutungslose Handeln soll vermieden werden, man handle nur aus wohlerwogenen Gründen und unterlasse, wozu man durch Motive, die keine Wichtigkeit haben, geführt wird. Ist man von der Richtigkeit eines Entschlusses überzeugt, soll daran mit innerer Standhaftigkeit festgehalten werden. Das ist das so genannte *richtige Urteil*, das nicht von Sympathie oder Antipathie abhängig sein kann.

Der Mensch handelt oft, ohne sich bewusst dazu zu entschließen, und er handelt auch oft *gegen* seinen Entschluss. Das zu bemerken, darauf zu achten ist der erste Schritt in dieser Übung, die den Menschen dazu führt, dass er aus bewusstem Entschluss handeln lernt. Dieser hat seine Quelle im Urteil, in der Beurteilung der Umstände. Die geübte

Urteilsfähigkeit kann intuitiv sein – Geistesgegenwart –, und je folgerichtiger der Übende nach seinem Entschluss handelt, umso sicherer wird seine Urteilsfähigkeit funktionieren. Das Handeln gegen den gefassten Entschluss, gegen das eigene Urteil beeinträchtigt diese Fähigkeit, besonders dann, wenn es nicht bemerkt wird oder wenn man das Urteil, den Entschluss nachträglich zur Rechtfertigung des Handelns ändert.

Trotzdem wäre es nicht angebracht, alles Spielerische aus dem Leben zu verbannen. Der Mensch soll aber wissen: «Jetzt spiele ich.» Wenn man gegen die eigene Einsicht handelt, sollen die Quellen der dazu treibenden Impulse aufgesucht, angeschaut und nicht beschönigt werden. Man soll sich gegenüber den unterbewussten Impulsen weder in Illusionen wiegen noch sie gedanklich rechtfertigen. Wenn man ihnen folgt, soll das wenigstens in Bewusstheit geschehen – was nicht bequem ist.

Aus dem Kampf zwischen unserem Urteil und anderen Impulsen kann eine Liebe zur Urteilskraft entstehen, auf die der Mensch kaum mehr verzichten will, wenn er sie einmal erlebt hat. Das Funktionieren-Lassen der Urteilsfähigkeit gebiert diese Liebe zu ihr, und diese wiederum steigert diese Fähigkeit. Die Fähigkeit geht dann immer mehr in die Geistesgegenwärtigkeit über, in die helle Lebendigkeit der Urteilskraft, der die Liebe gilt und mit der zusammenzuwirken der innerste Wunsch des Menschen ist.

3. Die richtige Rede oder das richtige Wort

Der dritte Vorgang ist das Reden. *Man rede nur, wenn man wirklich etwas zu sagen hat.* Alles Reden um des Redens willen, z.B. zum Zeitvertreib, ist in diesem Sinne schädlich, weil es den Strebenden von seinem Wege ablenkt. Die gewöhnliche Art der Unterhaltung, wo alles bunt durcheinander geredet wird, soll vermieden werden, aber man soll sich dabei vom Verkehr mit seinen Mitmenschen nicht ausschließen. Gerade im Verkehr soll sich das Reden allmählich zur Bedeutsamkeit entwickeln. Man stehe jedem Rede und Antwort, aber gedankenvoll und in jeder Richtung hin überlegt. Man rede nicht ohne Grund, eher schweige man gern. Man versuche nicht zu viel und nicht zu wenig Worte zu machen. Beim Sprechen anderer erst ruhig hinhören und dann verarbeiten.

Über die richtige Rede wurde in Kapitel 4.2 vieles ausgeführt. Wenn man die Übung in der Richtung der Meditation vertieft, erfährt man, dass sie wirklich alle anderen enthält: Konzentriertheit, Positivität, die richtige Vorstellung, den Entschluss, Standpunkt, die Erinnerung usw. Sie führt dazu, dass man sich der Sprache als Phänomen bewusst wird, den einzelnen Worten nachgeht, sie bis zu ihrer Urbedeutung verfolgt und versucht, die *richtigen Worte* für die sonst nur äußerlich benannten Naturphänomene zu finden: ihren «Sinn», ihre «Funktion» in der Welt.

Andererseits führt der Weg von dieser Übung aus zu einer neuen Gemeinschaftsbildung: durch die Pflege des wortlosen Wortes, das in der Meditation webt und das in seiner Gegenwärtigkeit die erste neue gemeinsame Geisteszone ist.*

4. Die richtige Tat

Die vierte Übung betrifft die Regelung der äußeren Handlungen. Diese sollen nicht störend sein für unsere Mitmenschen. Unser Tun soll sich harmonisch in unsere Umgebung, in unsere Lebenssituation usw. einfügen. Wenn wir von außen veranlasst werden zu handeln, achten wir darauf, wie wir dem Anlass am besten genüge tun können. Wenn wir aus eigenem Antrieb handeln, erwägen wir genau die Wirkung unseres Tuns, auch vom Gesichtspunkt des Menschheitlichen.

Die äußeren Handlungen des Menschen sind die Fortsetzungen seiner Worte, sind worthaft, sofern sie *menschliche* Taten sind. Eben deshalb sind sie von menschheitlichem Interesse, meistens auch dann, wenn das dem Schein nach kaum anzunehmen ist. Weil die Taten Worte, Aussagen sind, sollten sie gehandhabt werden wie die richtige Rede: aus einer Klarheit der Absicht hervorgehen und durch die helle Erwägung der Handlungsart vollzogen werden. Die Taten verbinden im Idealfall ebenso Himmel und Erde wie das richtige Wort.

Handeln und selbstständige Worte reden: dazu ist für den

* Vgl. G. Kühlewind, *Die Diener des Logos,* Kap. X., XI., XII., Stuttgart 1981.

314

Menschen das irdische Leben, die Erde gegeben; sonst wo wäre er dazu nicht fähig. Daher stammt die reine Freude beim irdischen Tun.

Wenn wir durch einen anderen oder durch äußere Umstände bewogen werden zu handeln, soll die Tat so lange besonnen werden, bis aus dem Sinnen eine eigene Initiative geboren wird. Die Helligkeit der Absicht soll die Handlung durchziehen, durchleuchten; so wird sie für den Handelnden und die anderen Menschen die Wort-Natur der Welt vermitteln und darstellen können.

5. Die Einrichtung des Lebens oder der richtige Standpunkt

Der fünfte Gesichtspunkt ist die Einrichtung des ganzen Lebens. Wir versuchen, natur- und geistgemäß zu leben und uns nicht von äußeren Zwängen oder Äußerlichkeiten bestimmen zu lassen. Wir vermeiden alles, was Unruhe und Hast ins Leben bringt. Nichts soll der Mensch überhasten, aber er soll auch nicht träge sein. Er betrachte das Leben als Mittel und Gelegenheit zur Arbeit, zur Höherentwicklung und handle demgemäß. Die Pflege seiner Gesundheit, seiner Gewohnheiten richte er so ein, dass sich daraus ein harmonisches Leben ergibt.

Im Hintergrund dieser Übung steht ein geistiges Grundgesetz: «Ich-Wesen können nur existieren, indem sie sich stets weiterentwickeln, auf der Stufenleiter der Wesen höhersteigen.» Sie haben kein bleibendes, statisches Sein wie die Naturwesen oder die menschengeschaffenen Dinge.

Entwickelt sich ein Ich-Wesen nicht höher, in die Richtung, wo seine Bewusstseinsquellen zunächst überbewusst liegen, dann erkrankt es, sinkt es, verkommt es. Das Sich-Weiterentwickeln hat demnach ein Ziel, dem die Egoität widerspricht: es führt zu der Geburt des *wahren* Ich.

Dieser Gesichtspunkt soll die «Einrichtung des Lebens» durchbluten, und das Leben soll eine Einrichtung, ein bewusst gestaltetes Wie haben, denn spontan wird es dem Standpunkt der Weiterentwicklung nur bei den seltensten Menschen entsprechen. Es wird vielmehr der Trägheit und Bequemlichkeit und der Genusssucht der Egoität anheim fallen.

6. Das richtige Streben

Der sechste Gesichtspunkt ist die Richtung des menschlichen Strebens. Man untersuche seine Fähigkeiten, sein Wissen und lebe danach. Man achte darauf, nichts zu tun, was außerhalb der eigenen Kräfte liegt, aber auch nichts zu unterlassen, was innerhalb derselben zu leisten ist. Man blicke über das Alltägliche, Augenblickliche hinaus und setze sich Ziele, Ideale, die für die Gesundung und Weiterentwicklung der Menschheit förderlich sind. Man kann das Gesagte auch zusammenfassen: Alle vorangehenden Übungen zur Gewohnheit werden lassen.

Diese Übung ruft zur Bestimmung des nächsten Schrittes innerhalb der richtigen Einrichtung des Lebens auf. Lenkt jene den Blick mehr auf die allgemeine Gestaltung des

Lebens, ist diese mit der mehr konkreten Richtung des Strebens gemäß der Entwicklungsphasen beschäftigt.

Die konkrete Formulierung oder die Findung der nächsten Aufgaben kann am besten so durchgeführt werden, dass man sie wie aus dem Boden der vorangehenden Übungen herauswachsen lässt, wenn diese mehr und mehr zur Gewohnheit werden. Man denke dabei nicht an starre Gewohnheiten, die schon durch den Inhalt der Übungen ausgeschlossen sind; man könnte sagen: diese sollen ihren improvisierenden Charakter immer mehr auf den Tagesablauf ausbreiten, ohne dass dabei die Absichtlichkeit des Alltagsbewusstseins in den Prozess eingreift.

7. Die richtige Erinnerung

Der siebente Gesichtspunkt im Leben der Seele ist, dass der Mensch bestrebt sei, vom Leben möglichst viel zu lernen. Alles kann zu bewussten Erfahrungen Anlass sein, die uns in der weiteren Gestaltung des Lebens hilfreich sind. Man vergegenwärtige sich genau, wenn man etwas versäumt oder unvollkommen getan hat, um herauszufinden, wie man es hätte tun müssen. Sieht man andere handeln, so beobachte man sie in ähnlicher Absicht, doch nicht mit liebloser Kritik. Man kann von jedem Menschen, besonders von Kindern, viel lernen, wenn man aufpasst. Man nennt diese Übung auch das *richtige Gedächtnis*, man erinnert sich an das Gelernte, an die gemachten Erfahrungen.

8. Zusammenfassung

Die achte Übung ist endlich dies: Von Zeit zu Zeit nach innen schauen und prüfen, wie weit es gelungen ist, die eigenen Lebensgrundsätze zu befolgen, was man diesbezüglich zu ändern hat und wie diese Änderung erreicht werden könnte. Aus den meist vielen Fehlern und Schwächen bezeichnet man eine, die nächstens zu überwinden ist. Besondere Sorgfalt soll auf die innere Aufrichtigkeit, auf die Ehrlichkeit sich selbst gegenüber gewendet werden. Man erwäge, wie man mit seinem Leben in der Gesamtheit menschlicher Ziele steht. Man nennt diese Übung auch die *richtige Beschaulichkeit*.

Die Beschaulichkeit richtet den inneren Blick auf den Kampf, der in jedem Menschen fortwährend vor sich geht: zwischen dem, was er in seinen erleuchteten Augenblicken als Gutes, als menschheitliches Ziel erfasst, und dem, was ihn aus seiner Egoität, aus seinem Unterbewussten her impulsiert. Es ist nicht leicht, die Egoität in allen ihren Verkleidungen zu erkennen, im Gewand des Altruismus, des Helfenwollens, manchmal des Opfers. Was aber Schwäche ist, soll als solche erkannt werden, auch wenn sie sich als Stärke ausgibt.

Der Vorgang der Selbsterkenntnis besteht darin, dass die kämpfenden Parteien in der Seele *beide* zum Reden kommen, beide angehört und anerkannt werden. Das Gewissen ist dieser Aufgabe nicht gewachsen, weil es nicht vom Ich gebildet wurde; daher kann die Gegenpartei nicht bemerkt werden, wenn das Gewissen «spricht», und so bleibt die Auseinandersetzung mit ihr aus.

Der aktuelle Gesichtspunkt in der Selbsterkenntnis lautet: Was geschieht aus meiner Egoität und was als Beitrag zu menschheitlichen Zielen? Was ich tue, setzt sich meistens aus diesen zwei Komponenten zusammen. Wir können darauf achten, was uns in der Vollführung der Übungen fördert, was uns hindert: das kann für uns eine Orientierungshilfe sein in Bezug auf die Kräfte, die in uns miteinander im Kampf um diese Frage liegen.

Wenn man die Übungen des Achtgliedrigen Pfades durchdenkt, so ist zu bemerken, dass, von der eingehend besprochenen Übung der richtigen Rede und der 7. Übung abgesehen, die Übungen schon Anforderungen an den Übenden stellen, die nicht ohne weiteres zu erfüllen sind. Schon in der ersten Übung sind die Unterscheidungen des «Wesentlichen vom Unwesentlichen», des «Vergänglichen vom Ewigen» usw. nicht leicht. Schwierig ist es auch, zu entscheiden, ob ein Entschluss richtig ist (2. Übung), den Gesichtspunkt des Menschheitlichen einzunehmen (4. Übung), «natur- und geistgemäß» zu leben (5. Übung), Ideale zu setzen, die für die Weiterentwicklung der Menschheit förderlich sind (6. Übung) und zu ermessen, wie man zur Gesamtheit der menschheitlichen Ziele steht (8. Übung). All das ist nur durch langes und eingehendes Lernen und Ausbilden einer Weltansicht möglich. Aber alle Übungen enthalten Ansatzpunkte, die ein jeder mit gutem Willen angehen kann. Man halte sich gegebenenfalls an diese Teile der Beschreibungen. Wir haben gesehen, wie weit die Übung der richtigen Rede führen kann. Die Übungen des Achtgliedrigen Pfades sind –

im Gegensatz zu den vier letzten «Nebenübungen» – auf eine vorausbestimmte Zeitspanne beschränkt, etwa zehn bis dreißig Minuten.

Es ist ersichtlich, dass alle angegebenen Übungen die direkte Beschäftigung mit der Gefühlswelt umgehen; sie sparen den Raum, z. B. zwischen der Denkkonzentration und Willensinitiative, für das Auftreten eines neuen erkennenden Fühlens aus.

Letztlich kann jede angegebene Übung durch Meditation vertieft und unbegrenzt weitergeführt werden.

Wer Bewusstseinsübungen zu machen beginnt, muss die Übungen außerhalb der Übungszeit vergessen, damit die Spontaneität des Lebens erhalten bleibt. Der ängstlich sich an Regeln Haltende, stets um das eigene «Seelenheil», um seelische und körperliche Gesundheit Besorgte ist kein Gesunder. Es ist schwer, auch nicht ohne Komik, zu sagen, man *achte* auf die Spontaneität; aber irgendwie soll es zum Ausdruck gebracht werden. Das «Besorgtsein» ist die Sache des gewöhnlichen egoistischen Bewusstseins, und damit ist sein Charakter als gegensätzlich gekennzeichnet zur Bestrebung, die eine Bewusstseinsschulung bewegt.

Wenn man Bewusstseinsübungen macht, hat man an ihnen Erfahrungen, Erlebnisse. *Ohne* Erfahrungen Übungen zu machen, bedeutet, dass man etwas tut, was nicht im Sinne des Beschriebenen ist. Es ist grundlegend bei diesen Erlebnissen zwischen *Seelischem* und *Geistigem* zu unterscheiden. Das ist zunächst nicht leicht, weil man gewöhnlich gar nicht weiß, was geistige Erfahrung ist, man hat kein Beispiel dafür und stellt sich oft ganz Falsches dabei vor. Deshalb ist es so wichtig, die nächstliegende geistige Erfahrung, das Erleben des lebendigen Denkens zu machen. Hat man das einmal erlebt, so hat man auch ein Maß oder ein Muster, wonach die geforderte Unterscheidung möglich wird. Seelische Erlebnisse sind stets selbstfühlend – man empfindet Glückseligkeit oder Schmerz oder eine bekannte Stimmung. Solche Erlebnisse treten in der Regel im Lauf der Übungen auf, und es ist an sich kein Fehler, wenn sie erscheinen. Der Fehler entsteht dann, wenn diese Gefühle kultiviert werden oder wenn man ihnen seine Aufmerksamkeit zuwendet. Dann werden sie zu Ablenkungen. Die Aufmerksamkeit soll gerade *nicht* auf sie, sondern auf das Übungsthema gerichtet sein. Geistige Erfahrungen zeigen stets weg von dem Eigenwesen, auch wenn sie gefühlsartig sind. Wer die Musik beim Anhören auf sein eigenes Wesen bezieht, auf die eigene Seelenstimmung, bringt sie zum seelischen Erleben. Wer seine Aufmerksamkeit nicht auf das Seelen-Echo, sondern auf das lenkt, was die Musik selbst sagt, sich *dem* hingibt, macht eine geistige Erfahrung. Geistige Gefühle haben eigene Qualität, sind nicht einzureihen in die Stufen des für mich Guten und für mich Schlechten.

Das eben Gesagte ist besonders wichtig bei einer allgemein gebräuchlichen Übung, die man periodisch, täglich oder wöchentlich unternehmen kann. Man kann sie «Rückschau» nennen, weil der Übende seine tägliche bzw. in der Woche gemachten Erlebnisse sich vergegenwärtigt, in umgekehrter Reihenfolge: mit dem letzten Erlebnis fängt die Übung an, und mit dem ersten endet sie. Der Mensch soll die Erlebnisse lebendig vorstellen, seine eigene Gestalt in ihnen wie von außen betrachten. Das Rückwärts-Vorstellen ist nicht leicht. Man kann sich zunächst dadurch helfen, dass man erst kleine Teile der Tagesgeschichte rückwärts vorstellt und nach und nach auf größere «Geschichten» eingeht. Die Übung verfolgt mehrere Ziele zugleich: eine Selbsterkenntnis dadurch, dass man sich wie einen Fremden von außen betrachtet; dazu trägt die rückwärtige Richtung bei, da so das Gewohnheitsmäßige auch im Empfinden weniger angeregt und die Objektivität gefördert wird. Andererseits dient die Übung als Vorstellungsübung dazu, das Vorstellen aus seinem gewohnten Gang herauszulocken. Dazu ist das rückwärtige Vorstellen von Erzählungen, Geschehnissen, Romanen usw. von Nutzen.

Es fragt sich doch nun, wie soll ein Schulungsweg aufgebaut werden. Da die Aufgabe individuell ist, kann höchstens der Anfang allgemein angedeutet werden.

Nach dem notwendigen Studium (Kap. 5.2) kann man mit der Denkkonzentration beginnen. Nach einiger Zeit nimmt man dazu die Übung der richtigen Rede; beide soweit und auf der Stufe, die einem möglich ist. Diese zwei Übungen bilden die Grundlage des Schulungsweges. Sollte die Denkkonzentration überhaupt nicht gelingen, versuche man mit einer einfachen Wahrnehmungsübung vorzubauen.

Im weiteren nehme man dann monatlich wechselnd eine weitere Übung der sechs «Nebenübungen» zu den zwei Grundübungen hinzu. Man lese täglich eine Übung aus dem Achtgliedrigen Pfad vertieft und langsam durch und versuche auf den entsprechenden Seelenvorgang am folgenden Tag zu achten, vielleicht zu einem vorbestimmten Zeitpunkt. Die Vorstellungs- und Wahrnehmungskonzentration soll mit der Zeit unbedingt, aber individuell gehandhabt, zu den Übungen dazugenommen werden.

Man beginne zu meditieren, wenn die Konzentriertheit genügend gesichert ist, sonst führt der Versuch unweigerlich in eine Träumerei, die natürlich das Gegenteil einer Meditation ist und als Gegenübung gekennzeichnet werden kann, wenn sie regelmäßig geschieht. Als Thema sind für die Meditationen die in Kapitel 5.3 beschriebenen zu nehmen; aber besonders die ersten vierzehn Verse des Johannes-Evangeliums.

Wer sich in die Praxis des Meditierens einlebt, findet seinen weiteren Weg selbst, auch durch seine geisteswissenschaftliche Lektüre und auch im Sinne seiner geistigen Arbeit, seines geistigen Weges.

Die Meditation ist eine fortgeschrittene Phase des Weges. Sie führt aus der sonst das ganze Leben durchdringenden Egoität heraus. Das ist keine Privatsache mehr, weil es das individuellste Tun ist. Daher soll dieses Kapitel mit einer Meditation schließen, die sich auf ihre Stellung im Weltgeschehen bezieht.

WER GIBT, DEM WIRD.

6. Über die Freiheit des Menschen

6.1. Warum sprechen wir jetzt über die Freiheit?

In Kapitel 2.2 war davon die Rede, dass eine Uhr nicht *weiß*, wie viel Uhr es ist, auch wenn sie eine sehr komplizierte Computer-Uhr ist. Man kann das wissen, weil sie aus Bestandteilen gebaut ist, die überhaupt keine Ähnlichkeit mit denen des menschlichen Organismus haben, weder an Substanz noch an Funktionen. Nun könnte man sich eine noch phantastischere Apparatur vorstellen, die aus Nerven und Gehirnsubstanz gebaut wäre. Würde diese wissen, wie viel Uhr es ist? Ich hoffe, dass jeder Leser jetzt entschieden mit «Nein» antwortet. Denn ob ein wissendes menschliches Bewusstsein da ist oder nicht, das hängt nicht von der Apparatur ab; diese wird, wenn sie auch unendlich kompliziert ist und aus den geeignetsten Bestandteilen gebaut, nie zu einem «Jemand», einem «Wer», einem Ich. *Dieses* Prinzip, ein Ich, kann sich durch einen gesunden menschlichen Körper ausdrücken, eben weil es von diesem Apparat unabhängig ist. Und dieses Prinzip zeigt sich in dem Phänomen der autonomen Aufmerksamkeit, die nicht von der Physiologie ausgeht und auch keine hat. Dieses Prinzip ist frei. Wie weit, wie kontinuierlich es seine Freiheit – eine Bewusstseinsfreiheit, eine Freiheit der Aufmerksamkeit – im Körper verwirklichen kann, das hängt von der Struktur, von den Machtverhältnissen in der Seele ab.

Eine Bewusstseinshygiene und die entsprechenden Maßnahmen setzen eine minimale Autonomie oder Freiheit voraus: der Leser kann wenigstens den Text aufmerksam lesen und verstehen, er kann wenigstens versuchen, eine empfohlene Maßnahme zu verwirklichen, d. h. er verfügt in minimaler Weise über erkennende und moralische Freiheit. Diese Freiheit spricht sich jeder halbwegs normale Mensch empfindungsgemäß zu und lebt auch danach. Die gewöhnliche «naturwissenschaftliche» Denkungsart aber, die allgemein verbreitet ist, kann mit einer Freiheitsidee nicht im Einklang sein, weil ihr eben diese Idee fehlt, die Idee des Ich. Auf der einen Seite Kraft, Maße, Ursache, Atom, Energie, Kraftfelder – in diesem Begriffskreis haben «Ich», Freundschaft, Moralität, Freiheit keinen Platz. Die unterschwellige Überzeugung, dass der Mensch völlig unfrei oder, auch in seinem Bewusstsein, bestimmt ist, vernichtet die Möglichkeit des Erkennens und des moralischen Handelns: nur durch Freiheit hat Irrtum und Wahrheit, Gut und Böse Bedeutung. Es ist auch ersichtlich, dass menschliche Freiheit mit einer Undeterminiertheit oder Unvoraussagbarkeit physikalischer Prozesse nichts zu tun hat: ein Zufallsgeschehen ist nicht frei. Es ist keineswegs Zufall, wenn ich meine Aufmerksamkeit auf etwas konzentriere.

Wenn die selbstverständliche Freiheitsempfindung den Menschen handeln lässt und die wissenschaftliche Denkungsart nicht imstande ist, die Freiheit zu fassen, dann lebt im Bewusstsein ein Widerspruch, der die Entschlüsse des Menschen stets entkräftet und ihn letztlich zu einer Generalfaulheit verurteilt, wozu er ohnehin neigt; wenn ich unfrei bin, kann ich ja nichts tun. Den Widerspruch in diesem «Gedanken» bemerkt der Mensch nicht. Auch seelenhygienische Maßnahmen können nicht mit der Überzeugung vorgenommen werden, dass der Mensch determiniert ist. Es wird auch unmöglich, die Einstellung zur Arbeit und somit zum anderen Menschen zu ändern. Wenn der Mensch auch im Erkennen determiniert, d. h. unfrei wäre, könnte er auch diesen Umstand nicht erkennen. Wenn er eine Möglichkeit zur Freiheit hat, aber sie durch die «wissenschaftliche» Ansicht der Unfreiheit nicht verwirklicht, erkrankt er. Wenn er seine Freiheit im Erkennen entdeckt und ausübt, strahlt sie auf sein Handeln nach und nach aus. Er muss aber an vielen Fronten um seine innere Freiheit kämpfen. «Versöhnlichkeit» bedeutet kein kampfloses Aufgeben. Besonders nicht das Aufgeben der inneren Freiheit. Mit uns selber versöhnlich zu sein, ist nicht die Zielsetzung der Bewusstseinsübungen.

. Der Mensch ist heute in vielen Gliedern und Teilen seines seelischen Wesens geformt, geprägt, fertig. Sein Bestreben kann nur sein: immer unfertiger zu werden. Das kann aber nur durch einen Anfang geschehen, indem er durch seinen autonomen Entschluss und sein Tun selber beginnt, sein schon geformtes, gewohntes Wesen aufzulösen. Sobald er damit beginnt, bekommt er die Hilfe aus seinem Überbewusstsein: je weniger der Gewohnheitsmensch als Hindernis den Inspirationen von obenher im Wege steht, umso mehr werden diese für ihn zu neuen Kräfte und Orientierungsquellen. In den Sätzen von Matthäus 7, 7: «Bittet, so wird euch gegeben; suchet, so werdet ihr finden; klopfet an, so wird euch aufgetan» liegt die Betonung auf der Aktivität, auf dem Anfang des Menschen.

6.2. Was ist Freiheit?

Diese Frage ist am besten dadurch zu beantworten, dass wir das Gegenteil der Freiheit betrachten. Wann ist etwas, ein Vorgang nicht frei? Wenn es aus einem anderen Vorgang, aus den Umständen, aus den Naturgesetzen notwendig folgt. In der Mechanik, im Mineralischen, im Pflanzenbereich und im Tierreich gelten streng die Gesetze, die die Form «wenn, dann ...» haben. Wenn die Temperatur über 0°C steigt, beginnt das Eis zu schmelzen. Wenn eine Bohne in die Erde kommt, fängt sie nach einiger Zeit an zu keimen. Wenn der Oktober naht, fangen die Hirsche an zu röhren. Bei vielen Betätigungen des Menschen kann die Gültigkeit solcher Gesetze festgestellt werden. Es gibt aber menschliche Tätigkeiten, bei denen dies nicht immer, nicht unbedingt der Fall ist. Man kann nicht sagen: Wenn der Dichter ein gutes Frühstück gegessen und gut geschlafen hat, wird er das Gedicht «Auf dem See» schreiben. Man kann gar nicht sagen, ob er überhaupt etwas schreiben wird, und noch viel weniger, wie das Gedicht klingen wird.

Ebenso wenig ist vorauszusehen, wann jemandem etwas

aufgeht, eine Erkenntnis, ein Witz, die Idee einer Tat, eine Frage. Sicherlich hat alles Bedingungen. Nur einem Physiker kann der schwingende Leuchter als Problem auffallen oder ein fallender Apfel zur Frage werden. Viele Menschen, sogar viele an Physik Interessierte haben vor Galilei schwingende Gegenstände, viele vor Newton fallende Früchte gesehen, ohne dabei grundlegende Entdeckungen gemacht zu haben. Weder aus dem Pendeln noch aus dem Apfel *folgt*, was diese Denker auch für die Menschheit daraus gewonnen haben. Es war sicher nicht der erste fallende Apfel, der Newton zur Idee der Gravitation veranlasst hat.

Aus diesen Gedankengängen ist einerseits klar, dass nur ein *jemand*, ein Ich-Wesen anfangen kann. Im Lichte der vorangehenden Ausführungen ist es der Nicht-Fertige, Nicht-Reagierende, der Sprechende im Menschen, der dazu fähig ist. Es ist nur von einem Ich-Wesen zu erwarten, dass es *anfängt*. In diesem Sinne ist der gemeinte Anfang ein Schaffen aus dem Nichts: es hat natürlich seine Bedingungen, folgt aber nicht aus diesen.

Andererseits könnte man sagen: Schaffen, Fragen, Erkennen sind nach den Ausführungen dieses Buches wie Blitze oder Anleihen aus dem Überbewussten. Wie kann man dann sagen, dass es ein *Anfangen* des Menschen ist, was doch aus einem ihm nicht-bewussten Bereich stammt? Die Antwort darauf, die der *moderne* Mensch geben kann, ist das Gegenteil dessen, was Luther einst von sich sagen musste: «Hier steh' ich, ich kann nicht anders» – von einem überbewussten religiösen Gewissen oder Glauben inspiriert. Der moderne Mensch könnte sagen: «Hier steh' ich, ich könnte auch

anders.» Das Überbewusste zwingt ihn nicht, *er*, in seinem Vergangenheitsbewusstsein heimisch, muss sich zu seinen überbewussten Inspirationen bekennen, sie bejahen, sie überhaupt entgegennehmen, erreichen. Und das meistens in dem starken Gegenstrom des Unterbewussten, von dem fast das ganze Leben beherrscht wird. Dieser Unterschied ist durch die Bewusstseinsentwicklung verständlich. Wir leben heute in einem Zeitalter, in dem die kollektive oder institutionelle, gesellschaftliche Auseinandersetzung mit den freiwerdenden überbewussten Kräften ihrer individuellen Behandlung Platz gemacht hat.

Man könnte die Lage des Menschen so formulieren: Er ist heute zwischen das Überbewusste und das Unterbewusste gestellt. Aus Letzterem erreichen ihn aufdringliche, starke Impulse; von dem Überbewussten her werden die Inspirationen immer spärlicher, wenn er selbst nichts tut, um ihnen den Weg freizulegen. Trotzdem: er kann wählen. Indem er auf sein Bewusstsein zu schauen vermag, zwingt ihn, mindestens hierbei, nichts.

Gegen die potentielle Freiheit, die dem heutigen Menschen gegeben ist, entsteht im Menschen selbst eine große Abneigung: eine Abneigung, die Verantwortung für sich ganz auf sich zu nehmen. Autoritätsglauben, Suchen nach geistigen Führern, nach dem unfehlbaren Weisen, Eingeweihten, an den man sich in jedem Fall, in jeder Frage halten kann; oder nach Weltanschauungen, die, wie z. B. der Materialismus, alles auf *ein* Prinzip zurückführen können; der Glaube, dass der Mensch nur ein Naturwesen ist, wobei er dann ja nicht *anfangen* könnte, der Glaube an die mitgeborene Egoität. Denn ohne zu einem Ich-Wesen zu gelangen, kann das Fragen nach Ursachen nie zu einer letzten Ursache kommen, man kann immer weiter fragen. Die letzte Ursache in der Kette rückwärts ist die *erste* – der erste «Beweger» des Aristoteles – und sie ist der ursprüngliche, Anfang-schaffende Wille eines Ich-Wesens: über diesen Anfang hinaus ist kein Fragen sinnvoll. Warum hat Mozart die Haffner-Symphonie, warum Schiller die *Jungfrau von Orleans* geschrieben? Warum rettete X.Y, sein Leben opfernd, einen anderen Menschen? Nun käme vielleicht: «Er wollte …» Warum wollte er das? Da muss das Fragen aufhören bzw. schon bei der ersten Frage, da die letzte bloß eine verbale Variation der ersten ist.

Wenn die Menschheit nach den Anfängen, Ursprüngen fragt, müsste sie einsehen, dass im Bereich des Unpersönlichen, des Nicht-Ichhaften ein Anfang weder möglich noch vorstellbar ist. Der Fragende soll sich die Frage stellen: «Warum frage ich?»

6.3. Die Realität der Freiheit

Die Empfindung der Freiheit ist da. Wir leben, handeln, sprechen so, dass wir stillschweigend überzeugt sind, dass wir frei sind in unserer Wahl, unseren Entschlüssen, unseren Opfern. Oft täuschen wir uns, indem wir unsere eigenen versteckten, vielleicht unterbewussten Motive nicht durchschauen, oder sofern wir sie durchschauen, wissen wir nicht, warum sie für uns Beweggründe sind, weil sie im Unterbewussten wurzeln. Aber das Vergangenheitsbewusstsein entscheidet auch in diesem Fall. Die freie Wahl kommt in Gefahr, wenn selbst im Denkleben assoziativ gedankenähnliche Vorstellungen auftauchen. Sofern ich aber meine Aufmerksamkeit zu lenken imstande bin, die denkende, vorstellende, wahrnehmende Aufmerksamkeit, können fremde, nicht von mir selbst ausgehende Beweggründe nicht zur Geltung kommen. Kann ich denken, beobachten, vorstellen, was ich will? Wie weit, wie lang? Das gibt das Maß unserer Freiheit in dem Augenblick, in dem wir unsere Konzentrationsfähigkeit erproben.

Die Lebenspraxis verläuft so, als ob der Mensch frei wäre, das Strafrecht setzt dies voraus und kennt die Verantwortung einschränkende Umstände wie Betrunkenheit, psychische Erkrankung usw. Das *Verstehen* aber ist im Gegensatz zu der Empfindung der Freiheit und zu der Praxis. Es kann im Seelenleben schwerlich die Möglichkeit der Freiheit finden. Die Schwierigkeit stammt aus der Unkenntnis des Ich-Prinzips: die Wissenschaft und das allgemein verbreitete Denken kennen die Idee dieser Realität, die das Wesen des Menschen ist, nicht, obwohl sie jede Wissenschaft jeden Zweifel, jede Aussage ermöglicht. Ohne sie ist keine Freiheitsidee zu konzipieren. Zu dieser Idee zu kommen, können die folgenden Gedankengänge verhelfen.

Wenn wir über Freiheit und Unfreiheit sprechen, wenn wir diesem Sprechen eine Bedeutung, einen Wahrheitswert oder Irrtumswert beimessen – wenn wir überhaupt «beimessen» –, dann kann das nur aus Freiheit geschehen; sonst wäre das Sprechen darüber ein Naturprozess, d.h. vorbestimmt, determiniert. In diesem Fall könnten wir gar nicht feststellen, dass wir unfrei sind, selbst diese Feststellung würde unfrei sein – trotzdem könnte es sich doch so verhalten. Die Freiheitsempfindung wäre eine Illusion. Dann aber müsste jene Instanz, die diese Illusion bemerkt, sie als Illusion erkennt, frei sein. Sonst hätte das Bemerken und das Bezeichnen keinen Sinn.

«Wir *könnten* es nicht feststellen», «Sonst *hätte* es keinen Sinn» – in diesen Sätzen kann man etwas entdecken, das in einem vorbestimmten determinierten System, wie die Natur oder ein Computer es ist, gar nicht vorkommen kann: der Konditional (Möglichkeitsform), der eine menschliche Seelengebärde ist. Vorbestimmte Systeme können nur direkte «Aussagen» von der Form «A ist gleich B» machen; «obwohl», «auch», «aber» usw. kommen aus der menschlichen Seele, wie «Stille», «Frieden», «Anfang», «Ende» usw. Auch der mit einem Zufallsfaktor ausgestattete Computer ist vorbestimmt eben so, wie er ist. Die angeführten Begrifflichkeiten gehören zu jenen, die nur ganz intuitiv zu erfassen sind, man kann sie nicht einmal aufzeigen oder «erklären».

Sie haben eine andere Quelle, nicht die Natur. Man spürt das noch stark, wenn ein Kind solche Wörter benutzt wie «trotzdem» oder «im Ernst»; dann horchen wir auf, es wird nur meistens nicht bewusst, warum: weil diese Worte aus dem Eigenleben des Bewusstseins stammen, wir wundern uns darüber, dass das Kind soweit ist.

Die Quelle dieser Begriffe liegt in der Freiheit des Menschen. Dass ein Wahrnehmungsobjekt nicht ebenso intuitiv erfasst werden muss, ist nur ein Schein. *Wo* ein Gegenstand endet, das kann nur durch begriffsbildende Intuition erfasst werden. *Die ganze Sprache, das ganze Denken ist nur aus einer Freiheitszone her möglich.* Daher kann im Denken Wahrheit und Irrtum sein, *entdeckte* Wahrheit und *entdeckter* Irrtum selbstverständlich.

Plastisch erlebt man die Freiheit des Willens z. B. in der Konzentrationsübung. Zunächst scheint das Konzentriertsein eine Einengung der Aufmerksamkeit zu sein, da man sie nur auf das Thema lenkt und nicht umherschweifen lässt, wie es sonst meistens geschieht. Man kann sich fragen: Ist die umherschweifende Aufmerksamkeit überhaupt Aufmerksamkeit? Die «Einengung» aber ist nicht bloß ein Abweisen von anderen Objekten, sondern vor allem die Konzentrierung einer sonst zerstreuten Kraft. Durch diese – nun auf *ein* Thema zusammengezogen – wird das Konzentrieren nicht nur ein «Weglassen», sondern ein Geschehen von anderer Qualität, auf anderer Ebene, die vom Bewusstsein gewöhnlich nicht erreicht wird. Dieses Tun geschieht wie gesagt aus Freiheit, und man erlebt dabei die Grundsituation der Seele: die Beschränkung ihrer Freiheit durch die Ablenkungen, die aus dem unterbewussten Bereich stammen: «Ich tue, was ich nicht will.»

Her findet der Kampf des Menschen um seine Freiheit, um die Autonomie des Seelenlebens statt. Denn Freiheit hat nichts mit äußeren Umständen zu tun. Diese können den Menschen in seinem Handeln, in der *Ausführung* seines Willens, in der Verwirklichung seiner intuitiv erfassten Tatideen beschränken, hindern, sogar zwingen. Die grundlegende Frage ist, ob er in sich, in seinem Bewusstseinsleben frei ist. Ist er es nicht, so fällt das Problem der äußeren Umstände weg. Ist er in seinem Erkennen und in seinen Absichten frei, dann tritt erst die Frage der Verwirklichung auf. Beruft man sich auf die Umstände als freiheitsbeschränkende oder verhindernde Faktoren, so nimmt man stillschweigend an, dass das Bewusstseinsleben frei ist. Jede andere Annahme führt zu Selbstwiderspruch.

Sprechen, Denken, Sich-Aufrichten sind nicht vererbbar: ein jedes Kind kann jede Sprache als Muttersprache mit gleicher Leichtigkeit erwerben, unabhängig von seiner Abstammung. Selbst die Lautbildungsfähigkeit ist nicht vererbbar, sonst würde die Aussprache das Kind verraten, wenn es eine andere Muttersprache erlernt als die der Eltern. Vererbbar aber kann nur fertig Geformtes sein. Der Mensch ist frei in diesen Fähigkeiten.

Die innere Freiheit, die des Bewusstseins, drückt sich in der modernen Fähigkeit aus, Fragen, richtige Fragen zu stellen. Wenn diese keine Formalitäten sind, etwa «Wie viel Uhr ist es?», sondern auf Wesentliches hinzielen, so können sie nur aus Freiheit kommen oder aus Unfreiheit wegbleiben.

Für determinierte Systeme hat die Frage höchstens als Formalität einen Sinn. Pflanze, Tier, Automaten fragen nicht. Aber für den Menschen, dem das Fragen möglich ist, ist es oft schwer, die *richtige* Frage zu stellen. Diese ist immer seine größte, schwerwiegendste Frage – immer wieder nach dem *Sinn des Ganzen*.

Der Mensch hätte ungeheuer vieles zu fragen. Wir haben gesehen, dass er der ganzen Natur gegenüber anders dasteht als der menschengeschaffenen Welt gegenüber, weil er den Sinn, die Funktionen der Naturgegenstände und Phänomene nicht kennt; er kann diese nicht so durchdringend denken, wie er es mit einem Löffel oder einem Hut tun kann. Das heißt, er hätte Unzähliges zu fragen. Dass er es nicht tut, damit beginnt sein Verzicht auf sein Menschentum, sein Versagen, seine Abdankung. Die Fragen zu finden – dazu gehört gesunder Menschenverstand, eine Rarität natürlich, aber immerhin nicht etwas Unmögliches. Den Fragen nachzugehen: dazu gehört eine weitere Freiheit, nicht nur Wille und Arbeit, sondern Intuitionen. Allerdings: wenn jemand den Willen hat und Arbeit in die Richtung entfaltet, erhält er auch die notwendigen Intuitionen.

Was nur ein Ich-Wesen haben kann, weil es frei und nicht vorbestimmt ist, das ist *Humor*. Denn im Humor ist immer eine Mehrdeutigkeit, und Humor versteht nur, wer die Mehrdeutigkeit *zugleich* wahrnimmt und *zugleich* die mehreren Bedeutungen oder Deutungsmöglichkeiten einer Situation oder eines Textes versteht. Dabei sind diese Mehrdeutigkeiten nicht voraussehbar. In der Problematik der Computerwissenschaft wird oft die Frage gestellt, ob und wie man bemerken könnte, ob man mit einem Menschen oder mit einem anspruchsvoll gebauten und programmierten Computer ein Gespräch führt. Die einfachste Art, das zu entscheiden, wäre, dass man einen neuen Witz in das Gespräch einflicht. Wenn der Text ernst genommen, der Witz nicht bemerkt wird, kann man wissen, dass man mit einem Computer geredet hat, auch dann, wenn er sonst menschliches Aussehen hat; es gibt viele Menschen, die keinen Witz verstehen, und das zeigt, dass sie auf dem Weg sind, Automaten zu werden.

Die Frage, ob der Mensch frei ist, ist demnach weder zu bejahen noch zu verneinen. Denn die ganze Gewohnheitssphäre samt dem Unterbewussten und dazu noch das ganze biologische Wesen wirken bestimmend auf das Bewusstsein, das im Denken, in der Aufmerksamkeit seine Autonomie, seine Freiheitssignatur kundgibt. *Es hängt vom Menschen ab, ob er seine Möglichkeit zur Freiheit verwirklicht oder darauf verzichtet.* Wie weit er auf dem Weg zur Freiheit fortschreitet, liegt teils an ihm, teils an seinen Umständen, in die er allerdings, wenigstens teilweise, auch durch eigene Wahl geraten ist, teils aber durch äußere Geschehnisse, oft kollektiver Art, z.B. Krieg, aus denen für ihn neue Schicksalsfolgen hervorgehen. Eins ist sicher: frei sein, die Freiheitsmöglichkeit verwirklichen kann er nur, wenn er schöpferisch und aktiv sein Leben führt.

Das Alltagsleben bildet einen fest geschlossenen Kreis von Dingen, Aufgaben, Notwendigkeiten, Geschehnissen, durch die man nur sehr wenig Anlass hat, herauszublicken – nur der Tod, die Geburt, das Erkennen zeigen und führen aus diesem Kreis heraus. Das Leben *zwingt* einen sicherlich nicht, sich mit diesen herausführenden Toren ernsthaft auseinanderzusetzen. Eben diese Gebärde liegt in dem freien Entschluss des Menschen.

6.4. Was vermag der freie Mensch?

Es ist ein großer Unterschied, die Freiheit zu empfinden oder neben der Empfindung sie auch durch Einsichten begründen zu können. Über das alles hinaus ist noch ein weiterer Schritt, die Freiheit *erleben* zu können. Das geschieht durch das mehrfach (Kap. 4.4) erwähnte Ich-Erleben in der Gegenwärtigkeit; man kann das Erlebnis als eine zeitlich und wesenhaft ausgedehnte Geistesgegenwart auffassen: was sonst nur aufblitzt, «dauert» jetzt.

Wenn der Mensch von seiner Möglichkeit zur Freiheit überzeugt ist, wird er nicht nur den Mut und die Einsicht finden, dass er für die Gesundheit des Bewusstseins etwas tun kann und soll, sondern die «Tatsachen», besonders die Tatsachen der Seele, werden für ihn zu Diagnosen, aber nicht zu unüberwindlichen Naturgesetzen. Es ist eine gültige, richtige Diagnose, dass der heutige Mensch sehr stark von seiner Egoität bestimmt wird. Die Folgerung aus dieser Feststellung aber ist nicht: «So ist es, so muss es sein, so soll es bleiben», sondern lautet: «So ist es, es soll aber anders sein», weil einzusehen ist, dass es so nicht lange weiter geht. Der Marxismus hat ganz recht mit dem historischen Materialismus, mindestens in Bezug auf die letzten Jahrhunderte: die Geschichte, die Politik wird durch wirtschaftliche Interessen und Zielsetzungen von Menschengruppen beeinflusst und gelenkt. Daraus aber folgt nicht, dass man nun diese Art von Politik und Geschichte im Interesse einer Menschengruppe fortsetzen muss oder soll, sondern dass man sich bemühen soll, dieses jetzt gültige Prinzip zu überwinden.

Der Mensch arbeitet heute mit wenigen Ausnahmen, weil er arbeiten muss, und er arbeitet in egoistischer Gesinnung, als ob er für sich arbeiten würde. Das Letztere ist ein Schein: in einer Gesellschaft, in der weitgehend Arbeitsteilung herrscht, ist nicht von Bedeutung, was ein Arbeitender jeglicher Klasse *für sich* von seinen Arbeitsprodukten in Anspruch nimmt: er arbeitet praktisch für die anderen Menschen. Dieser Tatsache widerspricht seine Gesinnung, und deshalb ist Arbeit für ihn ein Zwang. Nun ist menschliche Arbeit immer geistige Arbeit, auch wenn sie durch eine Maschine getan wird: dann ist die Maschine das Produkt der geistigen Arbeit, worunter nicht nur das Konstruieren verstanden werden darf. Weil menschliche Arbeit geistige Arbeit ist – kein Tier kann menschlich arbeiten, weil es keine Hände und dazugehörige Intelligenz hat –, hat sie immer einen Bezug zum Vertrauen, dass sie gut gemacht wird. Auch wenn dies mechanisch kontrolliert wird, hat man Vertrauen zum Konstrukteur und zur Arbeit, durch die die Kontrollanlage angefertigt wurde. Letzten Endes trifft der Mensch auf den Menschen, auch wenn die Wirtschaft und das Geschäftsleben weitgehend mechanisiert werden. Wenn ich an der Kasse einem Menschen etwas zahle, ist es ja im Prinzip möglich, dass er das von mir gegebene Geld einsteckt und dann sagt, er habe es nicht bekommen; oder dass ich von ihm das restliche Geld von einem Fünfzigeuroschein zurückverlange, den ich ihm gar nicht gegeben habe usw.

Das Leben wäre viel einfacher, wenn wir einsehen würden, dass wir für die anderen arbeiten und diese für uns. Dann würde auch das Arbeiten viel weniger als Zwang empfunden und viel mehr als Freude: ich tue etwas für den anderen Menschen. Man kann dem Ursprung der *gesellschaftlichen* Arbeit nachgehen und wird ihre Quelle im Kultus wiederfinden: in der Arbeit, um der Gottheit Opfer darbringen zu können. Soweit ethnologische Funde einen Schluss in die vorhistorischen Zeiten erlauben, wird und wurde diese Art Arbeit mit Freude getan. Heute ist die uns nächststehende Gottheit im «Nächsten», im anderen Menschen zu finden: das sprechende Wesen in ihm. Und man könnte sich vorstellen, dass man durch die Überwindung des Egoitätsprinzips, was eigentlich *bloß ein Vertrauensproblem* ist, die Arbeit wieder als einen Opferdienst an die nächste Gottheit, an den anderen Menschen auffasst und wieder mit Freude verrichtet. Vertrauensproblem ist diese Wandlung darum, weil ja jeder sagen kann: *Ich* würde für die anderen ebenso hart und tüchtig arbeiten, wie ich es jetzt für mich tue; aber gibt es nicht viele Gauner, die einfach aus der Arbeit der anderen profitieren würden, ohne selber etwas zu leisten? Ich glaube schon, dass es solche gäbe. Aber *diese* gibt es auch jetzt – nur versteckt, getarnt. Es ist nicht im Voraus zu ermessen, was diese tun würden, wenn sie – im Prinzip – nicht *müssten*, sondern nur könnten. Durchdenken Sie sich das für eine

Abteilung eines Betriebes. Oder sogar: verwirklichen Sie die *Gesinnung* in einem kleinen Kreis. Es kostet ja – wirtschaftlich gesehen – nichts, die Gesinnung zu ändern. Und ich bin überzeugt, dass sich *dann* vieles ändern würde. Erinnern Sie sich an den Flaschengeist; diese Änderung der Gesinnung wäre die Gegenprobe zu jener Geschichte.

Was dem Menschen und der Menschheit *Feste* möglich macht, ist eine Erfahrung: die der übermenschlichen Realitäten, übermenschlichen Wesen. Kein Fest kann rationell eingeführt, organisiert werden; es sei denn, dass an unterbewusste Instinkte appelliert wird. Wenn das Fest real sein soll, muss dabei Realität erlebt werden, eine festliche, nicht-alltägliche Wirklichkeit. Solche Realitäten wurden in früheren Zeiten durch die religiösen Institutionen vermittelt, wie auch die ganze Führung des Lebens. Kirchen beanspruchen oft auch heute diese führende Rolle, die aber für immer weniger Menschen aktuell ist; immer mehr geht alles in die individuelle Verantwortung über. Dieser individuelle Charakter macht das Erleben des Festes, das immer ein Gemeinschaftliches ist, schwierig. Die Voraussetzung zu einem modernen Fest ist deshalb, dass sich Menschen zusammenfinden, die eine übermenschliche Realität individuell erleben oder wenigstens als Grenzerfahrung des Bewusstseins ahnen können. Das bedeutet, mit anderen Worten, dass diese Menschen in der Richtung ihrer überbewussten Fähigkeiten erfahrend werden und hinter diesen Fähigkeiten – des Denkens, der Evidenz nach, des Sprechenkönnens ohne bewusste Kenntnisse der Grammatik und der Lautbildung – die überbewussten, übermenschlichen Wesen empfinden, die sich in diesen Fähigkeiten betätigen und ausdrücken. Denn es handelt sich um worthafte Fähigkeiten, die eine Persönlichkeitsquelle haben müssen: wo auch nur ein gewöhnliches Wort ertönt, können wir sicher sein, dass es letztlich von einem Ich-Wesen stammt. Das sind *gemeinschaftliche* Fähigkeiten: kein privates Denken, kein privates Sprechen kann es geben. Nicht Menschenwesen haben sie «erfunden» oder dem Menschen eingepflanzt. Mit einem religiösen Ausdruck können sie Logosfähigkeiten genannt werden. Bei ihrer Einpflanzung ging die Richtung des Kultus durch eine groß angelegte Pädagogik von oben nach unten, von der Quelle des Einzupflanzenden in die Richtung der Stelle, wo sie hingehören sollen. Heute, wo diese Fähigkeiten im Besitz des Menschen sind, müssen die Menschen selber ihren Weg zur Weiterentwicklung finden und gehen.

Die Pädagogik der jungen Menschheit war zwingend, erreichte den Menschen ohne sein eigenes Streben, wie er ja auch nichts zu tun brauchte – und auch nichts dazu getan hat –, dass er in die Verfassung der Bewusstseinsseele hineingelangt ist, die es ermöglicht, auf das eigene Bewusstsein, auf Bewusstseinsfunktionen zu schauen. Eben mit dieser Möglichkeit geht die Führung zu Ende: jetzt kann alles Weiterbringende nur durch das vom Menschen verwaltete Bewusstsein an ihn herankommen. Jetzt muss er die weiterführenden Intuitionen *suchen*, sonst werden sie ihm nicht gegeben. Er muss seine Pädagogik, die Quellen seines Bewusstseinslichtes durch das ohne sein Zutun erlangte Bewusstsein nun selbst auffinden. Diese Pädagogik wird ihm nicht so weit, ganz in sein Alltagsleben eingreifend, entgegenkommen, wie das früher geschah. Das Zeichen, das Emblem für diese im Übersinnlichen bleibende, an der oberen Grenze des Bewusstseins wirksame, nicht zwingende, nur vorbildhafte «Führung» ist der Name eines geistigen Wesens, das vielen Völkern unter verschiedenen Benennungen bekannt war: in Europa wurde es der Erzengel Michael genannt. Nach der Tradition ist dieses Wesen immer um das Schicksal der Menschheit besorgt und hat den Drachen, den Feind des Menschen, aus dem Himmel auf die Erde heruntergezwungen. Das bedeutet: in die Zone des menschlichen Bewusstseins. Man kann sich fragen: Was für eine Hilfe ist das, warum ist das günstig für den Menschen, in seinem Bewusstseinsleben einer feindlichen Macht ausgesetzt zu sein? Offensichtlich hängt das mit dem Allgemeinwerden der Bildung des Unterbewussten zusammen, das etwa in die Zeit der Romantik zu setzen ist.

In Michael kann man den Geist der heutigen Menschenaufgaben erkennen. Man kann ihn auffassen als das Symbol der überbewussten Quellen der menschlichen geistigen Fähigkeiten, die auf die bewusste und gewollte Annäherung von Seiten des Menschen warten. Die überbewusste Welt, die *Quellen* des Bewusstseins, wurden von dem Zeitgeist Michael von den wortfeindlichen Mächten befreit, sie warten auf den Menschen in Reinheit, während er im Alltagsbewusstsein von der Drachenmacht aus dem Unterbewussten her bedroht ist. Diese neue Pädagogik aus dem Überbewussten her *wartet* auf den Menschen, tritt nicht von sich aus zu ihm herunter, beeinflusst ihn nicht ohne sein Streben. *Das* ist die Kraft Michaels, dass er *wartet*. Seine Kraft besteht in der Menschen Kraft, die ihn suchen und aufsuchen; er spendet ihnen so seine Kraft, dass es ihre Kraft wird, durch die sie ihn suchen und finden. Daher ist seine Kraft des Menschen Kraft. Der Mensch kann durch Grenzerfahrungen seines Bewusstseins von dieser Kraft wissen; es steht in seiner Freiheit, diese Quelle zu suchen, sich ihr anzunähern, sie zu finden. Michael lockt nicht. Er ist nur da, in der Zone des wortlosen Erkennens, als Herr der Sprache, die wortlos über den Wortsprachen als ihre Ursprungsmacht steht. Diese Zone hat er vom Drachen befreit, damit der Mensch durch das wortlose Denken seine Inspirationen erlangen kann, mit Hilfe derer er auch sein Alltagsbewusstsein heilen, im irdischen Leben die unterbewussten feindlichen Mächte besiegen kann.

Die vier Jahreszeiten sind mit vier Festen geschmückt und geheiligt, das war auch in den vorchristlichen Zeiten so. Der Winter bringt Weihnachten, der Frühling Ostern, der Sommer Johanni und der Herbst den Michaels-Tag. Das Michaels-Fest hat aus der Tradition heraus kaum einen Inhalt: diesen sollte der Mensch selber gestalten. Das kann nur in einem freien, von außen nicht organisierten Sich-Zusammenschließen von strebenden Individuen geschehen, die als Ziel ihres Strebens die Inspiration des Michael gewählt haben, die auch von dieser Inspiration geleitet sind. Das Vorbild des Drachenbesiegers gibt ihnen Kraft, in sich selber den Drachen zu besiegen. Dann wird der Innenraum zu einer neuen Gemeinschaftsbildung, zu einem neuen, nunmehr von unten nach oben gerichteten Kultus frei und rein. Aus dem ersten neuartigen Fest wird die Fähigkeit erwachen, die anderen, traditionellen Feste mit einem metamorphosierten Inhalt zu beleben und zu erleben.

In Kapitel 5.5 wurde über das Schicksal einiges gesagt. Es ist eine auf der Hand liegende Frage, wie Schicksal und Freiheit in *einem* Menschen sich zusammenschließen können. Um das zu verstehen, muss man vom Schicksal eine richtige Vorstellung bilden.

Aus dem ganzen Inhalt dieses Buches geht hervor, dass der Mensch nie fertig sein kann, sondern es gehört zu seinem Wesen, dass er immer unterwegs ist. Die Wege zu einer Verwirklichung der jeweiligen individuellen Möglichkeiten sind natürlich ebenso individuell. Die jeweilige individuelle Situation auf einem Weg ist durch das Zusammenspiel, die Harmonie oder Disharmonie des individuellen Überbewussten, des Bewusstseins und des Unterbewussten gekennzeichnet. Die wirklich individuellen Fähigkeiten, durch die sich das Ich auf Erden, in einem Körper artikuliert und ausdrückt, stammen aus dem Überbewussten: man kann nur individuell sprechen, denken, wahrnehmen, obwohl Sprache, Denken, Wahrnehmen überindividuelle Weltphänomene sind; aber sie erscheinen durch den individuellen Menschen, er hat Teil an ihnen. So wie er überbewusst sprechen und denken «lernt» – das überbewusste «Wie» des Denkens ihm zur Fähigkeit wird –, so lenkt ihn *sein* Überbewusstes zu den *Möglichkeiten*, die er auf seinem Weg braucht. Es sind nie zwingende Situationen, stets kann der Mensch wählen, *wie* er die Möglichkeiten nutzt. Diese Situationen sind teils aus der Vergangenheit her vorbereitet, durch den bisherigen

Weg des Menschen bestimmt. Nicht alle Geschehnisse und Möglichkeiten sind dieser Art. Es geschehen mit dem Menschen auch Begebenheiten, die in der Zukunft schicksalsmäßig bestimmend werden – bestimmend in einem lockeren, weiten Sinne, noch großzügiger, als eine Pflanzenart oder ein Tierverhalten bestimmt ist; eigentlich handelt es sich mehr um einen *Stil* als um konkrete Geschehnisse. Schicksal bedeutet demgemäß hohe Inspirationen, die als Möglichkeiten im Leben erscheinen und mit denen der Mensch wie mit anderen Inspirationen umgeht; wählend, ablehnend, akzeptierend, verändernd. Wie eine Sprache den heutigen Menschen in seinem Denken, in seiner Phantasie nicht einengt, sondern ihn geradezu die selbstständige Handhabung der Ausdrucksweise – der Wortbildung z.B. – lehrt, so ist die Sprache des Schicksals nicht einengend, sondern zeigt dem Aufmerksamen die Stellen, wo er frei eine Gelegenheit ergreifen oder vermeiden kann, um seinen Weg weiter zu verfolgen. Das Schicksal besteht zum großen Teil aus selektiver Aufmerksamkeit: deshalb bedeutet eine Situation dem einen viel, dem anderen wenig oder etwas anderes, ein Mensch dem einen alles, während ein anderer nicht versteht, wie das möglich ist.

So besteht zwischen Freiheit und Schicksal kein Widerspruch. Im Gegenteil, von einem menschlichen Schicksal kann nur die Rede sein, wo Freiheit möglich ist. Menschliche Taten sind fast immer zusammengesetzt aus den freien, fröhlichen Kräften des Menschen, die aus seinem Überbewussten stammen, und aus dem, was aus seinem unfreien, natürlichen und aus seinem unterbewussten Teil kommt. Das Zusammenspiel dieser beiden meistens ungleichen Hälften ergibt die menschliche einmalige Gestalt: Man kann sie anschauen mit Stolz – wie weit ist der Mensch in seinen großen Individualitäten, in Buddha, Sokrates, Dante gekommen –, man kann sie anschauen mit Trauer – wie tief ist der Mensch gesunken mit seinen Zerstreuungen, Leidenschaften, Bewusstseinserkrankungen. Aber diese Gestalt hat auch etwas Rührendes, wenn wir sie jetzt zum Abschied anschauen, weil sie auf dem Weg ist mit Möglichkeiten zum Guten und zum Bösen. Sie geht ihren Weg unsicher, stolpernd, zurückfallend, vorstoßend, oft ohne klar zu sehen. Das spiegeln auch die menschlichen Taten. Daher sagt Rilke:

Aus unendlichen Sehnsüchten steigen
endliche Taten wie schwache Fontänen,
die sich zeitig und zitternd neigen.
Aber, die sich uns sonst verschweigen,
unsere fröhlichen Kräfte – zeigen
sich in diesen tanzenden Tränen.

Initiale
Aus: Das Buch der Bilder

Nachwort

In Kapitel 2.1 wurde über den Charakter einer allgemeinen kollektiven Bewusstseinserkrankung gesagt, dass sie von niemandem, der daran erkrankt ist, zu erkennen ist. Der Verfasser hatte versprochen – wenn der Leser das auch wahrscheinlich vergessen hat – zu verraten, wie er selbst dann diese Erkrankung entdecken und sie beschreiben konnte.

Die Leser, die das Kapitel 5. nicht überschlagen haben, werden es wenigstens ahnen. Der Verfasser hat die Möglichkeit, über Bewusstseinserkrankungen zu schreiben, durch das Verfolgen einer Bewusstseinsschulung erlangt. Seine Erfahrungen auf diesem Weg bilden auch die Grundlage zum 5. Kapitel. Überhaupt beruht alles, was in diesem Buch zu lesen ist, auf Erfahrung. Und der Verfasser ist an den Erfahrungen, die Sie vielleicht machen werden oder bereits gemacht haben, stark interessiert. Deshalb bittet er Sie, ihm diese durch den Verlag mitzuteilen. Er sagt Ihnen schon jetzt einen herzlichen Dank und wünscht Ihnen gutes Gelingen der Übungen.

Georg Kühlewind

DER SANFTE WILLE

Vom Gedachten zum Denken,
vom Gefühlten zum Fühlen,
vom Gewollten zum Willen
129 Seiten, kartoniert

«Je mehr ‹mein Wille› zurücktreten kann, desto stärker wird
der von außen, von der Sinneswelt, von der Seelenwelt,
von der Geisteswelt an uns heranbrandende Wille in allem
erfahrbar, was gestaltet ist.»

Verlag Freies Geistesleben

Georg Kühlewind

AUFMERKSAMKEIT
UND HINGABE

Die Wissenschaft des Ich
110 Seiten, kartoniert

«Das ist die Kraft des Ich oder der Aufmerksamkeit, dass
sie sich identifiziert mit dem vorläufigen Objekt und doch
unverändert bleibt. Dies mag in dem Pendelschlag Hinge-
bung – Rückkehr geschehen, da ergibt sich eine Erfahrung
in Vergangenheit. Oder es kann in der Gegenwärtigkeit
stattfinden, indem das Ich in der Durchsichtigkeit Zeuge
ist.»

Verlag Freies Geistesleben

Georg Kühlewind

LICHT UND FREIHEIT

*Ein Leitfaden
für die Meditation
68 Seiten, kartoniert*

«Wonach wir suchen, ist keine Lehre, sind keine Worte,
Begriffe, Theorien, Informationen, ist keine Weltanschauung, sondern Erfahrung, zu der eine Fähigkeit hinführt, in
der Fähigkeiten ihren Ursprung haben: vor allem die Fähigkeit, den ganzen Prozess als Einheit zu sehen, das Phänomen, die Aufmerksamkeit und den Zeugen.»

Verlag Freies Geistesleben

Georg Kühlewind

MEDITATIONEN

Über Zen-Buddhismus, Thomas von Aquin
und Anthroposophie
115 Seiten, kartoniert

In den über hundert Meditationen, die Georg Kühlewind
dem Leser empfiehlt, geht es um Grundfragen einer Welt-
praxis: Gestimmtheit zum Verstehen, Gestimmtheit zum
Guten, das Erkennen und seine höheren Formen, das wahre
Selbst und Leere als Wirklichkeit. Im Verlauf dieser Meditationen ergibt sich ein erstaunliches Resultat: Rudolf Steiner,
Thomas von Aquin und der Zen-Buddhismus konvergieren
in ihrer Zielsetzung auf eindrückliche Weise – verschieden
sind ihre Wege.

Verlag Freies Geistesleben